本书得到国家自然科学基金重点项目(批准号：71232004)、国家自然科学基金面上项目（批准号：71172082)、教育部人文社科基金项目（批准号：19YJC630082)、中央高校基本科研业务费专项资金项目(批准号：SWU1709654)、重庆市社会科学规划项目(批准号：2018BS83)资助

制度环境、终极控制人代理与债务融资行为

Institutional Environment, Ultimate Controlling Shareholder and Debt Financing Behavior

李 宁 刘 星 著

科 学 出 版 社
北 京

内容简介

对我国“新兴+转轨”背景下成长起来的上市公司而言，社会主义市场经济的建设过程中所推行的一系列法制改革举措和金融深化措施，主旨均在于完善信用履约机制、规范市场运行秩序以保障经济主体利益，但就其实施效果而言，以上改革深化因素是否达成了提升社会信贷资源配置效率的实际效果以及通过何种机制路径发挥作用，则有待进一步检验。基于此，本书以国内外相关经典理论为基础，通过理论模型构建与实证检验相结合的方法，探究了我国上市公司终极控制代理下债务融资行为的决策动因以及外部制度力量变迁对其产生影响的作用机理与实际效果。本书也为进一步优化公司治理结构、规范市场运行秩序、完善信用履约机制，提供了深化方向与经验证据，具有一定程度上的理论意义和现实贡献。

本书可供公司财务政策及公司治理领域的高等院校师生和科研人员参考，也可供关注公司债务融资行为与制度建设的政府部门监管层和企业管理人员参考阅读。

图书在版编目(CIP)数据

制度环境、终极控制人代理与债务融资行为 / 李宁，刘星著. —北京：科学出版社，2019.6

ISBN 978-7-03-061223-6

Ⅰ.①制…　Ⅱ.①李…　②刘…　Ⅲ.①上市公司-债务管理-研究-中国　②上市公司-企业融资-研究-中国　Ⅳ.①F279.246

中国版本图书馆 CIP 数据核字（2019）第 092615 号

责任编辑：冯　铂　黄　桥 / 责任校对：彭　映

责任印制：罗　科 / 封面设计：墨创文化

科学出版社出版

北京东黄城根北街16号

邮政编码：100717

http://www.sciencep.com

成都锦瑞印刷有限责任公司印刷

科学出版社发行　各地新华书店经销

*

2019年6月第　一　版　开本：787×1092　1/16

2019年6月第一次印刷　印张：8 3/4

字数：210 000

定价：69.00 元

（如有印装质量问题，我社负责调换）

前　言

债权人与债务企业之间存在关于公司资产价值的信息不对称，并由此引发二者间的代理冲突：一方面，作为信贷资本融出方的债权人，会意识到由于收益函数不同，债务人有做出不利于自身收益的决策动机。因此，从理性角度出发，债权人出于对或有损失、监督约束、破产风险等债务代理成本的防范目的，会通过增加限制性条款、要求提供担保、控制权相机转移等方式拥有监督、约束、惩罚乃至破产清算的债务治理效力。另一方面，对信贷融入方的债务企业而言，尤其是对于我国资本市场中普遍存在终极控制人的上市公司而言，现金流权与控制权分离所导致的控制权私利动机的存在，使得终极控制人财务决策目标与公司价值最大化目标之间存在偏离，并将通过关联交易、资金占用、违约担保等手段侵害外部投资者利益。此外，当内部人掌握了公司财务决策的控制权时，“他并不会做出一个有损于自身利益的财务决策行为”，这本身就形成了一个代理冲突下的决策内生性问题(Demsetz，1983)。也就是说，终极控制人作为公司财务行为的实际决策者(王化成等，2007)，可以利用其对公司债务融资的决策控制权，通过配置不同规模、不同期限、不同来源的债务等方式，最大限度地实现对强势治理效应债务的规避，降低因攫取控制权私利被惩罚的可能性。

在现实世界里，企业总是处于特定的制度环境中，对任何企业和个人的经济活动而言，都不能脱离其外部制度环境而单独存在，尤其是在一个不完全确定的环境下，制度深刻地影响着微观经济体的利益预期和交易行为的博弈规则，并由此塑造了企业行为(North，1991)。由于产权使用过程中负外部性的存在，要降低交易成本、实现交换效率最大化的目的，市场运行规则的制度化与规范化就显得格外重要。债务融资作为上市公司经营过程中最重要的财务决策之一，毫无疑问也会受到外部制度环境的影响——社会主义市场经济本质上而言也是信用经济、契约经济。2015 年是中央提出全面推进依法治国的开局之年，正所谓“时易势移，变法宜矣”。信贷契约作为现代法治金融下的核心内容，其基本特征则是如何选择信贷资本的配置对象，要降低交易成本、发挥信贷资本中市场的决定性配置作用，就必须保障外部履约机制的规范化与制度化，保证经济个体追逐自身利益最大化的同时，以法律与规则处理资本市场各主体间利益关系的实现，才能将对产权主体利益的保护内化成自身成本和相应责任(裴长洪，2015)。上市公司债务融资也因此表现为终极控制人在不同收益影响因素之间权衡取舍之后的一种决策结果。

然而，从现有文献来看，已有公司债务融资研究大多是从诸如财务资质、治理结构等单一视角进行考察，而未能深入、全面地将债务融资作为一种决策配置后果去分析与识别其背后真正的驱动因素，尤其是缺乏将内部机制与外部约束联合起来的互动维度上的经验证据。

立足于我国上市公司产权控制路径下终极控制人代理特征，从现金流权与控制权分离所形成的控制权私利动机出发，通过结合委托-代理理论、法与金融理论以及新制度经济学理论，本书构建了一个上市公司受内部治理结构、外部履约环境以及债务治理效力共同影响下的债务融资分析框架与博弈模型，并相继考察了《中华人民共和国物权法》(以下简称《物权法》)颁布实施、银行业体制改革、公开债券市场发展等外部履约因素对终极控制人代理下的上市公司债务融资决策的影响效果。本书主要内容如下：

利用理论分析和模型推导证明：为获取更大清算价值，公司内部人会在外部履约机制缺失(完善)时，倾向于选择治理效力更为强势(弱势)的债务融资方式作为占优策略。进一步地，利用同时存在外部履约机制、控制人私利动机及债务治理效力的三方博弈模型，推导并证实：外部履约机制的提升与完善，使得具有强势治理效力债务的代理成本上升，终极控制人在外部履约机制缺失时设定的初始均衡被“打破”，终极控制人将通过降低强势债务融资以及债务融资总量的融资决策，达到“边际成本=边际效用”的新均衡。

从债务融资规模来看，债务规模越大，治理效力越强。《物权法》颁布实施所带来的权利人本位保护倾向转变和债权人求偿保护水平提升，有助于整体债务治理效力的发挥，表现为终极控制代理下债务融资规模的缩减和过度负债水平的降低。基于 DID 的自然实验结果表明，相比受法制改革冲击较小(不存在两权分离)的终极控制人而言，受法制改革冲击较大(两权分离下)的终极控制人更大幅度地缩减了上市公司的债务融资规模(尤其是有息债务规模)和过度负债水平。

从债务期限结构来看，短期债务相较长期债务具有治理效力上的比较优势效力。实证结果表明，法制改革所带来的求偿保护水平提升，有助于短期债务治理效力的发挥，激发了终极控制人的短期债务规避动机，且相比不存在两权分离的终极控制人而言，两权分离下终极控制人受法制改革的影响更大，表现为更大程度地缩减了短期债务融入，并降低了银行债务的整体融资规模；进一步的研究还发现，银行竞争程度的加剧则弱化了短期债务强势治理效力的发挥，表现为银行竞争变量缓解了终极控制人两权分离与银行短期债务之间的负相关关系，上市公司债务期限结构中的短期债务占比由此上升。

从债务融资渠道来看，相比公开债务，非公开债务(主要是银行信贷)的治理效力更强。实证结果表明，终极控制人两权分离度与公开债务正相关、与非公开债务负相关，即终极控制代理下的上市公司具有更明显的公开债务融资倾向；进一步地，银行竞争削弱了银行债务治理效力的发挥，表现为银行竞争变量缓解了终极控制人两权分离与银行债务之间的负相关关系，终极控制人规避动机减弱，上市公司债务融资渠道中的银行债务占比由此上升。

本书在一个法治金融制度演进的动态框架下，结合内部终极控制人代理特征和外部契约履约机制，重新审视和检验了我国上市公司债务配置决策，丰富和完善了宏观制度环境影响微观经济主体行为的公司财务与公司治理理论体系，具有一定的理论贡献。此外，本书探究了建立和保障契约关系在规范经济主体行为上所具有的制度力量，为公开资本市场进一步优化公司治理结构、规范市场运行秩序、完善信用履约机制的制度选择，提供了经验证据，也具有一定意义上的现实贡献。

李宁
西南大学经济管理学院
2018 年 5 月

目　录

第 1 章　绪论……1
1.1　研究背景与问题提出……1
1.1.1　研究动因……1
1.1.2　研究目的……2
1.2　理论意义与现实意义……3
1.2.1　理论意义……3
1.2.2　现实意义……3
1.3　相关概念界定……4
1.3.1　终极控制……4
1.3.2　债务治理效力……6
1.3.3　《物权法》改革……7
1.3.4　金融环境……8
1.4　研究方法与研究内容……10
1.4.1　研究方法……10
1.4.2　研究内容……10
1.5　研究贡献与研究创新……12
1.5.1　研究贡献……12
1.5.2　研究创新……13
第 2 章　理论基础与文献综述……14
2.1　理论基础……14
2.1.1　委托-代理理论……14
2.1.2　法与金融理论……17
2.1.3　新制度经济学……19
2.2　文献回顾与评述……20
2.2.1　债务融资研究……20
2.2.2　终极控制代理下的债务融资研究……25
2.2.3　法治水平、金融环境与债务融资研究……26
2.3　本章小结……30
第 3 章　制度背景分析……32
3.1　所有权安排与终极控制路径形成……32
3.1.1　财政分权改革与政府职能转变……32
3.1.2　所有制安排与股权分置改革……32

3.1.3 终极控制路径的形成 ······34
3.2 法治经济下的权利人本位保护 ······34
3.2.1 社会主义法治经济的确立与本质 ······35
3.2.2 市场经济法律体系的建设与完善 ······36
3.2.3 产权保护私法理念的萌生与强化 ······37
3.2.4 《物权法》实施对信贷主体行为的影响 ······39
3.3 金融体系改革与发展 ······43
3.3.1 银行体系转型与改革 ······44
3.3.2 债券市场建设与发展 ······50
3.3.3 金融市场发展评述 ······61
3.4 本章小结 ······62
第 4 章 债务融资行为的决策机理与博弈模型 ······63
4.1 控制权私利动因的理论模型 ······63
4.1.1 理论模型的初始设定 ······63
4.1.2 两权分离与控制权私利动机 ······63
4.1.3 制度环境、两权分离与控制权私利水平 ······64
4.2 债务治理效力的理论模型 ······65
4.2.1 理论模型的初始设定 ······65
4.2.2 外部履约机制、债务治理效力与占优策略 ······67
4.3 博弈均衡与结果分析 ······69
4.3.1 博弈模型构建 ······69
4.3.2 均衡结果分析 ······70
4.4 本章小结 ······71
第 5 章 法制改革、终极控制与债务融资规模 ······73
5.1 理论分析与研究假设 ······73
5.2 经验研究方法与研究设计 ······75
5.2.1 双重差分模型设定 ······75
5.2.2 指标选取与变量定义 ······76
5.2.3 样本选择与描述性统计 ······78
5.3 实证结果与分析 ······79
5.3.1 初步差分统计 ······79
5.3.2 法制改革、终极控制与债务融资规模 ······81
5.3.3 法制改革、终极控制与过度负债水平 ······83
5.4 稳健性检验 ······84
5.5 本章小结 ······85
第 6 章 法治金融、终极控制与债务期限结构 ······86
6.1 理论分析与研究假设 ······86
6.1.1 求偿保护、终极控制与债务期限结构 ······86

6.1.2 银行竞争、终极控制与债务期限结构 …… 87
6.2 经验研究方法与研究设计 …… 89
6.2.1 模型设定与变量定义 …… 89
6.2.2 样本选择与描述性统计 …… 91
6.3 实证结果与分析 …… 93
6.3.1 求偿保护、终极控制与债务期限结构 …… 93
6.3.2 银行竞争、终极控制与债务期限结构 …… 96
6.4 进一步检验：求偿保护、终极控制与银行信贷规模 …… 97
6.5 稳健性检验 …… 99
6.6 本章小结 …… 100
第 7 章 银行竞争、终极控制与债务融资渠道 …… 101
7.1 理论分析与研究假设 …… 101
7.1.1 终极控制与债务融资渠道选择 …… 101
7.1.2 银行竞争、终极控制与债务融资渠道 …… 102
7.2 研究方法与设计 …… 104
7.2.1 模型设定与变量定义 …… 104
7.2.2 样本选择与描述性统计 …… 105
7.3 实证结果与分析 …… 107
7.3.1 终极控制与债务融资渠道选择 …… 107
7.3.2 银行竞争、终极控制与债务渠道选择 …… 108
7.4 稳健性检验 …… 110
7.5 本章小结 …… 111
第 8 章 结论与展望 …… 112
8.1 主要研究结论 …… 112
8.2 研究启示与政策建议 …… 113
8.3 研究局限与未来展望 …… 115
参考文献 …… 116

第1章 绪　论

1.1 研究背景与问题提出

1.1.1 研究动因

在现实世界里，企业总是处于特定的制度环境中，对任何企业和个人的经济活动而言，都不能脱离其外部制度环境而单独存在，尤其是在一个不完全确定的环境下，制度深刻地影响着微观经济体的利益预期和交易行为的博弈规则，并由此塑造了企业行为(North，1991)。债务融资也不例外。债权人与债务企业之间存在关于公司资产价值的信息不对称，并由此引发二者间的代理冲突：一方面，作为信贷资本融出方的债权人，会意识到由于收益函数不同，债务人有做出不利于自身收益的决策动机。因此，从理性角度出发，债权人会基于或有损失、监督约束、破产风险等债务代理成本考量，通过增加限制性契约条款、要求提供担保、控制权相机转移等方式拥有监督、约束、惩罚乃至破产清算的债务治理效力。另一方面，对信贷融入方的债务企业而言，尤其是对于我国资本市场中普遍存在终极控制人的上市公司而言，现金流权与控制权分离所导致的控制权私利动机的存在，使得终极控制人财务决策目标与公司价值最大化目标之间存在偏离，并将通过关联交易、资金占用、违约担保等手段侵害外部投资者利益。这种利益攫取动机下，终极控制人也本能地规避来自其他利益群体的监督治理。此外，当内部人掌握了公司财务决策的控制权时，“他并不会做出一个有损于自身利益的财务决策行为”，这本身就形成了一个代理冲突下的决策内生性问题(Demsetz，1983)。因此，终极控制人作为公司财务行为的实际决策者(王化成等，2007)，是可以利用其对公司债务融资的决策控制权，通过配置不同规模、不同期限、不同来源的债务方式进行不同组合，以最大限度地规避强势债务治理下，因攫取控制权私利被惩罚的可能性。

2015年，是中央提出全面推进依法治国的开局之年，正所谓“时易势移，变法宜矣”。社会主义市场经济本质上而言也是信用经济、契约经济。信贷契约作为现代法治金融下的核心内容，其基本特征则是如何选择信贷资本的配置对象。由于产权使用过程中负外部性的存在，要降低交易成本、实现交换效率最大化的目的，市场运行规则的制度化与规范化就显得格外重要。解决产权使用的外部性问题的基本思路通常是内部化处理(internalize the externalities)，即通过有关的制度安排和制度执行来使外部性产生的后果完全由当事人承担(裴长洪，2015)。假设终极控股人是通过偷盗、欺诈、侵占公司投资机会、关联交易非公允定价等方式来掏空公司投资收益，那么这种牟取控制权私利的动机也促使其“天然”地规避着已知的或潜在的监督治理，而债权人保护方面的法制改善就可以通过提高债权治理效力，增加终极控制人私利行为被惩罚的风险。

债务治理效力的发挥除了受债务自身性质影响外，还与外部履约机制的完善与否息息相关。因为，外部履约机制一方面决定了债务人获取融资的“资格门槛”，另一方面则深刻地影响了信贷资源配置过程中契约双方的“谈判地位”。以银行为例，银行垄断地位越强，在与客户进行信贷契约谈判时所具有的“议价能力”(bargaining power)也就越强，越容易通过约束性乃至惩罚性契约条款对债务企业进行监管；相反，如果银行地位弱势，那么上市公司“优质客户”的资质将使其更易获得信贷支持的同时，削弱银行债务的治理效力，而终极控制人后续以侵害上市公司价值为代价追逐自身控制权私利的行为，又进一步地将银行债权置于更高的违约风险和治理失效之中。再以推进资本市场改革的公开债券市场发展为例，由于债券信用评级与信息披露机制尚未完善、投资者保护机制设计和实现力度不足、上市公司终极控制代理下道德风险较高的情形下，盲目地推进债券市场建设，可能会造成债券市场成为资本市场中终极控制人用以规避监管、侵害投资者利益的又一个“避风港”。因此，在推进资本市场发展的过程中，单方面讨论金融体系特性是很难确定何种金融结构更有利于经济发展的，这也是一直以来学术界和实务界亟待解决的问题。

1.1.2　研究目的

债务融资作为影响企业经营过程中最重要的财务决策之一，毫无疑问会受到企业内部治理环境和所处外部制度环境的影响。本书从上市公司终极控制下现金流权与控制权分离所形成的控制权私利动机出发，构建了一个受内部治理结构、外部履约机制以及债务治理效力共同影响下的债务融资分析框架，并提出以下研究问题：终极控制代理下的控制权私利动因是否是上市公司债务融资决策的直接影响因素？本土制度力量及其演进过程(包括法律制度改革和金融体制改革)对外部履约机制和债务治理效力发挥的影响如何？是否以及多大程度上影响了终极控制人的经济预期？以上各种因素又是如何体现到包括债务规模、期限结构以及融资渠道等方面的上市公司债务融资决策上？其影响方式与作用机理如何？

为此，本书将在终极控制人代理理论、新制度经济学理论、法与金融理论等基础上，以构建理论模型和实证分析相结合的方法，探究终极控制人代理下因攫取控制权私利而产生债务治理规避动机，给出用于解释上市公司债务融资行为选择的决策动因；进一步地，以2007年《中华人民共和国物权法》(以下简称《物权法》)颁布实施、银行业体制改革与公开债券市场发展为外部履约机制影响因素，考察外部制度变迁对上市公司债务融资行为的作用机理与影响效果，以及为我国市场经济发展中相关部门进一步优化上市公司股权结构、规范市场运行秩序、完善社会信用履约机制等方面的制度选择，提供一定的理论支持与经验证据。

1.2　理论意义与现实意义

1.2.1　理论意义

近三十年来兴起的新制度经济学强调了制度环境对贷款契约签订、履行的重要性，但现有的研究既没有深入到具体的贷款决策层面，同时也因为数据搜集或研究设计问题而缺乏对正式制度的考察。因此纵观国内已有文献研究大多是从公司特征、公司治理等方面着手对上市公司资产负债率、债务期限结构等进行研究，且这些研究主要是从静态视角展开讨论，未能从时间维度上去识别、分析公司债务融资决策背后的驱动力量和约束力量。目前主流的公司财务理论主要是在美英等发达国家的制度环境下建立和发展起来的，用以解释中国特殊制度环境下的公司财务问题时，未免存在基本理论假设不足的问题。事实上，这些研究当中也有不少研究已然发现，国外经典债务理论和经验研究结论常常无法合理解释中国上市公司的债务融资行为(钱先航和曹廷求，2015)。既然，逻辑推演无法有效移植，那么，对我国公司债务融资行为决策就无法做出合理的解释、预测和指导。因此，结合中国资本市场特殊制度环境与产权控制路径下终极控制人特征，对上市公司债务融资决策和行为效率展开系统、深入的研究，是具有理论上的需求意义的。此外，本书在一个法治金融制度演进的动态框架下，结合公司内部代理人特征和外部履约机制，重新审视和检验公司债务配置的“中国特色”，也有助于丰富和完善公司财务与公司治理关于宏观制度环境影响微观经济主体行为的理论体系，也是具有一定理论贡献的。

1.2.2　现实意义

终极控制私利动机下的债务融资行为是终极控制人为实现自身利益最大化而对企业信贷资源配置，重新进行选择与分配的决策与过程。这种信贷资本的分配方式虽然有利于终极控制人实现自身价值最大化，但就其本质而言是扭曲性的、非效率的，是以降低整个上市公司信贷资本配置的效率为代价的。中国资本市场由于特殊的历史发展原因，上市公司大多处于产权控制路径顶端——终极控制人的内部控制之下，资本配置的财务行为决策也由此表现出与西方国家的明显差异。因此，基于终极控制人治理特征，展开对中国上市公司债务配置的决策研究不仅有助于丰富和拓展终极产权控制下代理问题的研究，也对进一步深化上市公司治理结构改革具有现实的指导意义。

在经济新常态下，如何进一步完善我国资本市场体系，处理好政府与市场间关系，提高监管能力，培育公开透明、长期稳定健康发展的资本市场，引导资本市场更好地服务于实体经济，又是另一个意义重大的现实命题。社会主义市场经济本质上是法治经济，其立法精神就是要保证各利益主体的合法利益神圣不可侵犯，但在中国推行市场经济法治化的进程中，仍存在大量的权利冲突现象。这些权利冲突既存在于一些立法中，也存在于司法的执法过程中(刘作翔，2002)。事实上，如果法制改革停顿、滞后，产权得不到有效保护，那么，微观经济主体就很难以形成稳定的预期，所谓的经济法治也就成为可望而不可即的

“镜中花”和“水中月”(张维迎，2002)。如果说我们过去发展靠的是人口红利、开放红利、资源红利，那么当今中国面对难得的发展机遇和复杂的矛盾问题，更需要的是以改革所激发出的制度红利(刘伟和苏剑，2014)。在经历 30 多年的高速增长后，中国经济面临的最大问题是转型和结构转变。因此，要完善社会主义市场经济建设、规范微观经济主体行为，要从推进法治建设和深化金融改革两个方面入手，通过法治化和竞争化的“双轮驱动”，以法律与规则处理资本市场各主体间的利益关系，才能更好地保障社会主义金融市场的健康稳定发展(辜胜阻等，2016)。

综上，本书试图基于中国转轨经济下的外部制度环境，从法治金融当中的法制改革、银行竞争和公开市场建设三个方面出发，检验经济法治化和金融竞争化在规范经济主体行为、建立和保障契约关系上所具有的制度力量，并以此探究制度变迁与演进是如何影响微观企业债务融资行为进而影响信贷市场资本配置效率的。此外，本研究还对进一步探讨与实现上市公司的治理结构优化路径、完善资本市场监管与投资者保护机制具有重要的现实指导意义。

1.3 相关概念界定

1.3.1 终极控制

1. 控制权的本质

控制不是一个法律上的概念，而是一个经济学概念。在相关法律中并未见到控制一词的定义，理论上也很难对控制一词下定义，很难明确其内涵和外延。各国公司法中对“控制”含义给出了各种解释，例如，“控制是能够支配一个公司董事会的选任进而获得对公司业务管理之权力”“能够掌控一个公司的业务经营、方针决策之权力”等。对此，《中华人民共和国公司法》(以下简称《公司法》)给出的释义是：“控制权即是对公司经营管理和政策决策的权力”，而《〈企业会计准则——关联方关系及其交易的披露〉指南》中则将对控制表述为“有权决定一个企业的财务和经营政策，并能根据此从该企业的经营活动中获取利益。”本书研究中，将“控制”理解与表述为一种对统驭一个公司经营管理与政策决策的掌控力，这种权力可以是直接的股东大会决议形式，或是以间接地通过对公司决策层人事的安排形式，通过表决权、合同或其他安排形式行使。

2. 终极控制人的现金流权、控制权及两权分离

参照已有经典研究对终极控制人(largest ultimate owner，也称实际控制人)的定义(La Porta et al.，1999；刘芍佳等，2003)，本书将之具体阐释为：“沿着股权控制链逐级往上追溯，处于股权控制链最顶端位置，不被其他任何单位或个人所控制的主体，并因此拥有公司剩余收益索取权和超额控制权。”需要说明的是，与终极控制人相对的一个概念是直接控制人，是指直接持有上市公司股权并能实施控制的第一层面的股东，通常也就是所说的公司第一大股东。相较而言，终极控制人则是处于产权控制链的顶端，可以通过控

制直接控制人对上市公司实施实质性控制的最终股东。我国上市公司从 2001 年开始按照证监会相关的信息披露规定，在年报当中，对终极控制人信息进行自愿性披露。2004 年，证监会修订了上市公司年报披露准则，强势要求上市公司披露终极控制人相关信息，从已有披露结果来看，上市公司终极控制人产权性质呈现多元化，既有代表国家行使权利的各级国资委，也有家族和自然人形式。

对于产权控制路径顶端、掌握着上市公司实际控制权的终极控制人而言，现金流权（也称所有权、剩余收益索取权）代表的是终极控制人能够从公司收益中获得的正常份额。参照付强（2015）的做法，对 La Porta 等（1999）所提出的现金流权 α 的具体计算方法进行如下阐述：

假设上市公司的产权控制路径上，上一层级控制人持有下一层级公司股份比例为 S_{ij}，其中，i 为终极控制人实现对目标公司控制的链条数，$i=1$，2，3，…，m；j 为层级数，$j=1$，2，3，…，n。则每条控制链顶端对终端上市公司的所有权权益比例，等于该条控制链上各层股东持股比例的乘积；多条控制链，那么现金流权比例就等于每条控制链上所有链间控股比例乘积的加总，如式（1.1）所示：

$$\alpha = \sum_{i=1}^{m}\left(\prod_{j=1}^{n} S_{ij}\right) \tag{1.1}$$

控制权则是指终极控制人对产权控制链底端的上市公司的日常经营、财务行为等所拥有的实际控制权和决策权。按照最小持股份额原则（the weakest-link principle），计算方法为“每条控制链上最弱投票权（voting rights）的相加之和”。需要说明的是，如果该上市公司仅存在一条产权控制链，那么终极控制人控制权比例即为该控制链条中最小的控股权比例；相反，如果公司存在多条产权控制链条，那么最终控制权比例就等于每条控制链中最小控股比例相加之后的总数，如式（1.2）所示：

$$\beta = \sum_{i=1}^{m}\left(\min_{j}\left(S_{ij}\right)\right) \tag{1.2}$$

产权控制链条顶端的终极控制人可以以少量的现金流权而获得对底端上市公司的超额控制权，这种现象就被称为“终极控制人现金流权与控制权的两权分离”，实现方式包括：金字塔股权结构（pyramid shareholding schemes）、交叉持股（cross-shareholdings）以及优先表决权（superior voting right）等。国内外研究中对两权分离的度量大多采用“控制权与现金流权差值”以及“控制权与现金流权比值”的方法。这两种方法都能从不同侧面反映出控制权与现金流权之间的偏离情况。

现金流权与控制权两权分离的存在，使得终极控制人因为现金流权而遭受的损失远小于其在超额控制权下所获取的、不为其他股东和投资者所共享的控制权私有收益，并为终极控制人及其代理人利用对上市公司的实际控制权地位，采用资产转移、关联交易、抵押担保等手段侵占其他投资者利益的“隧道行为”提供了可能；而且现金流权与控制权之间的两权分离程度越大，终极控制人牟取控制权私利的动机越强烈。

Demsets（1983）认为，“在一个自我利益对经济行为起主要作用的世界里，认为拥有价值资源的所有者将把控制权让渡给那些不服务于他们利益的管理者的想法是愚昧的。”对此，结合终极控制人情境，本书认为，可以将其理解为：由于两权分离下的终极控制人具有对公司财务决策产生实际影响力的能量，因此终极控制人的个人意思可以经公司决策程序而转变为正式的财务决定。据此，本书将研究的逻辑设定为：我国终极控制人偏离公司价值最大化的利益目标的存在是上市公司债务融资行为的决策动因，并会进一步地成为阻碍信贷资源有效配置的寻租手段。

1.3.2 债务治理效力

在给出了本书对“终极控制人两权分离不仅是代理问题产生的起因，也是提出公司治理问题和发挥公司治理作用的必要前提”的逻辑起点设定后，结合“债务融资”这一研究主题，即引出了债务契约另一方利益主体债权人的行为选择问题。基于此，引入“债务代理成本”及相应的“债务治理效力”的概念。

1. 债务代理成本

(1)或有财富损失下的债务代理成本：相较于外部债权人而言，公司内部人存在着关于公司特质与公司财务的信息优势，债权人很难对公司所有的资本投向和价值损失进行约束与监督。因此，对于风险较大的投资项目，理性债权人会以提高贷款利率的方式，提高提供信贷资本的额外风险报酬。从信贷资本的供求角度来说，一旦贷款利率过高则有可能迫使公司放弃借款，公司很可能因缺少现时资金而损失一笔未来机会财富；相反，如果公司内部人拒绝投资于那些能为债权人带来稳定收益，但却对自身利益影响不大的投资项目时，同样也会引发投资不足。以上两种情形都可能造成公司机会财富的或有损失，也被认为是债务代理成本最基本的构成内容。

(2)监督和约束支出下的债务代理成本：信贷契约所形成的债务代理成本主要体现在制定详尽债务契约条款所耗费的巨大直接成本和保障契约有效执行过程中所发生的监督间接成本。此外过于严格的契约条款和执行力度还有可能对公司管理者才能造成过多的限制并影响公司的经营发展。因此，围绕债务契约所发生的直接的、间接的以及或有的成本构成了债务代理成本的另一个内容。

(3)破产和重组成本下的债务代理成本：债务融资发生后，如果公司不能按照约定对信贷资本进行还本付息或因经营中其他行为而触发了破产条款时，依据所有权状态依存理论，此时，公司控制权发生转移，债权人将有权对债务公司进行破产清算并会成为公司所有者。在债权人按照信贷契约所要求的本息回报与公司清算后剩余价值之间的差额就构成了全部有债权人承担的损失，由此构成了债务代理成本的最后一个内容。

2. 债务治理效力

由于债务代理成本的存在，债权人就会估计和预测债务人采取对其不利的策略时可能带来的损失，以要求与债务人签订加入了各种限制性条款和保证条款的债务契约，在公司进行公开债券发行时按抑价后价格购买债券，限制内部人的经营策略，如借入新债、过度发放股利、扩大在职消费、违约后清算企业债务取得控制权等方式和手段，对企业进行外部治理。在本书研究中，将其表述为“债务治理效力”(Jensen and Meckling，1976；Myers，1984；Thakor and Wilson，1995；Hadlock and James，2002)。

资本结构研究方面的一个主要的观点就是负债具有治理功能。负债造成了企业还本付息的压力，可以形成对公司内部人(控股股东和管理层）“硬约束”，并由此降低了内部人的代理成本(Jensen，1986)。此外，目前过高的负债水平可能会削弱新股东和新债权人为企业提供融资的激励，由此限制了企业进一步的外部融资能力，这种债务积压(debt overhang)可能会导致企业无法利用真的投资机会，从而导致投资不足并降低企业价值(Myers，1984)。McConnell 等(1995)采用美国上市公司的数据，围绕着债务的两面性，针对债务与企业价值的关系进行了实证检验。其研究表明，当企业面临较多的投资机会时，负债水平与企业价值存在负相关关系，由此表明在这种情形下，目前的负债水平可能会导致投资不足；当企业面临的投资机会有限时，负债水平与企业价值存在正相关关系，由此表明在这种情形下，负债发挥了控制代理成本的功能，从而增加了企业价值。

进一步地，通过区分债务自身属性而将治理效力高、低不同的债务分别称为“强势治理效力债务”和“弱势治理效力债务”。所谓强势与弱势的区别，是针对同一债务属性中两类债务方式进行对比后的结果，相对弱势治理效力的债务而言，强势债务具有通过契约条款、清算优先级或控制权转移等方式，对债务企业内部人构成强力的监督约束与清算威胁。强势债务治理能够有效减少道德风险，约束与惩罚两权分离下终极控制人私利动机，从而产生终极控制代理下上市公司对强势治理效力债务的规避效应。例如，与一般零散规模的债权相比，来源单一、规模较大的债权人监督和信息优势更为明显；与长期债务相比，短期债务因为不断的续借而迫使内部人不断“吐出”现金，因而治理效力更为强势；与公开债券程式化的贷款合约相比，银行贷款契约的保护程度更为完善，债务治理效力也更为强势，等等。

此外，债务治理效力的发挥，不但受自身属性影响，还与其所处的外部制度环境息息相关。外部履约机制缺失时，强势债务难以有效发挥其治理效力，甚至会成为终极控制人用以侵害债权人利益、牟取控制权私利的手段与渠道；相反，外部履约机制完善时，强势债务治理效力得以发挥，降低了终极控制人扭曲债务配置以寻租的可能，并增大了终极控制人隧道行为被发现与惩罚的可能性。此时，债务融资行为向公司价值最大化目标趋近，并由此提升了社会整体的信贷资源的配置效率。

1.3.3　《物权法》改革

早在 2004 年，中国人民银行原行长周小川在论述金融改革的系统性时就曾指出，法律制度环境是金融生态的主要构成要素，为更好发挥市场在资源配置中的作用，就必须健全法治金融建设，保护产权、维护契约、公平竞争、有效监督，完善重要金融法律制度与监管体系。因此，在本书以法治金融为主体的法治研究中，主要是对正式制度层面的法制改革进行研究。而对于法制改革主体的选取上，则着眼于 2007 年《物权法》的颁布实施。

正如周小川(2010)所言，法治环境对金融主体发展的影响不容忽视，其好坏会明显改变微观经济主体的预期。 如果法制存在漏洞，经济主体预期就会利用漏洞牟取不当利益，违法(自觉或不自觉)将成为一个普遍现象，即所谓“法不责众”，并最终导致社会信用体系的崩坏；而随着债权方的不良资产积累过多，就会造成严重“惜贷”现象，导致信贷配置失效。中国以往在金融立法思想习惯于“杨白劳”式的“亲债务人倾向”的思维定式，客观上造成了债务人利用法律漏洞侵害债权人权益、造成金融债权容易落空的现象。

好的市场经济一定需要健全的法制作为支撑，法制建设的健全不仅会明显改变微观经济主体的预期，还会涉及其他参与交易主体的利益。2007 年，旨在“明确物的归属，发挥物的效用，保护权利人的物权”，对维护社会主义市场经济秩序具有里程碑式意义的《物权法》颁布实施，此次法制改革，就其本质而言，是一种宏观层面的自上而下的强制性制度变迁，构建了系统完整的担保物权制度，与之前法律相比，《物权法》极大地丰富了可用于担保的物权，而且还通过进一步完善担保物权的设定和实现程序降低了担保物权运作的交易成本，降低了债权人求偿风险和成本、激励其事前放贷意愿，预期将对微观经济主体的负债融资行为产生深刻的影响；此外，《物权法》还系统、详细地规定了包括所有权、用益物权和担保物权在内的物权归属，并对物权利用产生的民事关系提供了明文规范，改变了我国债务纠纷实践当中一直以来的“亲债务人倾向”，体现了法治经济产权保护中“亲债权人”的权利人本位保护的立法思想。

综上，从本书“债务融资”的研究主题出发，拟采用自然实验方法，检验《物权法》颁布实施这一制度变迁下的权利人本位保护转变与外部履约机制完善，如何影响终极控制代理下的上市公司交易预期，并如何以及多大程度地表现在其债务融资决策的变化上。

1.3.4　金融环境

现代金融作为促进经济发展的关键一环，通过金融体系运作进行储蓄动员和项目选择，实现资金在赤字者与盈余者之间的配置调节，从而大大地提高资金的使用效率。一般而言，金融结构主要包含两方面内容：其一为银行行业结构，即存贷款资产在不同规模的银行间的分布；其二为银行部门与债券市场的相对规模，即间接融资与直接融资的比例关系。本书中所述金融环境并非仅指用于度量金融结构或金融发展的具体指标，而是从金融功能当中“实现资金在赤字者和盈余者之间配置”的过程出发，从以下两个方面阐述金融体系内部各种不同金融制度的相对安排和构成。

1. 债券市场发展

资金配置的实现既可以通过传统银行等金融机构进行，也可以通过非银行金融机构或在非银行金融机构辅助下，直接通过资本市场来进行。也因此，根据公司进行债务融资时所选择的直接或间接渠道，而将债务融资渠道的来源属性分为公开债务（public debt，以公司债券为代表）和非公开债务（private debt，以银行借贷为代表）。理论上而言，公司债券作为直接资本市场上最重要的工具之一，因其流动性强、信誉高等特点而相较银行信贷更具成本和期限优势，因而，债券市场的发展、规范、成熟不仅对推进资本市场发展起着巨大的作用，而且也深刻影响着实体经济的繁荣与发展（Lin et al.，2013；马文琦，2014）。

现阶段，我国正处在转变经济增长方式、促进经济转型升级的关键时期，从直接融资在公司外部融资中所占比重来看，不仅与发达国家存在明显差距，甚至相比其他发展中国家都存在一定差距(如俄罗斯、印度、印度尼西亚等等)。这当中，公开债券市场方面的差距超过股票市场，差异尤为明显(祁斌，2014)。自中共中央十八届三中全会《关于全面深化改革若干重大问题的决定》提出“推进金融体系市场化改革，大力发展直接融资，改善金融结构，提高金融资源配置效率”的发展口号后，债券市场的发展就如雨后春笋般“茁壮”成长起来，截至 2015 年底，债券市场全年发行规模已达 22.3 万亿元，一跃成为世界第三大债券市场。

事实上，推进直接融资渠道的公开债券市场建设，对于过于依赖银行渠道的我国金融体系而言，有着分散和化解金融风险隐患、改善金融结构、增强经济金融结构弹性等诸多益处。但不容忽视的现实问题是，直接融资和间接融资平衡发展的金融结构与经济水平、产业发展阶段、法治文化和制度环境以及金融自由化程度等因素高度相关且与之相适应。在目前，债券信用评级与信息披露机制尚未完善等债权人保护机制缺失的现实背景下，我国却存在着越来越明显的金融资源通过直接资本市场进行上市公司债务配置渠道的趋势，在这种“繁荣”的趋势背后，隐藏着上市公司终极控制人代理下私利动机明显、道德风险较高的又一个现实问题。

2. 银行业竞争

长期以来，中国上市公司的主要债务融资渠道都严重依赖银行这一间接融资方式，而在终极控制代理问题下研究银行债务治理效力，就无法回避银行竞争对银行债务治理效力所带来的影响。有学者认为银行竞争有助于通过发挥声誉机制，抑制企业的逆向选择与道德风险问题(沈红波等，2011)，从而发挥融资性负债的治理效应(谢德仁和陈运森，2009)。孙铮等(2005)的研究也表明，市场化程度高的地区公司长期债务比例较低，并认为在这些地区政府放松了对企业和银行的控制，但由于缺乏完善的司法体系保护债权人的利益，“短债长借”就成为银行债权人为保证自身利益而采取的一种可能的替代机制。以上研究对于本书理解金融发展这一制度因素对企业债务融资的作用具重要意义，但是这些研究在单方面地强调银行竞争提升了银行债务治理效力的同时，却忽略了银行竞争环境决定了银行对交易伙伴的可选择性及对欺骗行为惩罚的可能性。譬如，在信贷市场上，如果只有一家银行，没有其他竞争者对手，那么银行对债务企业实施惩罚的可能性就非常大，银行信贷对债务企业内部人风险偏好的约束效力和治理效应接近无限大；相反，如果只有一家企业，而银行间又是完全竞争情形，那么，银行无疑才是这场博弈中的“弱势群体”，此时外部履约机制再完善，银行对这个唯一客户实施违约惩罚的可能性也接近无限小，单个银行的债务治理也由此失效。

此外，这当中还存在一个决策的内生性问题，那就是，公司内部控制人并不会选择一个有损于自身利益的债务融资方式，当内部人掌握了财务决策的控制权时，其本身就形成了一种代理问题(Demsetz，1983)。因此，要更好地理解上市公司终极控制下银行债务配置的各个特征(整体规模、长期债务、短期债务或者作为间接渠道)，就必须从银行竞争和终极控制代理问题两个方面入手，系统研究银行业竞争对债务治理效力的影响。

1.4　研究方法与研究内容

1.4.1　研究方法

本书拟在文献回顾与研究评述的基础上，采用定性分析与定量分析相结合的方法，通过数理建模和实证分析，系统、规范地研究法治金融环境与终极控制人代理影响上市公司债务融资行为的决策动机、行为模式和配置结果，并就内、外两者治理机制在上市公司债务配置过程中的交互作用进行深入探析。

(1)理论分析法。首先，通过广泛查阅国内外文献，梳理和总结关于终极控制代理下公司债务融资行为影响因素及经济后果等方面的已有研究，在此基础上，准确把握这方面的核心理论、最新动态以及研究空白，找到本书研究问题的逻辑起点与深入方向；其次，通过对国内外关于委托-代理理论、法与金融理论、新制度经济学理论及权衡理论的系统梳理与成果述评，搭建贯穿本书整个研究过程的基本理论框架，为随后博弈的构建、研究假设的提出提供坚实的理论基础。

(2)博弈论建模法。在终极控制链条下，上市公司债务配置决策实质上是终极控制人在权衡外部各方债务治理效力与自身控制权私利攫取之间权衡后的博弈结果。因此，在实证部分开始之前，本书第 4 章主要运用博弈论建模法，构建关于外部履约机制、控制权私利动因以及债务治理效力下的债务融资博弈模型，并通过数理推导求解终极控制人代理下的债务融资博弈均衡。

(3)实证分析法。实证研究主要体现在本书第 5～7 章，选择沪深两市的 A 股上市公司为样本，利用 CSMAR 数据库、Wind 数据库，运用描述性统计、T 检验、多元回归(Tobit 回归)、双重差分(difference-in-difference，DID)模型等计量方法，实证检验我国法治金融进程中的法制改革、银行竞争与公开债券市场发展等外部制度及其变迁对终极控制代理下的上市公司债务配置决策的影响效果。实证研究结论也为前文的机理分析和研究立论提供了经验证据与支持。

1.4.2　研究内容

全书共分为 8 章进行：

第 1 章，绪论。本章主要阐明了本书的研究背景、目的与意义、核心概念，明确了研究思路、逻辑框架，刻画了技术路线图下研究内容的结构安排，凝练并总结了研究创新点与贡献之处。

第 2 章，理论基础与文献综述。本章针对委托-代理、新制度经济学以及法与金融等基础理论，并围绕债务配置影响因素和后果研究的已有文献进行了梳理与回顾，并对国内外研究现状与进展进行了评述。

第 3 章，制度背景分析。本章围绕“法治金融”这一研究主题，对中国改革开放以来的行政和经济体制改革进程进行了制度背景分析，从上市公司产权模式、法治经济历程和金融体系改革三个主要方面展开回顾与论述，夯实了研究法治金融环境变迁影响公司财务决策的现实意义与依据。

第 4 章，债务融资行为的决策机理与博弈模型。本章用数理模型推导的方式证明了终极控制人代理下控制权私利动机、构建因债务效力不同而具有差异性的债权人清算收益模型，探讨外部履约机制完善与缺失情形影响二者关系的作用机理，并数理证明之不同外部履约机制下的债务占优策略；最后，建立同时存在“外部履约环境”“控制人私利动因”及“债务治理效力”的三方博弈模型，以此推导上市公司债务融资决策的均衡博弈结果。

第 5 章，法制改革、终极控制与债务融资规模。本章主要采用 DID 方法，实证检验《物权法》颁布实施这一法制改革所带来的债权人求偿保护，对终极控制人代理下上市公司债务融资规模以及过度负债水平的影响。

第 6 章，法治金融、终极控制与债务期限结构。本章采用 DID 方法，实证检验《物权法》颁布实施这一法制改革冲击对终极控制人代理下上市公司银行短期债务占比、长期债务占比以及银行债务整体规模的影响。在此基础上，结合不同地区金融市场环境，探讨银行业竞争如何进一步地影响短期债务治理效力，并对终极控制下的上市公司短期债务融入产生影响。

第 7 章，银行竞争、终极控制与债务融资渠道。本章基于终极控制人代理视角，实证检验了我国公开债券市场“刚性兑付”背景下，公开债务与银行债务对终极控制人私利动机的治理效力以及由此所表现出的上市公司债务融资渠道偏好。进一步地，结合不同地区银行竞争环境，考察了银行竞争对终极控制代理下上市公司银行债务融资偏好的影响。

第 8 章，结论与展望。本章总结了主体部分研究工作和结论，据此提出具有针对性的政策建议，并进一步指出了本书研究可能存在的不足与未来方向。

本书研究整体设计遵循如图 1.1 所示的技术路线图。

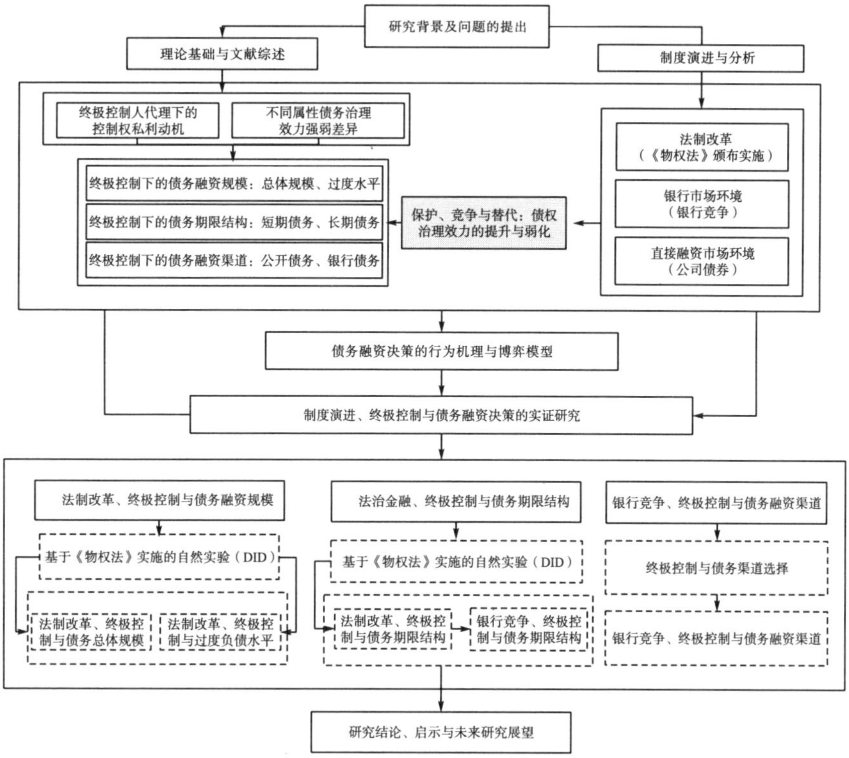

图 1.1 本书研究的技术路线图

1.5 研究贡献与研究创新

1.5.1 研究贡献

本书的研究贡献体现在以下几个方面：

(1) 从学术研究发展趋势来看，学术界对于强制性制度变迁能否取得预期效果仍持有广泛的怀疑态度，而产生这个争议的基本原因就是债权人保护与经济发展之间关系的理论认识存在分歧。本书的研究以我国《物权法》的出台实施为自然实验，将法制改革变化与债权人事后求偿权利实现的变化联系起来，揭示了法治因素影响我国上市公司债务融资行为的作用机理，为考察制度环境作用于微观经济体财务行为并最终影响经济发展的路径传导，也为融合与拓展以上的对立学术认识提供了一定的经验证据。

(2) 中国法治金融建设的社会实践中，债权人保护法制建设也一直“暧昧不明”，尤其是在发生债务违约后，由于很长一段时间内由政府主导的“政策性破产”等因素的存在，使得债权人事后求偿权利在实践中一直存在着“应该被保护还是被剥夺”的争议，因此，明确我国已有法律变化(尤其是法制改革)是否对经济发展产生了因果关系上的作用，这一问题至关重要。本书的研究不仅在一定程度上澄清了债权人保护与微观经济体行为选择之间的关系，而且对将来进一步完善相关法律以有效促进金融发展提供了重要借鉴意义，为进一步的产权保护政策设计提供了依据。

(3) 由于历史和体制的原因，我国银行竞争在过去很长一段时间内的竞争加剧并没有形成市场经济下的完全竞争态势；相反，在行业竞争加剧的过程中，银行往往忽略了内部治理问题，管理较为混乱，风险控制意识薄弱，甚至会因争夺和留住客户，而产生信贷“胁从效应”，无法发挥银行债务真正的治理效力。本书相关的研究结论表明，我国银行体制改革目标，如果盲从西方发达国家市场经济体制下发展起来的、行业集中度视角下的银行竞争理论，就很容易推导出错误的政策指向。实际上，中国银行业改革更需要的是通过行业准入制度的改革，引入更多多元化产权结构的竞争主体，破除政府隐性担保下的上市公司“优质客户”光环，形成适应中国经济发展需要的、层次丰富齐全的大中小银行结构行业体系。

(4) 今时今日，上市公司直接融资渠道中的又一主体构成部分——债券市场，已在国家深化金融体制改革的一系列举措下，表现出了与曾经股权融资资本市场发展相似的高速增长态势。准入制度放宽、产品创新速度加快，在上市公司债务融资选择方式日渐多元的背景下，债券市场对经济发展和金融市场建设的重要性日渐凸显。但与此同时，股权融资市场发展之初就存在的信息披露规范性不足、资金成本敏感度低、投资者保护不足等问题依旧存在。为避免重蹈覆辙，在推进债券融资市场建设的现阶段，深入探究影响其规范、健康、持续发展的内部治理与外部制度因素，是有其理论价值和现实意义的。

1.5.2 研究创新

本书研究的主要创新之处可归纳为以下三点：

(1) 纵观已有研究，将多维度的债务融资行为纳入同一个研究框架下的文献尚未多见，而同时考虑了产权控制路径下终极控制人决策内生性问题的研究更是少之又少。本书的研究以“控制权私利驱使下的终极控制人对具有强势治理效力的债务方式的规避动机”为逻辑起点，探究了我国上市公司终极控制代理下的不同债务融资行为(包括债务融资规模、期限结构以及融资渠道等)，填补了在同一逻辑框架下对公司债务融资行为进行系统性研究的文献空白的同时，也更为准确地刻画了上市公司终极控制代理下的债务融资行为动因。

(2) 法律变革的自然实验较为稀缺，只有为数不多的研究开始尝试利用外生的法律变革事件实证考察“法与金融”关系(Visaria，2009；Lilienfeld et al.，2012；Vig，2013)，尤其是国内研究，大多采用跨国或跨省等区域数据考察外部法治环境的影响。本书以我国 2007 年《物权法》实施为债权人保护水平提升的自然实验，考察了法制改革所带来的外部履约环境改善对上市公司债务融资行为的影响，在为“法与金融”领域相关研究提供了来自中国这一新兴经济体的经验证据的同时，也填补了国内学者利用外生法律变革事件实证考察“法与金融”因果关系的研究空白。

(3) 本书在中国深化法治金融建设的背景下，首次系统、深入地构建了涵盖债务契约三方参与者的理论博弈模型，以探究“外部履约环境的不同维度影响不同契约参与者”的作用路径，并实证检验了包括法制改革、银行竞争以及公开债券市场发展在内的外部履约机制，影响上市公司终极控制代理下的债务融资行为的实际效果，在丰富已有研究的同时，也为我国法治金融建设在以上三个维度上的进一步优化和改进提供了相应的政策依据。

第 2 章　理论基础与文献综述

2.1　理 论 基 础

2.1.1　委托-代理理论

公司作为一系列契约的缔结体，通过各种契约关系界定契约双方的权利和义务。公司治理层面的委托-代理关系，本质上而言，是一种委托人与代理人之间显性或隐性的契约关系，且这种契约存在“委托人与代理人目标函数不一致”以及“委托人对代理人行为不能完全掌控”两个基本假设。近一个世纪来，国内外学者围绕委托人与代理人之间的代理冲突进行了大量具有开创性的理论研究，并构建了不同现实情境下的委托-代理理论。

本节就当中经典文献进行了简要梳理，并按照委托-代理理论的发展脉络，大致划分为“传统委托-代理”“第二类委托-代理”“终极控制下第二类委托-代理”以及“深化后的终极控制下委托-代理”四类。

1. 传统委托-代理：股权分散下的股东-管理者利益冲突

The Modern Corporation and Private Property 一文由 Berle 和 Means 于 1932 年合作发表。他们以美国 1929 年 200 家最大的非金融类公司为例，研究了现代公司体制下的所有权分散情况，得到如下结论：“大公司的股票由如此之众多的股东所拥有以至于没有任何一个人能拥有其中任何一家公司足够多的发行在外的股票”“最大公司所有权已走向巨大的分离状态，而中等规模公司所有权同样非常分散”“所有权和经营权实际已经完全分离，大量所有者没公司的实际经营权，而管理者也只持有可忽略不计的股权”。在公司所有者与经营者存在信息不对称的情况下，从 Berle 和 Means(1932) 命题出发，股东与管理者之间就形成了一种委托-代理关系：委托人(股东)追求公司财富最大化，而代理人(管理者)则追求工资奖金、在职消费和闲暇等自身价值最大化，二者的利润函数常常不一致，并由此产生代理冲突，即股东与管理者之间的第一类委托-代理问题(principal-agent conflicts)，也称“传统委托-代理冲突”。

The Modern Corporation and Private Property 开启了学术界对公司治理问题的研究热潮，并在很长一段时间内成为研究公司治理实务处理的逻辑起点和学术研究的理论基石，公司治理机制的设计与完善也主要是围绕如何解决二者间的利益冲突展开。此外，Jensen 和 Meckling 于 1976 年发表了 *Theory of The Firm：Managerial Behavior，Agency Costs，and Ownership Structure* 一文，提出了“增大管理者持股比例”使管理者利益与股东利益趋同以缓解二者间的代理冲突的研究结论。他们还认为，现实中“所有权和控制权的分离并没有想象中那般严重”“管理层持股把管理者利益和外部股东利益有力地联系起来”。

他们的研究也受到了国内外学者的追捧，并进一步地奠定了股权高度分散情形下，从公司所有权与经营权分离下的股东与管理者代理冲突角度出发，进行公司财务与公司治理研究的理论基础与逻辑起点(Jensen and Meckling，1976)。

2. 第二类委托-代理：股权集中下的控股股东与中小股东利益冲突

20 世纪 80 年代后期，也就是 *The Modern Corporation and Private Property* 发表 50 多年后，一次名为“公司与私有财产”的学术研讨会拉开了学术界对 Berle-Means 命题的批判序幕(Demsetz，1983；Stigler and Friedland，1983)。Demsetz(1983)甚至直接指出，“Berle 和 Means 所认为的分散的所有权结构对大公司来说是与生俱来的论断是错误的。”他认为，所有权是内生的，股市的一大功能是，当需要大股东来监督管理层时，股市的流动性将自动促使大股东的出现，并总结道：“在一个自我利益对经济行为起主要作用的世界里，认为拥有有价值资源的所有者把控制权让给那些不服务于他们利益的管理者的想法是愚昧的。”学者们越来越多地发现，现实中大多数公司股权不是高度分散的，相反却是处在一种股权结构相对集中的产权控制环境下。此时，由于大股东与小股东的利润函数不一致，代理冲突主体由原本股权分散情形下的股东-管理者冲突转向了股权集中下的大股东与外部中小股东之间的冲突(Fama and Jensen，1983)，大股东为追逐为自己所独享的控制权私利而损害中小股东利益(Grossman and Hart，1988)，并由此产生股权结构集中下的第二类代理问题(principal-principal conflicts)。这一观点在后来得到了 La Porta 等(1998)以 49 个国家(地区)上市公司的跨国样本数据支持。La Porta 等一再强调，“Berle 和 Means 也许准确地描绘了美国大公司的股权结构，但它并不是普遍适用的”，时至今日，那种认为 Berle-Means 式分散型股权结构仍在世界范围内占主导地位的观点，无疑会“让人误入歧途”(misleading)。

至此，股权集中下控股股东与中小股东之间的第二类代理问题迅速地得到了学术界的认同和大量研究证实。Johnson 等(2000)采用美国资本市场中大量的法律案例为样本，研究发现，控股股东掏空上市公司的行为普遍存在，且通常是以“资产转移”“自我交易”“资金占用”“贷款担保”等交易形式存在。Johnson 等(2000)将控股股东“以超额控制权攫取私利”的行为定义为“隧道行为(tunneling)”，意即“以隐蔽的方式掏空公司”。此后，这一概念也取代管理者控制权私利，成为股权集中情形下上市公司治理研究的核心问题。

3. 终极控制下委托-代理：产权控制路径下的终极控制人与外部中小股东利益冲突

终极控制下委托-代理理论是以 La Porta 等(1999)的开创性研究为标志的，他们通过对世界范围内发达经济体为主的 27 个国家和地区的上市公司样本研究发现，股权相对集中现象在这些国家和地区普遍存在，且存在产权控制链条下的终极控股股东，通过交叉持股、直接控股等方式用更少的现金流权即拥有了对上市公司更大的控制权。进一步地，该结论得到了 Claessens 等(2000)对 9 个东亚国家(地区)非发达经济体为主的研究的数据支持，且相比 La Porta 等(1999)的研究结果来看，不发达经济体中上市公司终极的情形更普遍，现金流权与控制权偏离更严重。

La Porta 等(1999)指出“第一大股东并不掌握实际控制权，现金流权与控制权分离下的终极控制人”现象，普遍地存在于世界范围内的上市公司中。终极控制人往往通过优先表决权(superior voting rights)、交叉持股(cross-shareholdings)和金字塔股权结构(pyramid shareholding schemes)等复杂持股形式形成对上市公司的实际控制，现金流权与控制权分离所形成的超额控制权，使其在与外部股东共享现金流权收益同时，更倾向于通过隧道行为攫取控制权私利，并由此形成终极控制代理下，与外部股东之间的代理冲突。终极控制人“隧道行为”往往以中小股东利益牺牲为代价来掏空上市公司以追求自身控制权收益，不但造成了上市公司经营成果的损失，还会进一步造成企业经营资源不足，损害了上市公司价值和其他中小投资者的利益。以上研究在世界范围内掀起了终极控制人研究热潮，并得到了大量实证研究的证据支持(Faccio and Lang，2004；Laeven and Levine，2008；Lin et al.，2011；Gugler et al.，2014)。

我国证券市场建设的转轨特征，更是造成了上市公司产权控制链条顶端终极控制人的大量存在，国内学者的相关实证研究也都发现，终极控股人隧道行为可以通过公司间的资金占用、关联交易、贷款担保、经理人薪酬等方式实现。

综上，随着产权控制路径下终极控制人代理冲突研究的深化，终极控制人通过隧道行为侵害外部中小投资者利益的研究越来越深入，终极控制人与外部中小股东利益分歧逐渐代替大股东与中小股东的矛盾，上升为上市公司治理当中的主要矛盾，在将现代公司治理研究向前推进了一大步的同时，也逐渐成为公司治理和公司财务行为研究的新逻辑起点。

4. 深化后的终极控制下委托-代理——终极控制人与债权人之间的代理冲突

随着国内外学者们对终极控制人隧道行为侵害外部股东的实现路径进行追溯研究的深入，发现终极控制人牟取控制权私利的隧道行为不光会侵害外部股东利益，占用资金、关联交易、贷款担保以及过度投资或投资不足等损害公司价值的掏空行为背后，也是对信息不对称下所有外部投资者的利益侵害，这当中，当然也包括债权投资人利益(Johnson et al.，2000；Djankov et al.，2006；Lin et al.，2013)。因此，在复杂所有权结构公司中，终极控股人代理下现代公司的委托-代理问题，也深化到了两权分离下终极控制人与外部债权人之间的利益冲突上。

根据前文 1.3.2 节对债务治理效力概念阐释的研究梳理，可知，债权人与公司内部人之间存在由“或有财富损失”“监督和约束支出”以及“破产和重组成本”三个方面所构成的债务代理成本，且理性的债权人会意识到由于收益函数的不同，债务人有做出对债权人不利决策的行为动机，因此，债权人会估计、预测债务人采取对其不利公司价值策略时，可能会给自身带来的损失，并通过要求与债务人签订更为严苛的债务契约，补充各种限制性和保证性条款，在按抑价后价格购买债券，限制内部人借入新债、过度发放股利以及无限扩大在职消费，对违约企业进行破产清算、获得控制权转移等方式对企业进行外部治理，以保障自身债权价值不受公司内部人侵害。也就是说，当终极控制人存在侵害债权人私利动机时，债务作为一种治理机制，所具有的“相机治理”将发挥作用(Thakor and Wilson，1995；Hadlock and James，2002)：一方面，债务本息的支付可以减少可供终极控制人自由支配的现金流；另一方面，债务融资可以使公司内部人面临更多的监督约束和破产清算风险，如果公司不能按期偿还债务，则公司所有权将发生转移，转归债权人所有。因此，当公司发生债务融资时，外部债务治理效力的发挥有助于缓解终极控制人代理冲突，抑制过度投资或投资不足的行为(肖作平，2011；Lin et al.，2011，2013)。

需要说明的是，在自我防御机制下，终极控制人并不会把控制权让渡给那些不服务于他们利益的管理者的，终极控制人以及与其利益相一致的管理者才是上市公司财务行为的真正控制者和决策人(Demsetz，1983；王化成等，2007；Lin et al.，2012)。为了逃避债权人监管，终极控制人会通过逆向选择等方式，减少不必要的债务融资选择或者在可选择范围内尽可能地规避强势债务融资方式。换言之，终极控制人隧道行为的存在使其“天然”地具有债务治理“规避动机”(Lin et al.，2011，2013)。此时，终极控制人债务融资行为的配置决策是为实现自身利益最大化过程中对信贷资源的一种重新分配，是终极控制人在规避债务治理效力下对各种影响因素进行利弊权衡后的一种取舍结果，因而，这种分配方式有可能是扭曲性的、非效率的。

此外，越来越多的债务资本理论研究和实证分析证明，必须放松对公司债务融资行为研究的“无关性”假设，信息非对称、委托代理和控制权问题将在很大程度上影响公司债务融资的行为选择；而市场非完全性的客观存在，使得市场效率和资本资产定价也成为影响债务决策的关键因素。也就是说，公司债务融资行为的选择及其经济后果，不仅受到信息非对称和代理成本的影响(Jensen and Meckling，1976；Aghion and Bolton，1992；Morck et al.，1989)，而且通过“外部环境影响债务治理效力发挥”这一途径关联性内生于相应的公司特征之中(Shleifer and Vishny，2012)。

2.1.2　法与金融理论

由 La Porta、Lopez-De-Silanes、Shleifer 和 Vishny(La Porta et al.，1997，1998，2000a，2000b，2002)系列研究所倡导的“法与金融”(law and finance)成为近十年来财务学最前沿、最活跃的研究热点。在此之前，以 Coase(1974)为代表的“法律无关论”认为，只要契约完备，司法体系有效，证券法律法规无关紧要，市场机制本身即可确保证券市场发展。但现实条件下，由于完备的契约是不可能存在的，且并不是所有契约都能得到有效执行(Grossman and Hart，1988)。因此，从“法律有关论”的角度看来，证券法律法规的中心作用在于创造一个公共执法者，并以此降低私有合约的签订与执行成本。

La Porta 等(1997)研究发现，投资者权利的法律保护程度对一国金融市场的规模有着重要影响，进而提出了“是什么造成了投资者权利的法律保护的国别差异”的研究问题。为此，La Porta 等(1998)通过对比 49 个国家和地区的股东权利指数、债权人权利指数以及法律执行效率，发现法律渊源的不同决定了一国金融市场的投资者被保护水平，其中，普通法系国家的投资者保护力度最强，法国法系国家最弱，而德国法与北欧法对投资者的保护力度则介于二者之间；从法律执行效率来看，则是北欧法系与德国法系国家的法律执行效率最高，法国法系国家最差，而普通法系居中。基于以上研究结果，La Porta 等(1998)认为，“法律起源能够很好地解释国别间的投资者权利不同”。

在论证了不同法系国家法律对股东和债权人权利保护程度具有显著差异的基础上，La Porta 等(2000a，2000b)提出了以法律制度为基础来划分金融体系的观点，他们认为，采用投资者权利保护程度来划分金融体系则能够更好地解释国别间的金融发展差异。而在深化投资者保护影响金融发展的研究中，La Porta 等还进一步地将“法与金融”的研究从中观层面的金融发展水平延伸到了微观层面的公司金融上，La Porta 等(1999，2000a，2000b，2002)以世界范围内的公司层面的数据为样本，证实了控股股东在世界范围内的存在，并发现外部投资者保护水平越高，控股股东盘剥小股东的行为越容易受约束，将把更多的公司利润以红利或利息的形式返还给外部股东或债权人，由此，股权投资者将愿意支付更高的溢价来购买公司股票，债权投资者则愿意向公司提供更多的信贷资本，资本市场配置效率的提升将极大地促进当地金融市场的发展。

此外，La Porta 等(2000a，2000b，2002)还质疑了传统公司治理模式下的比较范式(Allen and Gales，2000)，认为“它们既不符合实际，也缺乏成效”，对现实问题解释能力有限。相反，La Porta 等(2000a，2000b，2002)承袭了现代产权理论当中对权利人保护的认识(Grossman and Hart，1988；Hart and Moore，1990；Hart，1995)，认为“投资者之所以可以收回现金流，正是因为他们具有这一权利”。

以上 La Porta 等关于“法与金融”的系列研究与结论，强调了投资者保护水平的国别差异是造成各国间公司治理模式不同、金融发展水平不同的本质原因。因此，投资者保护制度的建立与完善也应当成为优化公司治理和刺激金融发展的关键因素。上述两方面的贡献，使得法与金融理论不仅被视为传统公司治理模式比较研究范式的突破和新的理论研究范式的形成，而且由于其基于系统经验证据的解释力，而被越来越多的学者和公司治理实务界所接受和关注，沿着宏观层面的“法与金融发展”研究涵盖了法律起源、法律移植与金融发展、法系与金融发展、司法效率与金融发展、投资者保护、债权保护与金融发展等(Wurgler，2011；Morck et al.，2000)，而沿着微观层面“法与公司金融”的研究则主要涵盖法律与公司成长、公司融资约束、公司财务特征、投资者保护与公司治理、公司价值等(Leuz，2003；Jappelli et al.，2005)。

现有研究大多以发达国家为主，法律制度和法治水平均较为完善。而对于正式制度尚不健全的中国及其他转型国家而言，一方面正式制度的确立更为重要、亟待解决(North，1991)；另一方面，即使书面的法律保护已经建立，但其执行效果却并不一定恰如人意，以至于最终难以对经济个体形成有效约束，最终出现 Pistor 和 Xu(2005)所述的威慑失败(deterrence failure)问题。

近年来，随着中国市场化改革不断推进和微观金融数据可得性增强，对我国“法与金融”问题的研究也不断涌现。部分学者运用中国省级区域银行信贷数据进行研究发现，较好的法律环境不仅与银行信贷规模显著正相关，而且与私人部门获得的银行信贷份额呈现正向联系(郑志刚和邓贺斐，2010)。卢峰和姚洋(2004)发现，我国存在金融压抑现象，但地区法律执行效率的提高则有助于增加私人经济部门获取银行信贷，从而提升银行竞争下的金融发展水平。江春和许立成(2007)考察了金融深化程度、银行信贷比重以及私人信贷比重三种方式度量下的金融发展水平受外部法治的影响作用，研究发现，法治的完善有利于增加私人信贷量，但是对金融深化水平和银行信贷总量的提升却并无显著影响。宋艳伟

(2008)研究发现，省级法治水平的提高，能够有效约束地方政府干预，从而产生促进了金融发展的积极作用。魏锋和刘新文(2013)从立法和执法两个角度刻画并构建了我国1995～2009 年的各地区债权人保护指数，并发现债权人保护水平过程呈区域性差异，且随着时间推移表现出一种动态演进。此外，还有很多学者运用公司层面的投融资数据的研究发现，投资者保护水平的提升能够优化公司治理(王鹏，2008；郑志刚，2007；马连福和曹春方，2011)、降低权益融资成本(沈艺峰等，2004，2005；肖珉，2008)、优化债务资金配置(余明桂和潘红波，2008；张健华和王鹏，2011，2012；陈德球等，2014)以及提升企业投资效率(万良勇，2013；李延喜和陈克兢，2014；陈德球等，2016)。

真实世界中金融结构的调整并非易事，尤其是在既有利益集团已经形成的情况下，要实现深层次的体制改革更是难上加难。对此，Grossman 和 Helpman(1994a，1994b)曾提出“特殊利益集团理论”(special interest group)，而结合到法与金融发展上来看，林志帆和龙晓旋(2015)曾对其进行了解释：在金融结构转型有损银行利润、业务份额与市场地位的情况下，大银行就有动机对金融结构的转型加以阻挠。此外，我国中央集权、地方分权“晋升锦标赛制”的地方经济治理模式下(周黎安，2007)，深化金融体制改革，无疑也会受到来自各地地方政府的实质性影响。因此，结合我国现有金融深化改革的特殊制度背景，进行法与金融的研究，可以为法治金融变革的发展方向和实施标准提供用于价值判断的理论依据与经验证据。

2.1.3　新制度经济学

由 Coase(1937，1974)、Demsetz(1983)、Williamson(1985)和 North(1987，1991)等发展起来的新制度经济学一直强调制度对契约结构的决定性影响，并重视契约结构相对于交易成本的内生性。具体而言，新制度经济学提出了关于当事人侵害选择行为的制度安排：通过补偿和威慑产生对侵权当事人的约束作用，即允许当事人从事可能产生侵害行为时，要求当事人所付出的预防成本。

制度的不完备性会增加经济主体的交易成本和交易风险，因此，对于当事人预防成本的制度设计与安排对于市场经济运行是十分必要的。新制度经济学中大量理论分析与经验证据表明，法律制度对公司财务决策的监督与保护可以体现在法律的制定与实施两个层面(Claessens and Laeven，2004)。国外许多学者对影响企业投融资的制度环境因素进行了研究。Friedman 等(2003)研究发现，由于在转轨经济体中存在私有财产权法律保护不明确的情况，这些经济体中私营上市公司面临更大财务风险和经营不确定性，而从定价和法律执行的角度来看，它们所面临的交易成本将十分昂贵。Rajan 和 Zingales(2003)认为，各国证券市场的发展并不平稳，宏观经济环境是影响资本市场效率和企业融资行为的重要方面，其中，不存在财务约束的公司比存在财务约束的公司在融资决策方面更容易受到宏观经济环境的影响。La Porta 等(2006)认为，政府干预资本市场时所采取的事前干预形式会提升法律执行效率，如，由政府事前出台标准化法律、强制要求信息披露等不仅能够推动金融发展，而且还会显著提升公司绩效。事实上，许多转轨型经济的法律体系虽然直接借鉴了欧美国家法律体系中较为完善的部分，但由于这些转轨经济体在产权保护实施路径上的保障制度缺失，使得移植过去的法律体系并没有发挥应有的作用。

事实上，尽管金融部门规模的扩大刺激了短期的经济表现，但日趋复杂的金融创新使得金融市场监管更为困难，经济增长的稳定性反而下降了。正如现实中，许多发展中国家都为了扩大金融规模而大刀阔斧地进行了金融自由化改革，金融体系在各转型经济体中的发展得到了大力支持。但随着实体经济中资金竞相涌入金融市场，在缺乏配套监管体系的保障机制之下，资本投机形成泡沫化发展，形成一派“虚假的繁荣”之象；最终，泡沫破碎、资金外流，实体经济遭受重创，并由此引发了一系列债务、汇率等金融危机。针对这种情况，Hart 和 Moore(1999)就曾指出，经济体中存在摩擦，为解决其中某一种摩擦而单独进行的制度改进，不但无法带来社会福利的整体提升，相反，还会造成相应的损失。制度变迁过程其实是在既得利益集团阻碍、微观社会主体行为习惯的“路径依赖”和制度制定者改进旧制度的“效率提升”两种制度力量博弈间缓慢演进的(North，1991)。当前中国正处于深化金融体制改革的关键时期，Allen 等(2005)曾指出，中国在既没有健全法律体系，也没有发达金融系统支撑的情况下，却成了世界上增长最快的经济体之一，并将其称为“中国之谜”。Allen 等(2009)进一步地以中国和印度这两个全球最具代表性的转轨经济体下过去几十年间的飞速发展为例，指出中国和印度的经济增长之谜对以往经典经济增长理论中“法律制度是经济发展基石”的论断提出了挑战。他们认为，对于新兴经济体，尤其是转型经济国家中的微观经济体来说，其所处的外部现实情况是缺乏一个稳定性与持久性的制度环境，这种不稳易变的制度环境使微观经济主体无法对未来收益有一个稳定的预期，迫使企业采取其他非正式机制(如基于“信誉”“关系”的融资渠道和治理机制等)来替代对制度环境稳定的要求。因此，只要保障市场的竞争充分，法律制度本身完善与否其实并没有那么重要。

结合债务融资的研究主题来说，近三十年来兴起的新制度经济学强调了制度环境对贷款契约签订、履行的重要性，但现有研究既没有深入到具体的贷款决策，也缺乏对非正式制度的考察。事实上，无论是哪种理论，都只能部分解释企业债务行为选择的原因。在公司治理议题研究经历了 Berle 和 Means 范式到 La Porta 等“法与金融”范式的演变之后(La Porta et al.，1997，1998，2000a，2000b，2002)，对于企业债务融资行为的决策动因有必要也有可能去提出新的理论解释或经验证据。

2.2 文献回顾与评述

2.2.1 债务融资研究

债务融资是现代公司最重要财务行为之一，也一直居于现代公司财务行为与公司治理研究的核心地位(Drobetz et al.，2007)。已有文献大多是从某一类型的债务属性出发，展开债务融资的配置效率或治理效果等方面的研究，却较少将债务融资行为作为涵盖不同治理效力、不同来源特征的整体决策结果来深入探讨。基于此，本书试图按照债务融资规模、债务期限结构及债务融资渠道三个属性特征，将上市公司债务融资行为作为一个系统、全面的决策整体进行研究，因此，对国内外债务融资研究文献的梳理与回顾也将围绕这三个方面展开。

1. 债务融资规模研究

尽管各种主流的资本结构理论，如权衡理论、“啄食理论”和市场择时理论等对于企业是否围绕目标资本结构或最优资本结构经营没有一致结论，但来自国内外实务界的大量研究证据表明，上市公司存在目标负债率或最优负债率，且实际资本结构越趋向于目标资本结构，公司价值越高(Graham and Harvey，2009；Drobetz et al.，2007；Byoun and Xu，2014；DeAngelo and Roll，2015)。如，Graham 和 Harvey(2002)的问卷调查研究就曾显示，80%的 CFO 承认公司存在目标负债率区间或者严格的目标负债率值，但由于受到自身特征以及外部制度所带来的影响，公司可能处于随时调整成本而偏离目标负债率的情况，并最终导致形成过度负债或负债不足的债务配置结果。现实中，存在影响公司债务融资规模变动的各种因素，并最终表现为资本结构的各个方面，如资产负债率(Myers，1984；Harris and Raviv，1991；Booth et al.，2001；Petacchi，2015)、资本结构调整速度(Denis and Mckeon，2012)以及实际资本结构偏离目标资本结构的程度(Titman and Tsyplakov，2008；DeAngelo et al.，2011)。

在本书中，根据研究目的，对资本结构的研究设计主要针对债务融资规模(资产负债率)和过度负债水平(实际资本结构偏离目标资本结构的程度)两个维度展开，因而以下文献回顾也主要围绕“资本结构”和“过度负债”两个主题进行综述。

首先，从国外已有研究来看，Harris 和 Raviv(1991)将影响公司资本结构的财务特征因素总结如下：固定资产比例、非债务税盾、成长机会和公司规模与资产负债比例呈正相关关系，而公司收益波动率、广告费用、R&D 支出、盈利水平则与资产负债比率负相关；Rajan 和 Zingales(1995) 以主要工业化国家中的上市公司债务融资数据的研究表明“在美国之前已有研究所识别的与资产负债比率相关的因素，在其他国家中也具有几乎相同的类似相关性”；Ozkan 和 Ozkan(2004)使用 GMM 方法，提供了影响实际资产负债率向目标资本结构调整的实证证据，通过集中于资本结构决策动态问题和调整过程的本质拓展了关于资本结构的实证研究。此外，在公司治理结构特征上，Harvey 等(2004)进一步探讨了负债对代理成本的控制作用，他们采用 18 个新兴市场国家的上市公司数据，重点从控制权与现金流权的分离所导致的代理问题角度来分析负债对企业价值的影响，其研究发现，控制权与现金流权的分离程度显著降低了企业价值，但是，负债能够缓解两权分离对企业价值的损害程度。他们进一步的研究还表明，负债的治理作用在投资过度概率更高的样本组中更为明显；国内短期债务没有增加企业价值，而国际银团贷款却使得样本公司的股票在研究窗口期间获得了 0.52%的累计异常收益。Booth 等(2001)则采用静态权衡理论、啄食顺序理论以及代理理论，针对 10 个发展中国家公司资本结构情况进行了对比研究。他们将公司财务特征、治理特征以及外部制度因素结合起来，在权衡模型中，研究了包括税率、资产类型、商业风险、盈利水平以及财务困境的影响；在代理理论框架中，则认为“内部人和外部投资者的潜在冲突决定了权衡代理成本和其他融资成本的最优资本结构”，而公司资产规模和成长性则是体现这些代理成本重要性序列的主要因素。Hovakimian 等(2004)指出，企业是否过度负债应当是一个从长期角度出发看待的问题，如果企业拥有较强的发展能力和成长空间，那么即使当前或短期内存在一定的资产负债率过高的问题，但也不意味着企业这种过度负债不合理。Titman 和 Tsyplankov(2008)研究发现，当企业存在较高的财务危机成本时，为降低过度负债所造成的未来融资困难，经营者会将资产负债率向目标结构调整。DeAngelo 等(2011)认为，企业对于是否过度负债的财务决策，其实是在未来投资机会与回调负债成本之间的一种权衡选择。Caskey 等(2012)在研究中将资产负债率区分为目标负债率和过度负债率两个部分，发现过度负债是导致公司负债率与未来股票市场回报率以及公司成长性之间存在负相关关系的主要原因，且过度负债虽可被用于预测公司未来基本面信息，但外部投资者并不能很好地捕捉这一传递信息。

其次，从国内已有研究来看，陆正飞和高强(2003)曾针对深圳股票交易市场的上市公司进行问卷调查，结果发现 89%的样本公司管理者都认为公司有必要设定一个“合理”的目标资本结构。“资本结构”和“债务融资”对这方面的研究也取得了大量实证研究的结果支持，选取的财务指标包括公司规模、盈利能力、成长性、固定资产比率、现金流量水平、经营风险水平、行业和地区等因素，研究结论上虽然有所出入，但大多证明了相关性的存在(陆正飞和辛宇，1998；洪锡熙和沈艺峰，2000；肖作平和吴世农，2002；姜付秀等，2008)。针对中国上市公司特殊股权结构下的治理特征，国内学者还更多地从产权性质展开了研究(张涌，2000；江伟，2011)。盛明泉等(2012)发现，国有企业的预算软约束程度越大，其实际资本结构与最优资本结构之间的偏离程度也越大；张会丽和陆正飞(2013)研究发现，在控制其他因素的前提下，子公司负债占比越高，企业资本结构偏离最优值的程度越大，但是母公司对集团的整体控制力会对这一关系起削弱作用。尤其是相比非国有企业而言，国有企业即使当前负债率较高甚至无法支付利息，但由于政府隐性担保的存在，其未来破产风险仍属较低，因而存在更大程度上的债务融资优势(陆正飞等，2015)。在已有研究的基础上，针对现有文献对中国公司资本结构的基本影响因素研究结论不一致的分歧，Chang 等(2014)全面检验并提取了以下几种影响中国上市公司资本结构的可靠的、核心的解释因素，具体包括：盈利水平、行业资产负债率、成长性、固定资产比率、公司规模、国有产权性质以及大股东持股比例。正如张会丽和陆正飞(2013)所指出的那样，“中国上市公司可能存在过度负债行为且企业向目标负债率调整速度较为缓慢，这意味着探究横截面上影响公司过度负债的可能因素是极为必要的。”

2. 债务期限结构研究

在企业发行债务总量既定的情况下，债务期限结构的确定等价于长期债务的确定(当然也等价于短期债务的确定)①。债务期限作为债务契约的重要内容，不仅规范着债权人与债务人的权利与义务，且债务期限越长，债权人所面临的未来收益的不确定性就越高，风险越大(Myers，1984)。根据财务学的一般原理，企业需要短期借款主要是为了解决流动性资金问题，而长期贷款则与企业长期投资以及资本来源的选择有关(胡奕明和谢诗蕾，2005)。自从 Stiglitz(1974)提出债务期限无关性命题以来，为了理解现实世界中的债务期限结构决策，国内外学者对于债务期限结构的研究中不断引入了市场的不完善性，如破产成本、债务发行成本、代理成本和信息不对称等，并基于以上市场不完善性，提出了关于

① 长期债务通常是指一年以上到期的债务，一年以内到期的债务(包括一年以内到期的长期债务)则称为短期债务。

债务期限结构的权衡理论、代理成本理论、信号传递理论和流动性风险假说等(Myers，1984；Diamond，1991；袁卫秋，2005；肖作平，2008，2011)。

Diamond(1991)提出了关于公司债务期限结构的流动性风险假说。该假说认为，公司进行短期债务融资，一方面可以向市场传递其信用等级较高的内部信息，另一方面又给公司经营者带来了还本付息的流动性风险，因此，所谓公司债务期限结构应该是在经营者权衡短期债务利弊后，所确定的最优债务期限结构。此外，短期债务对公司而言也是一把“双刃剑”，当经济形势较好时，企业可以享受其低成本的好处，但一旦外部经济环境发生变化，例如银根收缩，企业将承担流动性风险，即短期债务到期后因无法续借而不得不放弃投资机会并导致损失。更为严重的是，流动性风险的存在可能使整体经济形势进一步恶化(Diamond and Rajan，2001)。Parrino 和 Weisbach(1999)验证了期限越长的负债，股东与债权人冲突越严重，代理成本越高。他们认为，作为债务资本供给者的银行，出于对资本回报履约成本和控制风险的考虑，更倾向于向两权分离度大的公司提供短期债务，以迫使内部人不断输出现金的方式限制其对上市公司实施“掏空”以及其他财富掠夺行为的融资政策，并由此导致了终极控制人对短期债务的规避和长期债务的偏好：终极控制人两权分离度越大，其长期债务融资偏好越明显(Lin et al.，2013；刘星和李宁，2016)。

在国内研究上，袁卫秋(2005)提出了上市公司债务期限结构选择时的权衡思想，认为，我国上市公司对债务期限的选择，在一定程度上是由其财务实力和灵活性所决定的，财务实力越强、灵活性越好的公司越倾向于缩短债务期限。他认为，从这个意义上说，尽管我国上市公司普遍存在短期债务偏高的情形，但这种选择却是权衡之后的理性思索结果。胡奕明和谢诗蕾(2005)研究发现，银行在向上市公司提供信贷资本时，对短期贷款和长期贷款的公司特征的关注重点存在差异，对于短期贷款，银行更多的是考虑公司的流动性风险问题，而对于长期贷款，则更看重公司的成长性和未来获利能力。胡援成和刘明艳(2011)梳理了国外关于债务结构研究的已有文献，以便于进一步理解债务结构的理论研究。从公司治理特征角度来看，从传统债务期限结构理论来看，相比长期债务，短期债务在公司治理方面更具强势地位：短期债务由于需要频繁的续借行为，因而能够迫使内部人“吐出”现金的同时，缓解信息不对称下的资产替代和投资不足问题，从而有效抑制终极控制人攫取控制权私利行为，减少债权人受债务人的掠夺程度(Hart and Moore，1999；肖作平和廖理，2007)。因此，相较长期债务，短期债务能够更加有效地增加公司内部人的掠夺风险和掠夺成本，因为具有更为强势的债务治理效力，能够更好地缓和终极控制股东与外部债权人之间的利益冲突。

需要说明的是，国内外学者对债务期限结构的研究大多集中在银行债务上，认为贷款期限的灵活应用是银行应对竞争的关键战略。竞争会使得银行系统变得更加有效，降低中小企业获得银行贷款的难度，相较而言，大型企业获取贷款则不易受银行竞争度的影响(Kerr and Nanda，2008)；Rice 和 Strahan(2010)通过对美国各州的银行竞争程度进行了定量区分，应用自然实验法检验了银行间竞争程度差异对各地银行贷款供给的影响，结果发现允许跨州经营的各州的银行贷款供给确实增加，企业融资成本也有所降低，但对企业获得贷款的难易程度并无明显影响。不过，也有观点认为银行竞争不利于企业获得银行融资，Petersen 和 Rajan(1994)从借贷关系的角度指出，小企业更容易从集中的信贷市场上获得融资，因为小企业未来现金流不确定性较大，短期内项目现金流较少，现金流回收期限较长。此时虽然短期借款易受到银行更为严厉的监督，但好的借款人更希望频繁与银行进行谈判以保证借款价格及时反映企业的高质量，也会产生短期借款偏好倾向。相比在美国等发达的金融体系下，中国资本市场上的上市公司无论是大企业还是小企业，都存在过于依赖银行债务融资渠道的现象。上市公司作为“优质客户资源”自然而然地成了银行优先选择与争夺客户目标。此外，国内银行很长一段时间内都存在存、贷款利率的“刚性限制”，市场化竞争的改革进程缓慢，因此，银行在难以通过价格竞争手段争夺和保留上市公司作为其长久“优质客户”时，向债务公司更长期限的信贷资本便成了价格竞争的自然而然的“替代手段”。因此，从中国上市公司的经验来看，有着较好运营状况的上市公司偏好于持有更多的长期借款(马君潞等，2013；裘翔，2015)。以上理论分析与研究结论证明，在我国深化银行竞争体制改革的背景下，构建国内银行竞争与上市公司借款期限研究的分析框架，也是具有重要的理论意义和实践价值的。

3. 债务融资渠道研究

根据负债融资过程中信息是否公开，又可以将债务渠道属性分为公开债务(public debt，以公司债券为代表)和非公开债务(private debt，以银行借贷为代表)。其中，公开债务是指债务人依照法定程序发行，承诺按约定的利率和日期支付利息，并在约定日期偿还本金的书面债务凭证，反映了投资者和筹资者之间的债权债务关系。

从公司财务特征角度来看，筹资成本是当公司发生债务融资行为时所发生的资金利息成本和发行费用，一般用筹资成本率来表示。对公司债券而言，其筹资成本主要包括付给投资者的资金利息和与发行有关的承销费用、印刷费、公告费、评审费、资产评估费、法律咨询费、债券托管费等；对银行贷款而言，其筹资成本主要是支付给银行的利息及借贷手续费。一般而言，债券发行成本中的固定费用发生额一般要明显高于取得银行借款的交易费用，且基于规模经济的考虑，债券筹资成本和公司自身规模成为上市公司是否选择发行公开债券的主要决定因素，债务融资需求量越大、自身规模越大的公司越倾向于选择公开债务融资渠道，而融资需求较小、自身公司规模较小的公司则在高昂的债券发行成本压力之下，不得不寻求融资渠道中的银行贷款。

从公司治理特征角度，国外已有大量研究证明，公开债务与银行借贷虽同为外部债权人，但属性不同决定了二者监管效力上存在天然的强弱差异(Diamond，1991；Faccio and Lang，2004；Denis and Mihov，2003；Lin et al.，2013)。理论上而言，公开债权持有人由于人数众多且单个债权持有量不大，本身就缺乏监督债务公司经营管理的动力和能力；而相比公开债权持有人，银行债权人与公司间存在着规模更大、更频繁的业务往来，实施外部监管的动机也更强烈；且银行可以凭借其自身专业优势，更为及时地获取内部信息、识别内部人道德风险，甚至还可以通过限制公司资本流动性、重新拟定债务契约等方式与内部人进行“一对一”谈判，发挥更为强势的债权人治理效力(Fama，1985)。因此，相比证券市场，银行信贷在监督动机、成本及有效性方面均具有比较优势。我国公司长期以来的融资方式主要是股权融资和负债融资，囿于之前债券市场发展滞后造成的数据稀缺与获取难度，研究债务融资渠道选择尤其是直接的经验研究方面，尚未多见。已有的这方面的研究较为零散，且主要是综述类和模型推导类的文章，例如，郭斌(2005)通过对银行贷款和企业债券的比较，分析和梳理了国外关于影响企业债务融资渠道选择的文献，并通过理论推导得出，企业债券融资是一种对市场进入“门槛”要求更高的债务工具，一般更适宜于那些规模大、净值高、盈利能力强、负债水平低、自有资本大及市场声誉好的成熟的企业群体；李湛(2011)运用增量法建立了一个债务期限和债务工具选择的计量模型，并通过统计发债企业和上市公司的贷款数据进行回归计量模型的检验，来说明企业选择发债还是贷款；进一步地，他还以 1998～2009 年非金融企业发行的债券和公开的银行贷款为研究样本，从企业特征、债务契约属性、外部制度环境和金融管制四个层面分析了我国不同地区的企业是趋向于选择企业债券还是银行贷款，并得出“企业的特征、债务契约的属性和企业债务工具选择的经典理论是一致的，外部治理环境与国外债务工具的理论相反是因为我国特有的监管制度造成的。”但由于当时国内债券市场发展势头尚未明晰，相关数据难以直接获取，尤其是对面向公开市场发行的公司债券而言，不同债券品种之间存在较大的差异，因而国内学者对债务融资的研究视角仍大都集中在资本结构动态或静态调整与债务期限结构方面(匡海波等，2007；杨兴全和梅波，2008；肖作平，2011；马君潞等，2013；陆正飞等，2015)，对债务融资渠道选择的研究却一直未得到相应的经验证据支持。

2.2.2　终极控制代理下的债务融资研究

债务治理效力理论将债务融资视为完善公司治理的一种机制，认为债务融资具有激励和约束功能，缓解信息不对称程度以及能实现控制权的有序转移；也会对公司治理机制产生不同的影响，短期债务可以削减企业的自由现金流量，通过提高破产的可能性，增加对管理层的经营激励，防止公司内部人的过度投资与非效率扩张(童盼和陆正飞，2005)。然而，必须指出的是，这种基于英、美等国多数上市公司股权分散特点而构建起来的债权人理论并没有涵盖如何有效防止股权结构相对集中情况下终极控制人借助银行贷款、债券等金融性负债恶意侵害中小股东利益这一突出问题，因此具有很大的局限性。此外，在公司治理议题研究经历了 Berle 和 Means 范式到 La Porta 等的“法与金融”范式的演变之后(La Porta et al.，1997，1998，2000，2002)，对于企业债务融资行为的决策动因有必要也有可能去提出新的理论解释或经验证据。

中国资本市场特殊背景下，大量存在上市公司终极控制人代理问题，现金流权与控制权分离下的终极控制人具有牟取控制权私利的攫取动机，且两权分离越大，隧道行为动机越强烈(刘芍佳等，2003；孙铮等，2005；王鹏和周黎安，2006；刘星等，2015)。肖作平(2011)以终极控制人与外部中小股东之间代理矛盾为研究切入点，分别从终极控制人现金流权、控制权与两权分离等所有权特征，理论推演了中国制度背景下终极控制人特征对上市公司资本结构选择的影响，并采用 2007 年之前非金融上市公司数据，进行了实证检验。研究发现，终极控制人现金流量权水平与公司资本结构水平负相关，控制权与资本结构水平正相关，而两权分离度则与债务水平显著负相关。以上结果证实，终极控制人现金流权的提升能较大程度地抑制终极控制人私利动机、减少对负债融资的侵占效应；控制权水平则增强了终极控制人“堑壕效应”，强化了终极控制人掠夺中小股东利益的实施能力；两权分离度则表明了终极控制人对中小股东的掠夺动机，为摆脱债务治理效力对自身隧道行为的约束，两权分离度越大的终极控制人越会更大程度地减少债务融资数量。盛明泉等(2012)立足于中国特定制度环境，从产权控制路径下终极控制人产权性质的角度，直接检验了国有企业面临的预算软约束对上市公司资本结构调整速度与过度负债水平(资本结构与目标资本结构偏离)的影响，从而从制度角度为国有企业经营低效性的成因提供了经验证据。张会丽和陆正飞(2013)以中国资本市场上集团型上市公司为研究对象，考察了产权控制路径下，母公司的集团整体控制力对子公司负债水平与资本结构适度性之间关系的影响。研究发现，母公司的集团整体控制力越强，子公司所占的负债比例越低，且缓解了子公司负债对资本结构适度性的负向影响。根据实证结果，作者认为母公司的集团控制力是提升上市公司财务决策效率的重要影响因素，且有必要对集团型上市公司负债进行集中化管理。郑志刚和邓贺斐(2010)研究表明，我国各地区可以通过制定和出台有利于地区投资者权利保护的法律条款以及提高当地法律执行的效率，从而向投资者的权利提供更好的保护来推动我国地区金融体系的发展。苏坤(2013)通过理论建模和实证检验相结合的方法研究发现，终极控制人负债融资动机在于扩大可控的信贷资源，为其隧道行为攫取控制权私利提供便利，且两权分离度越大，扩大负债融资的动机越强烈；进一步地，代表终极控制人与外部投资者利益一致的现金流权较高时，终极控制人隧道行为成本上升，从而抑制了终极控制人继续扩大负债的欲望，起到了降低资产负债水平的作用。马文琦(2014)通过研究发现，我国的公司并不遵循融资优序理论，而是依据银行借款、股权融资、内源融资、公司债券融资的顺序，其中股权融资和银行借款占据主要的部分，债券融资在其中所占的比重很低。此外，国内关于终极控制下债务融资行为的研究，大多是从“负债融资对企业价值有着正面治理效应”角度出发，如汪辉(2003)指出负债融资可以改善公司治理机制，进而对企业价值有正面效应；姜付秀和黄继承(2011)将负债作为一种有效的外部治理机制，认为经理薪酬与负债融资在提高公司价值上存在替代关系，指出负债融资具有减少自由现金流、抑制管理层自利的治理作用以及向市场传递公司成长良好的信号传递作用。事实上，债权人监督也是有成本的，而且这种监督成本的高低很大程度上是由外部履约环境和终极控制人道德风险所决定的。可以看到，已有研究大多是以债权人同质和理性为基础，并没有结合外部履约环境完善与否来考察债务治理失效下，债权人提供信贷资本的行为选择。因此，随着行为金融学的发展和深入，必须认识到研究终极控制下的债务融资行为并不能从债权人完全理性的角度出发，还应结合外部履约制度环境对债务治理效力的影响，发掘债权人提供信贷资本的影响因素和后续治理效果。

2.2.3　法治水平、金融环境与债务融资研究

债务资本提供方与需求方在契约缔结的过程中，不仅受信息非对称和代理成本的影响(Jensen and Meckling，1976；Aghion and Bolton，1992；Morck et al.，1989)，还受企业所处外部制度环境的约束与影响(Shleifer and Vishny，2012；Lin et al.，2013)。如果外部履约环境未能为债权人利益的实现提供完善的保护，那么负债就很有可能通过增加企业可控制资源的方式，沦为终极控制人隧道行为下掠夺外部投资人利益的工具和手段

(Djankov et al.，2006；冯旭南，2012)。

1. 法治水平与债务融资研究

La Porta 等(1998)提出了“法与金融”研究思路，之后的一系列文章也均致力于发现债权人权利与企业财务行为之间的关系。他们通过一系列跨国实证研究证明了债权人保护水平与债务市场融资规模之间存在明显的正相关关系(La Porta et al. 1997；Djankov et al.，2006；Visaria ，2009；Haselmann et al.，2010)，提出了“通过完善产权保护机制，有效降低信贷成本，从而促进金融市场发展”的观点。从中不难看出，“法与金融”学派认为完善资本市场法制建设的主要作用在于可以约束债务人更加“积极”地履行债务契约，保证契约效力的及时生效。相对的，已有关于企业破产确认的法理研究文献却认为，企业破产重组虽然意味着债权人权利的实现，但同时也会导致事后一系列的低效处置(Aghion and Bolton，1992；Hart and Moore，1999)。从以上两种看似对立的观点来说，似乎对于法律改革能在多大程度上提升债权人保护水平尚无定论。La Porta 等(1998)研究发现，债权人保护较好的国家不仅会有较大的信贷规模，而且会拥有较低的银行利差，也较少发生金融危机(Johnson et al.，2000；Laeven and Majnoni，2005)。而在信贷契约层面，Megginson(2003)利用辛迪加贷款数据的研究表明，在法律保护和执行较差的国家，银行会通过扩大辛迪加的规模及更分散的所有权来确保自身利益。Qian 和 Strahan(2007)的研究表明，在债权人保护较强的国家，贷款具有更集中的所有权、更长的期限以及更低的利率。Haselmann 等(2010)对 12 个经济转型国家进行了研究，结果发现法律确实促进了信贷行为，债权人权利保护的总体水平与信贷规模正相关，同样，法律变革与信贷规模增长之间也呈正相关，法律保护(book law)越好，银行越愿意发放抵押贷款。Lin 等(2011)研究发现，对于法制和投资者保护较好的普通法系国家，企业的资本结构调整成本较小，因此调整速度会较快。

对于中国企业来说，法制层面的因素可能是影响企业融资决策的最主要的因素。张维迎和柯荣住(2002)以北京某基层法院的契约纠纷判决书为对象，通过对原被告的胜诉情况、违约原因及其裁决等方面的分析，发现“原告的高胜诉概率和高违约概率现象并存，同时违约案件的案情都比较简单，辩护理由也简单，甚至没有”，这一研究揭示了我国市场经济发展初期司法和案件审理过程中，存在的逆向选择效应，即“如果缺乏信任和良好法律体系，导致诉讼的原因一般不是因为契约的模糊，相反，更主要是人们的策略性选择故意违约并引发诉讼。”这种《物权法》颁布之前所施行的“亲债务人保护”的法制规定和法治倾向在导致债权人成为信贷契约破裂后的“弱势群体”的同时，严重损害了债权人的放贷意愿，更破坏了整个社会的信用基础——本属于违法行为的债务人违约问题，在我国演变成为负债企业理性选择后的“优先”均衡，更成为信贷资本市场上的一枚“痼疾”，严重影响了市场经济的正常运行。因此，从法制层面对公司债务融资行为进行研究可能更符合中国现实。卢峰和姚洋(2004)研究认为，我们国家存在着金融压抑的现象，即法制的加强会使金融资源通过正规渠道流向非国有部门受阻，不利于金融资源的有效配置和非国有部门的发展和成长。针对这种论点，部分学者(谈儒勇和吴兴奎，2005；魏锋和沈坤荣，2009；陈国进和王磊，2009)提出了质疑，主要集中在对各地法院每年经济案件的结案率这一研究指标自身缺陷的讨论，认为根据这个指标得到的结果并不具备很强的说服力和一般性。谈儒勇和吴兴奎（2005）在卢峰和姚洋（2004）的基础上对研究指标进行了改进，选取每万人的律师数和律师事务所数以及每万平方公里的律师事务所数作为司法指标，得到了相对满意的研究结论，即对于一个地区金融业的发展水平与效率而言，司法确实起着关键性作用，加强法制建设可以作为缩小区域间经济差距的一个重要途径。孙铮等（2005）从融资视角的研究则表明，地方政府干预作为外部司法体系缺失的替代治理机制，能够起到降低信信贷契约的履约成本。宋艳伟（2008）、沈艺峰等（2009）考察了不同市场化环境下的政府控制对公司治理的影响；徐信忠等（2006）以上市公司协议转让非流通股为对象的研究，发现公司流动性约束会对非流通股定价产生负面影响，相反则对控制权收益有正面的治理作用。吕长江和肖成民（2008）考察了中美法律环境差异对大股东掏空行为的影响。肖珉（2008）研究发现，即使目前中国资本市场存在投资者保护整体水平较低的情形，但一些省份推出的地方性的用于强化投资者保护的相关措施，却能对促进区域金融发展产生实质性的促进作用。钱先航和曹廷求（2015）以山东省银行调查数据为样本，考察了法律保护、法律执行及信用环境对银行贷款决策的影响。研究发现，随着外部法律制度对债权人权利保护的完善、法律保护条款对于抵押要求有关条款的完善，银行会更愿意为向符合信贷条件的需求方提供贷款，且法律执行和信用具有替代性，在法律执行好的地区，银行降低了对贷款者的资历、从业及审计的要求，反而更能降低不良贷款。

关于债权人保护这一外部制度安排对企业所有权结构、金融市场乃至整个国民经济发展的影响，学者们还展开了包括银行产权性质、企业政治关系（political connection）等与产权相关的制度安排对债务融资期限结构的重要影响。研究发现，在法制保护水平较弱的时期/地区，债权人不得不承担过高的债务人事后违约风险，因此债权人更愿意向债务人提供短期债务而非长期债务（La Porta et al.，2002；Faccio and Lang，2004；Khwaja and Mian，2004）。此外，还有学者从行为人动机角度，考察了终极控制人“隧道行为”动机对公司债务期限结构的影响，发现终极控制人代理下的上市公司债务融资更多地体现了终极控制人通过举债获得可控制资源的利益侵占动机，两权分离度越高，终极控制人和外部投资者之间的代理冲突越严重，上市公司银行债务期限越表现出短期化偏好的恶意消费动机（戴璐和汤谷良，2007；戴璐，2008；刘星等，2015）。

事实上，现有大部分文献未能深入探讨特定法律制度变革影响信贷行为的传导途径，也就难以剖析法律变化影响微观经济主体债务融资行为的作用机理。目前，只有为数不多的几篇研究从世界各国担保物权制度变革切入考察法律变化对企业融资的影响，而得到的结论并不一致。Haselmann 等（2010）考察 20 世纪 90 年代中欧和东欧 12 个国家的法制改革实践发现，建立担保制度能有效推动银行信贷融资规模增加；Vig（2013）对印度 2002 年加强担保债权改革的研究指出，为降低担保品被债权人提前清偿的威胁，债务人倾向于减少担保贷款。法律制度动态变化大多涉及丰富的法律条文调整，要证明法律与信贷市场之间的因果关系，就需要能清楚地理解法律对债权人信贷行为直接和间接的影响，研究者往往难以分离出具体法律制度的效应，国内学者对这方面研究的文章更是凤毛麟角①，但不

① 国内对于公司诉讼风险的研究也才刚起步，仅有的几篇文献都是研究影响公司诉讼风险的因素（毛新述和孟杰，2013；林斌等，2013）以及公司应对诉讼的方式（王彦超等，2008；祝继高，2011；潘越等，2015；王彦超等，2016）。

容忽视的是，后续展开对法制改革影响微观经济体债务融资行为的深入认识和机理探讨，显然对于相关部门制定信贷发展经济决策是具有重要研究价值的。

2. 金融环境与债务融资研究

银行无疑是金融业的核心，其行业发展对经济增长具有重要影响(Beck et al.，2004)。虽然国内外关于金融发展与微观经济体债务融资之间已有不少文献研究，但这方面的研究大多是从金融发展这一单一维度进行的(苏宁，2005；李扬，2013)，尤其是缺乏多维度、系统性的金融环境研究。基于后文研究设计试图从金融环境的银行业结构和金融市场的相对规模两个角度展开的关系，此处对已有文献的回顾也围绕这两个方面展开。

首先，学者们从企业的微观层面探讨银行业竞争的影响，主要集中在银行业竞争对企业融资约束和信贷可得性等两个方面，但就其实际影响效果的研究却并未达成一致结论。有的学者认为，较低的银行集中度有助于促进企业创新，并推动经济增长(Jayaratne and Strahan，1996)，而银行垄断则会导致贷款供给不足以及造成企业过高的资金使用成本，阻碍了企业发展与长期经济增长(Guzman，2000)；有的学者则认为，垄断性银行在搜集信息、对借款者进行筛选和监督方面拥有更强的激励，更易与借款者之间形成长期信贷关系，有利于企业在项目投资上获得银行更多的信贷支持，从而促进经济增长(Petersen and Rajan，1995)；相反，如果银行竞争过于激烈，则容易导致信息搜集的溢出效应和“搭便车”行为，不利于单个银行对企业投资项目的把控与筛选，进而产生不良贷款，降低市场整体的资金配置效率(Petersen and Rajan，1995；Jackson and Thomas，1995)。

需要说明的是，在发达资本市场中，银行大多是私有化的经营主体，当银行倒闭时，破产成本会很高。因此，国外私有银行在经营中必须更加注重对经营风险的控制与预防，以避免股东承担过高风险。但是，中国银行业经营主体情形则大不相同，主体银行为政府所有或者在政府支持下拥有足够的市场垄断力，不存在破产威胁，此时，股东(代表政府行使所有权的机构)和银行管理层，都可能表现出更大的风险偏好(易纲、赵先信，2001)，加之我国现阶段“新兴+转轨”的外部环境影响，银行竞争表现出极大的发展不平衡性和突出的信贷结构矛盾性(李扬，2014)。祝继高等(2012)研究发现，较高的贷款集中度是城商行信贷行为的一个重要特点，一方面，在金融发展程度低的地区，银行会偏向将贷款集中在几个较稳定的大客户手中，因为可以有效地避免过高的信息搜集、监督和违约成本；而另一方面，在金融发展程度低的地区，政府对城商行干预的信贷投向会加强，使得城商行的信贷向政府控制的经济主体(如地方融资平台)集中。钱先航等(2011)、李维安和钱先航(2010)通过研究政治因素对城商行贷款行为的影响，发现晋升压力、官员任期、政治关联等一系列政治因素会影响城商行的信贷行为进而影响到银行不良贷款的累积。此外，从银行债务期限结构来看，长期债务一般存在规模较大且债权较为集中的情况，在银行竞争不足的客户胁从效应下，银行很容易通过向企业提供长期信贷资本的方式将自身利益与企业“捆绑”在一起(马君潞等，2013)，这样一旦发生企业长期债务违约的情形，银行不但很难通过破产清算弥补这笔经营损失，反而因为“利益共同体”的关系，丧失了再谈判的筹码而不得不被企业所“绑架”，甚至当其陷入还款困难的财务危机时，还不得不向其提供进一步的信贷资金支持。

其次，现有研究文献也从不同金融结构的特性出发，进行了不同金融制度安排下的公司债务融资行为研究。一方面，偏向于“市场主导型”金融体系促进经济增长的研究认为，市场主导的金融体系有利于经济长期增长，金融发展水平的提高可以有效地改善债务企业信息不公开、不透明的问题，债权人搜集信息、监督和违约的成本降低，信贷资本配置效率由此提升(La Porta et al.，2002；徐诺金，2005；萧安富和徐彦斐，2005；张健华和王鹏，2012)；相反，金融环境较差则会使企业面临较高的交易成本、监督成本和违约成本(祝继高，2011)。另一方面，陈雨露和马勇(2008)则主张“银行主导型”金融体系更有利于促进经济增长，因为在竞争型信贷市场上，债权人会要求很高的利率来弥补风险溢价，从而扭曲了企业的融资激励，导致其最终放弃借款；而在垄断型信贷市场上，债权人可以用垄断租金承担项目初期现金流较少的损失，从而获得未来较高的现金流。朱红军等(2006)研究发现，金融发展水平的提高能够减轻企业的融资约束，降低企业投资对内部现金流的依赖性。Lin 等(2013)、刘星等(2015)研究发现，相比债券市场的直接债务融资方式，银行作为债权人的间接融资方式带来的监管效力更强、约束强度更大，因此，上市公司终极控制人两权分离度(由控制权与现金流权不对称所造成)与其银行借贷的依赖程度负相关。王芳和和周红(2015)基于中国债券市场研究表明，控股股东有动机为发债企业提供关联担保，帮助公司获得债务资金以便侵占更多资源，为控股股东在债券市场的掏空行为提供了经验证据。

在调和了以上观点的基础上，林毅夫等(2009)、龚强等(2014)、李扬(2011，2013，2014)指出，最优金融结构在不同经济发展阶段是动态演化的。事实上，不同金融制度安排在动员储蓄、分散风险和配置资金方面的机制与方式各有优势和劣势，单方面讨论金融体系的特性往往难以确定何种金融结构更有利于经济发展。

2.3　本章小结

已有研究尤其是国内研究在对终极控制代理下的上市公司债务融资问题展开研究时，大多是从债务自身属性出发，将其作为一种可发挥监督约束效力、可用于“替代”内部不完善治理结构的外部治理机制。但已有文献研究在强调债务治理有效性的同时，却忽略了“债务治理效力的发挥除了受自身固有属性影响外，其实更大程度上地存在着对外部履约环境的依赖性(刘星等，2015)，尤其是在外部履约机制缺失情形下，终极控制人道德风险和逆向选择问题严重，如果此时将外部债务设定成能够有效发挥治理效力的变量来研究，则有可能会得到与现实相悖的“债权人向上市公司提供具有更强治理效力的债务方式，以降低代理冲突，使公司的经营管理目标朝着实现债权人自身利益最大化的方向迈进”的研究结论。

以银行债务为例，已有研究认为，市场化程度高的地区公司长期债务比例较低，是因为这些地区政府放松了对企业和银行的控制，且由于缺乏完善债权人保护司法体系，“短债长借”成为银行债权人为保证自身利益而采取的一种可能的替代机制。无疑，这仍是在银行短期债务效力有效发挥的前提下所得到的债权人治理解释，并没有综合考虑外部履约机制缺失的情况下，银行作为信贷契约主体当中的 “弱势群体”，其短期债务治理效力是否仍然能够得以顺利发挥的问题。除此之外，这当中还存在一个决策的内生性问题，那就是，产权控制路径下的终极控制人本身就不会选择一个有损于自身利益的债务融资方式，当终极控制人掌握了公司财务决策的实际控制权时，其本身就形成了一种代理问题(Demsetz，1983)。当然，正如经典理论研究的发展历程一样，“债务无关性”的假设前提随着学者们对现实问题刻画的深入而不断得到放松，并进一步发展。越来越多的学者发现，通过经典债务理论无法直接解释中国市场的一些债务异象，如股权融资后的双高现象(戴璐和汤谷良，2007；戴璐，2008)、银行竞争加剧后长期信贷增加的客户胁从效应(马君潞等，2013)以及终极控制代理下上市公司对公开债务与银行债务融资渠道的选择偏好(刘星等，2015)。以上研究均证明，外部履约机制缺失减弱了强势债务的治理效应，上市公司终极控制人隧道行为的规避动机减弱，并表现出对债务融资资本的恶意侵占和过度消费。不过正如戴璐(2008)所言，由于“目前海内外经验研究尚没有直接相关的研究证据，现实中长久以来也没有引起监管部门和债权银行必要的关注。”

此外，对已有文献的梳理结果来看，国内学者对上市公司债务融资行为的系统化、前瞻性的研究尚未展开，尤其是结合我国特有外部履约机制，涵盖债务方、债权方以及监管方三个参与主体特征的研究，更是尚未有见。今时今日，上市公司直接融资渠道当中的又一主体构成部分——债券市场，已在国家深化金融体制改革的一系列举措下，表现出了与曾经各地银行发展竞赛以及股权融资市场“似曾相识”的高速增长态势[①]。准入制度放宽、产品创新速度加快，在上市公司债务融资选择方式日渐多元的背景下，债券市场对经济发展和金融市场建设的重要性日渐凸显。但与此同时，股权融资市场发展之初就存在的信息披露规范性不足、资金成本敏感度低、投资者保护不足等问题仍旧存在，因此为避免重蹈覆辙，在债券市场发展之初，就深入探究背后的制度驱动因素，有其理论价值和现实借鉴意义。本书期望在这方面做出一个有益的尝试，为我国法治金融建设中的制度改进提供有益的经验证据和参考价值。

① 终极控制人通过少分股利甚至不分股利的方式，侵害中小投资者利益的现象，已成为股权融资市场很长一段时间内“常态化”出现的一种异象，以至于证监会不得不将上市公司现金分红与股权再融资资格挂钩，出台了一系列半强制分红政策。虽然这在一定程度上挤压了终极控制人利用股权融资侵害中小股东权益的“逐利空间”，但这种“事后纠错”性质的行政法规制度的实施却无疑与我国市场经济建设“发挥市场决定性配置作用”的目标相悖，因此实施效果也显得尤为“不尽如意”。

第 3 章　制度背景分析

3.1　所有权安排与终极控制路径形成

3.1.1　财政分权改革与政府职能转变

1978 年以来，我国市场化改革主要沿着分权化的方向进行，这种分权化既包括中央与地方间的财政经济分权，也包括政府职能转变下的政府与企业所有权控制边界划分。

首先，从中央政府与地方政府之间划分事权与财权的财政分权改革来看，1993 年，国务院发布了《国务院关于实行分税制财政管理体制的决定》，并于 1994 年初正式开始在全国范围内施行分税制财政体系改革。随着社会主义市场经济体制的逐步发展与完善，1998 年全国财政工作会议上正式提出要积极创造条件建立公共财政框架，财税体制改革的重心集中到以财政支出管理改革。经过财政体系改革，初步理顺了中央与地方的分配关系，增强了中央政府的宏观调控能力的同时，也有利于转变政府职能，建立和完善以间接手段为主的宏观调控体系。此外，财税体制改革下，中央政府掌握了经济发展目标制定的决策权，在交由地方政府负责实施的过程中，通过考核和晋升机制对地方政府官员进行监督和管理，由此激发了地方政府作为市场经济的一个主体发展当地经济的热情与积极性(周黎安，2007)。地方政府通过对银行信贷行为的干预等手段参与到当地经济活动与建设中去，并表现为地方政府干预企业投融资决策时的“掠夺之手”和“扶持之手”(刘星和连军，2011)。

其次，从政府职能转变的企业控制权边界界定来看，计划经济体制下政企不分的政府职能一体化使作为市场竞争主体的企业丧失了经营自主性，承担了过度的行政职能。改革开放后，为实现“政企分开”，重新捋顺政府与市场之间的关系，以 1982 年，第五届人大 22 次会议政府剥离了全国国有银行近 1.4 万亿元的不良贷款为界，我国政府正式迈入下放企业经营决策权、明确政府企业间的控制权边界的政府职能转变进程。截至 2013 年，我国政府已经先后经历了七轮行政体制改革，十八届三中全会更是提出要将政府从企业经营的控制权中剥离出来，做到政企分开、让市场的归市场，社会的归社会，让市场在资源配置中发挥决定性作用。由此，我国政府进行宏观管理与公共服务的能力得到很大的提升，政府干预微观经济体的行为已逐渐减少，初步形成了适应社会主义市场经济体制的组织架构和职能体系(周志忍和徐艳晴，2014)。

3.1.2　所有制安排与股权分置改革

在我国，上市公司治理结构完善是伴随着国有企业体制改革的进行而逐步演化的(付强，2015)。改革开放以来，随着财政分权改革和政府职能转变，国有企业改革也不断朝着市场化经营的方向迈进，政府与企业之间的控制权边界逐渐理顺，政府成立专门的国有资产管理机构代替国家行使国有资产出资人的角色。此外，改制后的国有制公司还通过设立公司董事会、监事会、引进外部独立董事等现代化公司治理方式，逐步完善内部治理结构。

由于历史的、体制的原因，在股票市场建立之初，大部分上市公司是由国有企业改制而来。而为了保证国有股东的绝对控股地位，这些公司在上市之初便立下了国有企业大部分股票不能在市场上交易流通的股权分置规定(占比在 70%左右)。股权分置是我国证券市场由于改革不配套、制度设计局限所形成的具有明显历史特征的制度性缺陷，它将国有公司股票人为地割裂成了流通股和非流通股两种性质截然不同的股票，扭曲了股票市场资产定价功能和控制权市场转移功能，并使得持有非流通股的公司控制者利益取向与公司价值相背离，阻碍市场资源配置功能的发挥，同时也影响了我国资本市场的健康发展(廖理和张学勇，2008)。

随着社会主义市场经济建设的深入，为改变 A 股市场上市公司存在的流通股与非流通股之间流通制度差异的股权分置改革正式拉开序幕(表 3.1)。2005 年 4 月 29 日，证监会发布了《关于上市公司股权分置改革试点有关问题的通知》；2005 年 8 月，证监会、国资委、财政部、人民银行、商务部等五部委联合发布了《关于上市公司股权分置改革的指导意见》，上市公司股权分置改革开始分批进行、逐步推进；截至目前，国有上市公司股权分置改革已全部完成。股权分置改革是中国证券资本市场创建以来规模最大、影响最深刻的一次重大历史改革，消除了证券资本市场中股权流通的制度性障碍，实现了国有控股所有权模式公司向非公有制公司敞开的同时，也深化了资本市场配置功能的市场化改革程度，为中国证券市场的健康发展打下坚实基础(张学勇和廖理，2010)。股权分置改革完成后，上市公司股权结构开始向全流通后的多元化方向发展，公司治理结构进一步优化。

表 3.1 股权分置改革历程

年度	部门	措施	详细内容
1992 年 5 月	国家体改委	《股份有限公司规范意见》及 13 个配套文件	明确规定在我国证券市场，国家股、法人股、公众股、外资股种四种股权形式并存
2001 年 6 月	国务院	《减持国有股筹集社会保障基金管理暂行办法》	监管层宣布暂停在新股首发和增发中执行国有股减持政策
2001 年 10 月	证监会	暂停《减持国有股筹集社会保障基金管理暂行办法》	交通银行通过财务重组由股份制商业银行改制为国有商业银行，为建立真正的现代金融公司治理结构积累了经验，奠定了基础
2002 年 6 月	国务院	—	发出通知，停止通过国内证券市场减持国有股
2004 年 1 月	国务院	《国务院关于推进资本市场改革开放和稳定发展的若干意见》	承认中国股市存在股权分置问题，明确提出“积极稳妥解决股权分置问题”
2005 年 4 月	证监会	《关于上市公司股权分置改革试点有关问题的通知》	宣布启动股权分置改革试点工作
2005 年 8 月	证监会等	《关于上市公司股权分置改革的指导意见》	宣布改革试点工作已经顺利完成
2005 年 9 月	证监会	《上市公司股权分置改革管理办法》	股权分置改革全面铺开

3.1.3 终极控制路径的形成

股权分置改革完成之后，上市公司流通股与非流通股之间人为的制度性障碍被打破，公司股权结构开始向全流通后的多元化方向发展，公司治理结构得到进一步优化。但“沉疴难愈”，国有企业改制上市之初，大多采取了分拆、捆绑等整改模式，并形成了中央企业集团、各级地方企业集团和资产经营集团等三种国有上市公司控制方式；在分级履行所有者职责的国有资产管理制度下，国有上市公司的终极产权呈现出中央和各级地方国资委分别代为履行出资人权利的鲜明特征，公司管理者通常由终极控制人委派，人才的行政力量往往高于市场力量，很少或没有将管理者从股权控制中分离出来。

随着国有资产“抓大放小”分权改革深化工作的推进、“国退民进”战略的实施以及股票发行市场化程度的加深，我国现阶段已形成了国有与民营共存的多种企业集团控制上市公司的产权模式，民营和私有集团控股上市公司也日渐成为资本市场中的一支重要新生力量。民营上市公司虽为私有产权所有者，但最终财产权利却得不到有效保护，加之资本市场政策不稳定性的存在，导致民营控制人难以对公司未来发展形成稳定的预期。为此，他们不得不采取某些客观且外生的非正式机制作为“替代”应对机制，以作为对正式制度反应不足的弥补(Allen et al.，2005)。

因此，在我国股权高度集中的资本市场中，大量地存在上市公司被金字塔股权结构、交叉持股以及优先表决权等纷繁复杂的产权路径所控制的情形，这种相互重叠与交织后的控制权格局为路径顶端的终极控制人及其代理人利用控制权地位通过转移价格、配股增发、非公允关联交易、并购等手段实施牟取控制权私利的“隧道行为”提供了可能。进一步地，终极控制人现金流权与控制权的分离度越大，其财务政策选择的自利益动机越强烈，利益侵占效应越明显①。终极控制代理下的控制权私利，本质上是终极控制人为实现自身利益最大化而对上市公司资源的重新分配过程，这种分配方式是扭曲的、非效率的，它虽有利于控股股东实现自身价值最大化，但却以降低整个上市公司的资本配置效率为代价。因此，本书分析认为，我国终极控制人偏离公司价值最大化的控制权私利目标的存在是上市公司财务政策选择的决策动因，并会进一步地成为阻碍信贷资源有效配置的寻租手段。

3.2 法治经济下的权利人本位保护

防止纠纷需要规范，解决纠纷需要制度。现代市场经济的一个显著特征就是发达市场经济与现代法治的高度融合，法律贯穿并深入于社会经济生活的各个环节和方面，从而使现代市场经济呈现为一种规范化的、制度化的法治经济。钱颖一(2000)指出，法治之所以对市场经济至关重要，是因为它具有“约束政府行为”和“约束经济人行为”两方面的重要作用，法治经济对政府和经济人二者的共同约束，构成了现代市场经济的制度基础。我

① 需要说明的是，本书没有从产权性质上区分国有/民营的产权性质，原因在于：本书研究所指的终极控制人隧道行为泛指终极控制人目标偏离以公司价值最大化为目标的行为。这种行为有可能是国有控制下的多重政治目标，也有可能是民营控制下的控制权私利攫取，并不以攫取程度的量化研究为目的。

国由计划经济向市场经济转轨的过程实际上是“国家与市场”“政府与企业”彼此之间重新定位的过程，法治经济的第一个作用就在于保证政府对经济活动的干预行为在法律的约束下进行，即法治国家中政府的经济职责和权限应当被“制度化”；而法治的第二个作用往往意味着引入市场主体必须遵守的规则。

3.2.1　社会主义法治经济的确立与本质

我国改革开放前实行的是高度集中的计划经济体制。在计划经济下，国家管制着全社会经济生活和社会生活的方方面面，计划成为配置资源的主要乃至唯一手段。市场竞争被排斥，而排斥权力制约的法治竞争更无从谈起。时至 1978 年 12 月，党的十一届三中全会提出了“发展社会主义民主，健全社会主义法制”的历史性任务，确定了“有法可依、有法必依、执法必严、违法必究”的社会主义法制建设的十六字方针；1997 年 9 月，党的十五大将“依法治国”确立为基本方略，将过去“建设社会主义法制国家”的提法，改变为“建设社会主义法治国家”，并第一次鲜明提出“推进司法改革，从制度上保证司法机关依法独立公正行使职权”。司法改革从人民法院的自身工作上升为党的主张，凝聚为党的意志。所谓依法治国，就是广大人民群众在党的领导下，依照宪法和法律规定，通过各种途径和形式管理国家事务、管理经济文化事业、管理社会事务，保证国家各项工作都依法进行，逐步实现民主的制度化、法律化，使这种制度和法律不因领导人的改变而改变，也不因领导人看法和注意力的改变而改变。

2002 年 11 月，党的十六大提出，要把依法治国作为“党领导人民治理国家的基本方略”，还把依法治国作为“发展社会主义民主政治”的一项基本内容，强调：“发展社会主义民主政治，最根本的是要把坚持党的领导、人民当家做主和依法治国有机统一起来。党的领导是人民当家做主和依法治国的根本保证，人民当家做主是社会主义民主政治的本质要求，依法治国是党领导人民治理国家的基本方略”。2012 年 11 月，十八大明确提出“科学立法、严格执法、公正司法、全民守法”的法治建设“新十六字方针”，并通过提出“全面推进依法治国”“加快建设社会主义法治国家”，将依法治国方略提到了一个更新的高度；2013 年 11 月，十八届三中全会，首次提出了推进“国家治理体系和治理能力现代化”，被称为“第五个现代化”，而依法治国是实现这一目标的必然要求；2014 年 10 月，十八届四中全会提出“全面推进依法治国，总目标是建设中国特色社会主义法治体系，建设社会主义法治国家。这就是，在中国共产党领导下，坚持中国特色社会主义制度，贯彻中国特色社会主义法治理论，形成完备的法律规范体系、高效的法治实施体系、严密的法治监督体系、有力的法治保障体系，形成完善的党内法规体系，坚持依法治国、依法执政、依法行政共同推进，坚持法治国家、法治政府、法治社会一体建设，实现科学立法、严格执法、公正司法、全民守法，促进国家治理体系和治理能力现代化。”法治经济就其本质而言，意味着国家只是在充分发挥市场决定性配置作用的基础上，而对涉及社会经济结构和运行的某些重要部位或方面，国家权力只能在被控制的、合理的限度内对其进行适当调节。换言之，只有一个建立在法治基础之上的、规范的、制度化的市场经济才能够得以有效实现法治经济“给经济活动中的人们提供一个追求长期利益的稳定预期和重复博弈的规则的公平性和稳定性准则”的基本功能(裴长洪，2015)。

3.2.2　市场经济法律体系的建设与完善

1993 年，《中华人民共和国宪法修正案》（以下简称《宪法修正案》）确定了“社会主义市场经济基本制度”，为我国社会主义市场经济法律体系构建提供了宪法支撑。目前，我国已经形成了包括规范市场主体、维护市场秩序、加强宏观调控及劳动与社会保障立法在内的一个相对完整的社会主义市场经济法律体系，为法治经济这一目标的最终实现奠定了制度基础。

(1) 市场主体立法基本完备，立法标准日益科学。在改革开放之初，为了适应整个开放政策的需要，我们率先制定了《中华人民共和国中外合资经营企业法》《中华人民共和国中外合作经营企业法》《中华人民共和国外资企业法》，为了推动国有企业的改革，于 1988 年通过了《中华人民共和国全民所有制工业企业法》，并于随后制定了《中华人民共和国私营企业暂行条例》，形成了以所有制为划分标准的企业立法模式。1992 年市场经济的改革目标确定后，我国改变了按照不同所有制企业类型分别立法的模式，改用国际统一的立法标准，确立以企业的组织结构和责任形式作为划分企业法律形态的基本标准，先后制定《公司法》《中华人民共和国合伙企业法》（以下简称《合伙企业法》）《中华人民共和国个人独资企业法》（以下简称《个人独资企业法》），形成以《公司法》为龙头，以《公司法》《合伙企业法》和《个人独资企业法》为主干，以外资企业、商业银行、国有企业、农民专业合作社等特殊经济组织立法为补充的市场主体立法体系，并制定了统一适用于所有类型法人和经济组织的《中华人民共和国企业破产法》（以下简称《破产法》），完善了市场主体准入、治理、运行和退出的法律机制，为市场主体的法律主体地位的确立和市场化运营提供了法律支撑。

(2) 市场行为立法愈加全面、市场秩序立法体系不断健全。市场经济必须建立在良好的市场秩序基础之上，规范市场主体的市场行为，构建良好的市场经济秩序一直是我国经济立法的重心。早在 20 世纪 80 年代我国先后制定了《中华人民共和国经济合同法》《中华人民共和国技术合同法》和《中华人民共和国涉外经济合同法》三部合同法，为了适应建立社会主义市场经济秩序的需要，1999 年我们审时度势，对既存的三个合同法进行合并，按照市场经济的要求制定了统一的合同法，为市场经济提供了基本的交易准则。与此同时，我们先后制定了《中华人民共和国海商法》《中华人民共和国担保法》（以下简称《担保法》）《中华人民共和国证券法》《中华人民共和国保险法》《中华人民共和国信托法》等市场经济基本交易法。而《物权法》的颁布实施为市场主体的财产利用、流转和维护提供了更为基础性的保障。此外，为确保良好的竞争和市场秩序，我们还制定了《中华人民共和国反不正当竞争法》《中华人民共和国反垄断法》《中华人民共和国消费者权益保护法》《中华人民共和国产品质量法》《中华人民共和国广告法》《中华人民共和国拍卖法》《中华人民共和国招标投标法》《中华人民共和国烟草专卖法》和《中华人民共和国药品管理法》等旨在维护市场秩序的一系列市场规制立法，市场交易及监管立法已经比较完备。

(3) 宏观调控立法不断加强，已形成规模。国家对经济的管理和协调不断走上法制的轨道，在宏观调控领域越来越重视法律手段的运用。宏观调控领域立法取得了显著成就，先后制定了《中华人民共和国价格法》《中华人民共和国预算法》《中华人民共和国税收征收管理法》《中华人民共和国中国人民银行法》《中华人民共和国银行业监督法》《中华人民共和国审计法》，并调整统一了《中华人民共和国企业所得税法》、修改完善《中华人民共和国个人所得税法》，颁布了包括《中华人民共和国农业法》《中华人民共和国种子法》《中华人民共和国渔业法》《中华人民共和国电力法》《中华人民共和国民用航空法》等一系列旨在促进产业发展、完善行业管理的经济立法，以及以促进科学技术推广、扶持科技创新为目的的《中华人民共和国科学技术进步法》《中华人民共和国中小企业促进法》《中华人民共和国农业技术推广法》《中华人民共和国促进科学技术成果转化法》等法规，宏观调控立法日臻完善。

(4) 劳动与社会保障立法进程开始加快。劳动与社会保障立法是社会主义市场经济法律体系的有机组成部分。改革开放后，党和政府一直比较重视劳动者权益的维护，先后制定了《中华人民共和国劳动法》和《中华人民共和国工会法》，为职工民主管理提供了基本的法律保障。此外，社会保障立法速度大大加快，《中华人民共和国劳动合同法》《中华人民共和国就业促进法》等相继颁布实施，《中华人民共和国社会救助法》《中华人民共和国社会保险法》等社会立法也已经纳入立法规划，并在积极制定中。

综上，市场经济法律体系建设目标的实现并非由哪一个单一部门法就能独自实现的，而是需要各个部门法之间互相配合、互相补缺，共同构建起一个严密而富有逻辑性的法律体系。

3.2.3　产权保护私法理念的萌生与强化

1. 产权保护私法理念的萌生

市场经济中的自由，不是能够自我保护和保证的，它会受到“相对的市场经济主体对自由的侵犯”“自身对于自由的滥用”以及“政府或者国家对于个体自由的侵犯”等多个方面的破坏；而任何一个方面的破坏被放任，都可能毁坏整个市场的自由。因此，权利本位、人格平等、经营自由、经济民主等与市场经济体制相适应的私法理念开始生成，法治经济关键在于法治理念的支撑(冯果，2009)。随着我国市场化改革目标的最终确定，产权保护的私法观念逐步开始发生转变，权利意识开始萌生。

1999 年《宪法修正案》第十六条“在法律规定范围内的个体经济、私营经济等非公有制经济，是社会主义市场经济的重要组成部分”“国家对个体经济、私营经济实行引导、监督和管理”等所增规定，正式明确了民营经济在社会主义市场经济中的地位。2004 年《宪法修正案》又对民营经济的方针由“引导、监督和管理”转变为“国家鼓励、支持和引导非公有制经济的发展并对非公有制经济依法实施监督和管理”，体现了国家对民营经济发展的支持态度。此外，2004 年《宪法修正案》还涉及了对公民私有财产保护的条款，即“公民的合法的私有财产权不受侵犯”“国家依照法律规定保护公民的私有财产权和继承权”。以上两次宪法的修正案，一方面确定了非公有制经济包括民营经济在社会主义市场经济中的重要地位和作用，另一方面对公民私有财产保护力度进一步提高，为我国关于私有产权保护的后续立法(如《物权法》)提供了法律基础和实施依据。

产权保护是完善市场经济建设制度合理、公平交易的前提条件之一，而保护公民的人身权利和财产权利，亦是民商法的核心，而企业等市场主体的权利亦在立法设计中不断得到强化。合理的产权保护可以引导产权主体在追逐自身利益最大化的同时，通过完整的利益保护，内化产权主体的自身成本和责任。自《宪法修正案》明确了私有产权的合法地位后，全国人大及其常务委员会颁布实施了一系列国家级法律(详见表 3.2)以完善我国市场经济发展中的产权保护制度。特别是 2007 年《物权法》的出台、2013 年《公司法》修订都深刻地反映出国家立法指导思想的变化以及权利本位在私法领域的不断强化。

表 3.2　我国完善市场经济产权保护的基本法律制度

年度	法律法规	主要内容
1999 年	《宪法修正案》	在法律规定范围内的个体经济、私营经济等非公有制经济，是社会主义市场经济的重要组成部分。国家保护个体经济、私营经济的合法的权利和利益
2003 年	《中共中央关于完善社会主义市场经济体制若干问题决定》	明确指出，要依法保护各类产权，健全产权交易规则和监管制度，推动产权有序流转
2004 年	《宪法修正案》	国家保护个体经济、私营经济等非公有制经济的合法的权利和利益。国家鼓励、支持和引导非公有制经济的发展。公民的合法的私有财产不受侵犯明确写入宪法
2005 年	《公司法》（2005 年修订）	在认真总结我国十几年来公司发展实践经验基础上，借鉴了国外先进公司法的一些行之有效的实践做法，对 1993 年《公司法》进行了全面的修改完善
2006 年	《破产法》	全国人大常委会第二十三次会议审议通过，自 2007 年 6 月 1 日起施行。为规范企业破产程序，公平清理债权债务，保护债权人和债务人的合法权益，维护社会主义市场经济秩序，制定本法
2007 年	《物权法》	2007 年 3 月 16 日第十届全国人民代表大会第五次会议上获得通过。从法律上确定了各类市场主体的平等地位和发展权利。把国有、集体和民间资本放在同等保护的地位。《物权法》的性质是私法，而私法性质是基于民法的性质产生的，因而《物权法》调整的基本内容乃是民事主体之间发生的民事法律关系
2013 年	《公司法》	新《公司法》的立法理念更为适应市场经济之需要，体现了鼓励投资，简化程序，提高效率的精神，取消了诸多不必要的国家干预的条款，废除了股份公司设立的审批制，减少了强制性规范，强化当事人意思自治，突出了公司章程的制度构建作用，为进一步完善公司治理结构，加强对股东权益的保护提供了制度保障

市场经济的立法精神就是要保证各利益主体的合法利益神圣不可侵犯，从防范产权侵害行为的金融立法来看，最重要的是立法观念的转变，从原本“杨白劳”式的偏债务人保护的倾向中转变过来，平等保护产权主体权益，建立以“权利人权益为核心”的产权保护理念，制定和完善金融规则，促进市场交易公平公正的发展。Allen 等(2005)研究认为，中国经济社会中的投资者法律保护明显比英美法系国家落后，甚至相比其他一些主要的新兴市场国家(如印度、巴基斯坦和南非)而言，都存在一定差距。事实上，立法中，民事责任、财产责任机制没有严格地建立起来。2004 年《宪法修正案》是新中国成立以来首次明确提及公民私有财产权的保护，但是仅仅这些仍与西方发达国家的“私有财产神圣不可侵犯”存在差距；而在 2005 年之前，我国并没有一部独立的针对二级资本市场的投资者保护法律，各式各样或补充或冲突的法规条文散见于以《公司法》为代表的诸多法规条文中。如 1986 年通过并实施《中华人民共和国企业破产法(试行)》(以下简称《破产法(试行)》)时，我国微观经济主体经营还带有计划经济体制下的色彩和习惯，法律制定的目的

在于保障推进国有企业改革过程中的对社会秩序的维稳，如优先解决破产企业职工的安置问题等，是排在确保破产制度优胜劣汰、切实保护债权人的合法权益等问题之前的“头等大事”。此外，1986 年《破产法(试行)》实施之初，现代企业制度改革尚未开始，不可避免地带有其不完善之处，及至 2006 年新《破产法》颁布实施，当中“债务人在破产程序进行中仍然享有对其财产的管理权和处分权”的规定以及其他关于破产受偿等具体条款，仍不利于保护债权人公平受偿。此外，由于执行标准不统一及各地区法律执行力度差异等因素，导致法律本身并没有对保护投资者权利起到很好的作用(樊纲等，2011)，更难以对集中所有权下的控制权私利牟取行为起到很好的约束与威慑效应。正如周小川(2010)所指出的那样，中国经济的法治问题已直接影响了金融市场的健康发展，并且问题越来越突出、越来越重要，完善有关金融立法已成为下一步金融工作的重点。

2.《物权法》实施对产权保护制度的强化

2007 年第十届全国人民代表大会第五次会议通过了《物权法》，并于 2007 年 10 月 1 日起正式施行。《物权法》共分五编十九章，总计二百四十七个条文；其中，第四编通过四章七十一个条文比较系统科学地规定担保物权，占整部《物权法》的近三分之一，足见担保物权的地位之重要①。

《物权法》第四条明确规定“国家、集体、私人的物权和其他权利人的物权受法律保护，任何单位和个人不得侵犯。”这一规定明确指明了三个方向：①法律保护对象包括国家、集体、私人的物权和其他权利人的物权；②不同主体的物权受到平等保护；③禁止任何单位和个人侵犯国家、集体、私人的物权和其他权利人的物权。经历了十年起草、修改和论证，经过八次审议才通过的《物权法》是我国民事立法历程中具有里程碑式意义的民事立法，深刻地反映出国家立法指导思想的变化以及权利本位在私法领域的不断强化。

3.2.4　《物权法》实施对信贷主体行为的影响

与之前法律相比，2007 年出台的《物权法》在充分吸收国外担保物权立法先进经验的同时，还根据我国社会主义法治经济建设过程中出现的一些实际问题和现实情况，做了补充、修改和完善，历经反复论证和修订后，《物权法》系统详细地规定了包括所有权、用益物权和担保物权在内的物权归属，并对物权利用产生的民事关系提供了明文规范。也正是因为《物权法》从立法理念和具体条款设计上体现了权利人本位保护的积极转变，因而也必然会对信贷契约主体的负债融资行为产生积极的影响作用。

1.《物权法》提升了债务人的借贷能力

(1)我国《物权法》在《担保法》的基础上，扩大了可用于担保的财产范围，实现了从“依法可以抵押的其他财产”到“法律、行政法规未禁止抵押的其他财产均可设定抵

① 《物权法》正式施行后，因《中华人民共和国民法通则》(以下简称《民法通则》)《担保法》《物权法》等法律皆规定有担保物权，尤其是《物权法》的施行并未废止担保法等法律，故物权法施行后将出现诸法并行之局面，并由此引发法律冲突。这些法律冲突之处理，应依《中华人民共和国立法法》第八十三条与《物权法》第一百七十八条规定的原则和精神，根据“上位法优于下位法”“新法优于旧法”之原则处理。《民法通则》与《物权法》虽为同位法，但《物权法》是新法，《担保法》与《物权法》相较，《物权法》是上位法，因此，当以上几种法律对某一事务存在处理冲突时，应以《物权法》之规定为操作准绳。

押”的转变。担保物权的范围扩大，使得资本需求方相比法制改革之前，增加了“未来动产”“正在建造的建筑物、船舶、航空器”“依法可以转让的基金份额”“应收账款”“法律、行政法规未禁止抵押的其他财产①”等可用于担保的财产范围，提高了企业的融资能力。需着重说明的是《物权法》第一百八十一条对“未来动产”的抵押规定：“经当事人书面协议，企业、个体工商户、农业生产经营者可以将现有的以及将有的生产设备、原材料、半成品、产品抵押”，这是物权法对我国现行抵押制度的重大突破。

(2)《物权法》新增“动产浮动抵押制度”，是指企业以其全部资产包括现在的和将来可以取得的全部动产为标的设定抵押的一种新型担保制度。《物权法》第一百八十一条规定“经当事人书面协议，企业、个体工商户、农业生产经营者可以将现有的以及将有的生产设备、原材料、半成品、产品抵押，债务人不履行到期债务或者发生当事人约定的实现抵押权的情形，债权人有权就实现抵押权的动产优先受偿。”第一百八十九条规定“企业、个体工商户、农业生产经营者以本法第一百八十一条规定的动产抵押的，应当向抵押人住所地的工商行政管理部门办理登记。抵押权自抵押合同生效时设立；未经登记，不得对抗善意第三人。依照本法第一百八十一条规定抵押的，不得对抗正常经营活动中已支付合理价款并取得抵押财产的买受人。”第一百九十六条规定“依照本法第一百八十一条规定设定抵押的，抵押财产自下列情形之一发生时确定：(一)债务履行期届满，债权未实现；(二)抵押人被宣告破产或者被撤销；(三)当事人约定的实现抵押权的情形；(四)严重影响债权实现的其他情形。”通过上述三条规定，《物权法》创设了动产浮动抵押制度，是《物权法》“保障并促进经济流转，推动商业融资和借贷发展”价值取向的典型代表，具有涵盖范围广、流转率高、操作方便等特点，极大地增强了企业(尤其是中小企业)的债务融资能力。此外，在一般抵押制度中，一旦债务人无法偿还债务，债权人则有权通过拍卖或者变卖的方式处分抵押财产，常见的抵押物为土地、房产、机器设备等，但将抵押人的抵押财产处理以后，往往对抵押人的生产经营产生很大的影响，甚至导致抵押人无法经营最终破产，进而造成工人下岗，不利于社会稳定，同时导致银行不良贷款增加。由于浮动抵押具有整体抵押之特点，因此，银行在处理抵押物时往往整体处理，不会分拆拍卖或者变卖，有利于避免因实现抵押权而导致企业破产。需要指出的是，由于动产浮动抵押抵押物不特定，价值变动大，又不能对抗一般抵押权，因而动产浮动抵押制度也同样容易使债权人面临较难控制风险的现实困境。因此，债权人在接受浮动抵押时需要注意建立定期或者不定期的抵押物盘查制度，以确保抵押物的真实性和来源的合法性。

(3)《物权法》第十九条和第二十条分别增加了“更正登记、异议登记”和“预告登记”等不动产登记制度。其中，预告登记是指为了限制债务人处分不动产，保障债权人在将来取得不动产物权的权利实现而进行的一种登记制度。由债权人进行报备的预告登记完成后，此时债务人的不动产物权未发生任何变动，其目的只是在于限制债务人未经债权人同意处分该不动产的权利，一旦发生，则该处分不发生物权效力。配合“更正登记、异议登记”，该制度既可以保证登记人的优先购买权，也可以有效防止房屋买卖中或者房屋抵押中“一

① 这是一项兜底条款，以适应经济的不断发展。只要财产具有可转让性，抵押人有权设定抵押，符合抵押财产的条件，就可以将其视为可以抵押的范围。

物两抵”甚至“一物几抵”的欺诈现象，有利于及时消除因登记而造成的登记权利和真正权利不一致的情形。当然，不动产登记制度的施行也要求债权人在办理抵押贷款时，必须对抵押物的权属进行深入和全面的调查，确保抵押人对抵押物享有完整物权，而且不存在更正登记和异议登记的情形，否则一旦抵押后，因抵押物的所有权发生纠纷，使得其他权利人或利害关系人提出变更登记和异议登记，并对不动产登记簿进行成功变更后，债权人不仅不能在异议登记期间处置抵押物，更可能会面临因抵押物“易主”导致抵押权落空的后果。

(4)《物权法》从立法上同意了同一财产上可以设立多个抵押权，并对重复抵押受偿的先后顺序做出了相应规定。《物权法》第一百九十九条规定：“同一财产向两个以上债权人抵押的，拍卖、变卖抵押财产所得的价款依照下列规定清偿：(一)抵押权已登记的，按照登记的先后顺序清偿；顺序相同的，按照债权比例清偿；(二)抵押权已登记的先于未登记的受偿；(三)抵押权未登记的，按照债权比例清偿。”该条规定允许重复抵押，既增加了企业融资的途径，也充分发挥了抵押财产的最大价值，最大限度地发挥抵押财产的经济价值以获得尽可能多的融资。《物权法》上述规定对债权人的意义在于：为了争夺存量贷款市场，可以先设定一个第二顺位的抵押权，发放贷款归还设定第一顺位抵押权的其他银行贷款，从而使自己的第二顺位变为第一顺位。例如，现在有些商业银行开展的“转按揭”或者“转加按”就是在按揭贷款业务中利用这一思路。

此外，《物权法》还就“股权质押”“最高额质押”“应收账款质押”等新增了相应规定。《物权法》关于担保物权的以上种种规定，极大地丰富了债务企业可用于担保的物权，降低了企业债务融资门槛的同时，提升了企业债务融资能力，极大地改善融资约束企业(尤其是中小企业)的融资难问题。

2.《物权法》对债权人事后求偿权利的保护

1)将担保物权行使时间缩短为主债权诉讼时效期间

“担保物权期间”是一个关涉担保当事人利益损失的重大问题，但之前对于担保物权的期间问题，《担保法》并没有明确规定，只在解释第十二条将担保物权的期间区分为“存续期间”和“行使期间”。就存续期间而言，《担保法》司法解释第十二条第一款规定：“当事人约定的或者登记部门要求登记的担保期间，对担保物权的存续不具有法律约束力。”因此，就以上《担保法》对行使期间的规定而言，如果不对担保物权的行使期间进行明确限制，那么很有可能助长担保物权人滥用其因担保物权而取得的优势地位，不利于担保交易关系的稳定。故该条第二款采用“除斥期间制度”限制担保物权的行使：“担保物权所担保的债权的诉讼时效结束后，担保人在诉讼时效结束后二年内行使担保物权的，人民法院应当予以支持。”该条款的本意是抵押权经过两年除斥期间而消灭。相比之下，《物权法》对于抵押权行使期间的规定见于第二百零二条：“抵押权人应当在主债权诉讼时效期间行使抵押权；未行使的，人民法院不予保护。”由此可以看出，《物权法》缩短了债权人对担保物权的行使时间，从《担保法》司法解释规定的四年缩短为两年。换言之，这一规定要求债权人在保全不良资产时，必须在规定的主债权诉讼时效期间届满前及时行使担保物权，提高资产保全的效率，否则抵押权的行使将丧失人民法院的公力保护。

2）担保物权的实现条件增加

何时可以实现担保物权对于及时保全银行债权意义重大，根据《物权法》第一百七十条规定，“担保物权人在债务人不履行到期债务或者发生当事人约定的实现担保物权的情形，依法享有就担保财产优先受偿的权利，但法律另有规定的除外。”因此，债权人如果在合同中约定了实现担保物权的条件，则无须等到债务到期再去行使权利，而是只要符合约定条件就可以行使担保物权。例如，债权人可以在抵押合同中翔实约定“如若出现下列情况”的违约情况，彼时，债权人即可依法处分抵押物。相同的，银行也可以在质押合同中做出上述约定。

3）抵押权实现程序简化、求偿成本降低

在抵押物权的实现程序上，《担保法》第五十三条规定，“债务履行期届满抵押权人未受清偿的，可以与抵押人协议以抵押物折价或者以拍卖、变卖该抵押物所得的价款受偿；协议不成的，抵押权人可以向人民法院提起诉讼。”也就是说，债权人在事后求偿程序中必须先由债权人将债务人违约事件诉诸司法程序，并通过诉讼审理获得确定的胜诉判决，之后，才可依胜诉判决书向法院提请强制执行。《担保法》对事后求偿权利实现的烦琐，导致抵押权人为实现抵押权必须预付包括一审、二审诉讼费用、律师费用大量以及申请强制执行等大量的成本费用。据调查，在案件审判和执行阶段，执行担保物涉及的税费种类多达 20 余种，评估费、拍卖费、营业费、律师费、土地出让金、过户费、税费、公告费、广告费等等，种类繁多、不胜繁杂，有的地区甚至高达 35 种。据不完全统计，此类案件当中，税费支出约占担保物金额的 17%（侯成群，2008）。再者，债权人求偿执行过程中还存在种种措施不合理的限制，例如，由法院指定评估、拍卖机构、确定偏高的评估、拍卖收费标准，如果由银行委托评估机构一般为 2%左右，拍卖机构为 3%左右，双方还可以再协商。而如果由法院指定，则评估、拍卖收费则分别是标的物的 3%～8%，甚至 10%，大大地加重了债权人的诉讼成本。因此，在《担保法》求偿保护的实现程序下，债权人固然可以通过契约要求进行自我保护，如要求债务企业提供抵押品、设定破产优先权等，但由于求偿机制运行造成的高交易成本以及重复谈判带来的资源浪费，只能够将其作为债权人保护失败的反例，正当权益得不到保护，实际上形成了对违约者利益的反向维护，鼓励更多的违约失信行为。除了法律规定上的程序烦冗，该规定在执行过程中更是容易受到各种不合理的行政力量干预，即使债权人最终获得了相应的抵押物权，但经过一个漫长的司法诉讼过程后，抵押品价值也早已发生了价值损失，最终导致债权人（尤其是银行）的事后求偿权利得不到有效执行，受偿率过低。曾经很长一段时间内，债权人（尤其是银行）“赢了官司输钱”的例子在国内比比皆是。

2007 年《物权法》为了有效解决上述种种情况，维护债权人合法权益、有效降低担保物权的实现成本，在第一百九十五条做了如下规定，“债务人不履行到期债务或者发生当事人约定的实现抵押权的情形，抵押权人可以与抵押人协议以抵押财产折价或者以拍卖、变卖该抵押财产所得的价款优先受偿。协议损害其他债权人利益的，其他债权人可以在知道或者应当知道撤销事由之日起一年内请求人民法院撤销该协议。抵押权人与抵押人未就抵押权实现方式达成协议的，抵押权人可以请求人民法院拍卖、变卖抵押财产。 抵押财产折价或者变卖的，应当参照市场价格。”这里所谓的“请求人民法院拍卖、变卖抵押财产”就是指，抵押权人无须通过诉讼程序来实现抵押权而是直接申请法院拍卖、变卖抵押财产。这种规定直接降低了债权人的事后求偿风险，实现了债权人事后求偿程序上的“由繁化简”，极大地节省了违约情形下担保物权的实现成本。当一笔担保信贷不能按时归还时，即认定“此种拍卖申请的性质属于非讼事件，法院对当事人申请仅进行形式上的审查，至于抵押权、被担保的债权是否存在等内容属于实体问题，法院不予审查。形式审查通过后，法院就可以做出强制执行的裁定。法院裁定就是债权人执行依据”“如果债务人或者抵押人对于抵押权以及被担保的债权是否存在等实体法律关系有异议，那么应当由债务人或抵押人提起诉讼，并支付相应诉讼费用。”《物权法》规定非讼程序后，也使非讼案件当事人有了行使诉权，选择司法保护的机会，使其诉权得到了落实，与司法实务中民事主体保护其合法权益的需求相呼应。对某些权债务案件非讼案件而言，当事人因此有了适用程序的选择权，既可以起诉也可以选择申请适用督促程序。可见，设置非讼审判程序也是满足利害关系人行使诉权的要求(刘海渤，2004)。此外，《物权法》第一百九十一条规定“抵押期间，抵押人未经抵押权人同意，不得转让抵押财产，但受让人代为清偿债务消灭抵押权的除外。”该规定明确了“无论抵押物是否登记，债务人都将不得随意转让抵押物”，这种“有条件的承认转让行为方才有效”的规定能够最大限度地保障债权人追偿抵押权的可实现性。在《物权法》实施后，一旦发生债务违约，法院依法采取强制措施来保护担保契约的履行，给予债权人及时的事后补偿以降低因信息不对称而带来的债权人求偿成本，担保实践中抵押权人实现抵押权的成本得到极大降低。

信用是市场经济的基础，而法制是信用的保障(张维迎，2002)。要实现对债务人行为的有效约束，就必须依靠法律力量，将社会主体的经济活动纳入法制轨道，为市场经济建立必要的法制基础。从《物权法》的规范对象、法律关系、法律任务、法律渊源、法律规范、法律内容以及法律实施与配套方面来看，我国《物权法》的性质并非单一的私法，而是一部兼容了私法规则与公法规则的混合法(杨解君，2011)，实现了产权保护主体由原本的“亲债务人”向“亲债权人”的权利人本位保护的根本性转变。

3.3　金融体系改革与发展

金融体系通过其资源配置功能，建立起整个经济中资金赤字者(需求者)与资金盈余者(供给者)之间的联系，调剂整个社会中资金的余缺(或不平衡)以达到对资金(进而对实际经济资源)的更有效利用，最终达到提升社会整体经济发展和福利水平的目的；而资金在赤字者和盈余者之间调剂的实现路径，既可以通过传统的银行等金融机构进行，也可以通过非银行金融机构或在非银行金融机构辅助下，直接通过资本市场来进行。根据本书的研究主旨，接下来就从我国金融体系中的银行市场和债券资本市场两个方面来展开研究问题的制度背景分析。

首先，从我国改革开放以来的金融结构发展轨迹来看，与一般规律颇为一致(图 3.1)。

(1)总体金融成长迅速。截至 2015 年，全国金融业总资产已由 2010 年的 104 万亿元，增长到了 2015 年的 230 万亿元，总体规模翻了一番多，且年增长率高达 17.17%。

(2)货币化比率的迅速提高、货币银行体系的主体地位迅速确立。截至 2015 年末，我国银行业总资产规模 194.17 万亿元，年增长率达 15.54%。

(3)公开融资市场得到迅速发展，尤其是股票市场、债券市场的发展，从无到有，逐渐形成股权融资、间接债务融资与直接债务融资共存的格局。需要指出的是，金融体系的逐步发展过程中，货币体系的地位会相对下降且内部竞争激烈程度加剧，公开的直接融资市场的地位相对上升，但银行体系仍旧保持着企业融资尤其是债务融资的绝对主体地位。

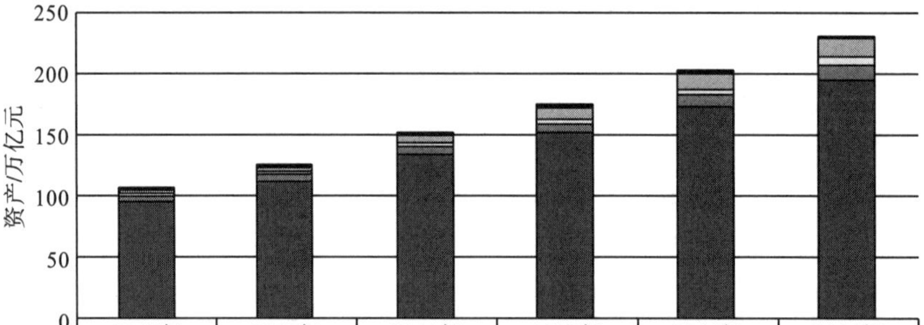

	2010年	2011年	2012年	2013年	2014年	2015年
■融资租赁业	0.65	0.93	1.55	1.88	1.11	1.63
■信托业	3.04	4.81	7.47	10.91	13.98	15.87
□证券业	1.31	1.57	1.72	2.08	4.09	6.42
■保险业	5.05	6.01	7.35	8.29	10.16	12.40
■银行业	94.3	111.5	133.6	151.35	172.30	194.17
金融总资产	104.35	124.82	151.69	174.51	201.64	230.49

图 3.1　2010～2015 年金融资产构成情况

3.3.1　银行体系转型与改革

1979 年开始，国家在固定资产投资领域进行财政拨款改为银行贷款的拨改贷试点(后于 1985 年在全国范围内全面推行)，拉开了我国金融改革的大幕。1984 年 1 月起，中国人民银行正式行使中央银行职能，同时新设中国工商银行，加上 1979 年 1 月后恢复设立的中国农业银行、中国银行、中国人民保险公司及新设的政策性银行等，金融机构和业务的多元化格局初步显现，金融领域政企不分的国家银行体制进入改革推进阶段。

1. 国有大型商业银行改革

1993 年 12 月，国务院发布《国务院关于金融体制改革的决定》及其他配套文件，提出“深化金融改革，将工、农、中、建由专业银行转变成国有大型商业银行”，为此，将四大行中原本的政策性业务进行了剥离，并另行组建了三家专门执行政策性业务的政策性银行，即国家开发银行、进出口银行和农业发展银行；1997 年 11 月，全国金融工作会议召开，提出“要进一步深化金融改革，整顿金融秩序，防范和化解银行业不断累积的风险。力争用三年左右时间，大体建立与社会主义市场经济发展相适应的金融机构体系、金融市场体系以及金融调控监管体系，以实现金融业经营管理水平的显著提高，基本实现全国金融秩序的明显好转。”2000 年，中国加入 WTO，并对银行业发展提出了“两年内允许外资银行对国内企业开办人民币业务；五年内允许外资银行具有完全的市场准入，允许开办人民币零售业务，在指定的地区可享受国民待遇”的进度要求。面对外资银行进入国内银行市场会带来的必然冲击；2002 年 2 月，中央召开第二次全国金融工作会议，提出“必须把银行办成现代金融企业，推进国有独资商业银行的综合改革是整个金融改革的重点”“无论是充分发挥银行的重要作用，还是从根本上防范金融风险，都必须下大决心推进国有独资商业银行改革”“具备条件的国有独资商业银行可改组为国家控股的股份制商业银行，条件成熟的可以上市”。遵循这一思路，大型国有商业银行业改革拉开了“三步走”的改革序幕，即“降低不良资产、实行审慎原则会计制度→实行股份制→上市”。2003 年，我国政府又推行了新一轮的金融改革，从最初的外部放权让利和经济激励，转向建立现代企业制度和规范公司治理的产权激励，并通过公开上市增强外部市场约束和社会监督，具体内容包括：改革银行业监管体制，设立国务院管辖下的中国银行业监督管理委员；同年 4 月，中国银监会正式挂牌；10 月，十六届三中全会决议进一步明确，选择有条件的国有商业银行实行股份制改造，加快处置不良资产，充实资本金，创造条件上市；12 月 27 日，《中华人民共和国银行业监督管理法》颁布。此轮金融改革具有明显的产权改革特点，我国银行业由最初政企合一的完全垄断行业逐步转变为具有法人资格的商业性银行机构，并通过上市股份制改造以及城市和农村信用社转型，搭建了大型股份制银行、全国股份制银行和城市商业银行、农商银行、村镇银行的银行体系与外资银行竞争的格局。以下即是对一系列旨在推进国有商业银行市场化改革措施的梳理和汇总，包括国务院指导下的股份制改革(表 3.3)、引进战略合作者(表 3.4)及推行资本上市(表 3.5)。此外，政府作为国有商业银行的所有者和利率管制政策的实施者，对金融机构一直存在贷款利率管制规定。直至 2013 年 7 月中国人民银行正式宣布，自 7 月 20 日起全面放开金融机构贷款利率管制。金融机构存贷款利率管制的全面放开，是我国金融体制深化改革中具有里程碑式意义的事件，它意味着金融机构拥有了自主定价的经营模式，可以根据市场供需原则，采取差异化的定价策略与客户协议商定为其提供信贷资本的价格，有利于金融资源的优化配置；在降低企业融资成本的同时，有利于金融机构不断提高自身金融服务水平；有利于更好地发挥金融支持实体经济的作用，更有力地支持经济结构调整和转型升级。

表 3.3　国务院推进国有商业银行股份制改革的措施汇总

年度	措施	详细内容
1999 年	成立四家国务院直属资产管理公司：东方、信达、华融、长城	剥离国有商业银行近 1.4 万亿元的不良贷款，专门对应负责解决中国工商银行、中国农业银行、中国银行、中国建设银行不良资产的问题，为四大银行发展成为大型商业银行奠定了基础
2003 年	中央汇金投资有限责任公司(以下简称“中央汇金公司”)	主要职能是对国有重点金融企业进行股权投资，以出资额为限代表国家依法对国有重点金融企业行使出资人权利和履行出资人义务，实现国有金融资产保值增值。用外汇储备向银行注资不是财政拨款，而是一种资本金投入。中央汇金公司作为出资人，将督促银行落实各项改革措施，完善公司治理结构，力争使股权资产获得有竞争力的投资回报和分红收益
2004 年	动用 450 亿美元外汇储备	注资中国银行和中国建设银行，并引进战略合作伙伴，标志着国有商业银行股份制改革拉开序幕。8 月 24 日，中国银行股份有限公司正式成立；9 月 21 日，中国建设银行股份有限公司正式对外挂牌，标志着中国银行和中国建设银行的股份制改造已经完成
2004 年	分别投资 50 亿美元、30 亿美元及 100 亿美元	中国交通银行通过财务重组由股份制商业银行改制为国有商业银行，为建立真正的现代金融公司治理结构积累了经验，奠定了基础
2005 年	批准 150 亿美元外汇储备	为工行注资并实施股份制改造的方案
2007 年	中国投资有限责任公司(以下简称“中投公司”)成立，财政部发行特别国债，从中国人民银行购买中央汇金公司的全部股权，中央汇金公司变为其全资子公司	中投公司根据国务院要求持有中央汇金公司股权。中投公司开展投资业务和中央汇金公司代表国家行使股东职能的行为之间有严格的隔离。中央汇金公司的重要股东职责由国务院行使。中央汇金公司董事会、监事会成员由国务院任命，对国务院负责
2008 年	为中国农业银行注资 190 亿美元外汇储备	实施股份制改造

表 3.4　国有商业银行引入战略合作方的措施汇总

年度	银行	措施	具体内容
2004 年	中国交通银行	与汇丰银行正式签署战略合作协议	汇丰银行以每股 1.86 元人民币的价格购入中国交通银行 19.9%的股权，即 77.75 亿股，成为仅次于财政部的第二大股东，投资金额达 17.47 亿美元
2005 年	中国建设银行	和美洲银行签署了关于战略投资与合作的最终协议	根据协议，美洲银行将分阶段对中国建设银行进行投资，最终持有股权可达到 19.9%。首期投资 25 亿美元购买汇金公司持有的中国建设银行股份
2005 年	中国建设银行	和淡马锡公司旗下的全资子公司亚洲金融控股私人有限公司签署了关于战略投资的最终协议	亚洲金融控股私人有限公司以 14.66 亿美元购入中国建设银行 5.1%的股权
2005 年	中国银行	与英国苏格兰皇家银行、新加坡淡马锡公司、瑞银集团、亚洲开发银行、全国社保基金，分别签署协议	5 家机构作为新的战略投资者。苏格兰皇家银行出资总计 31 亿美元，购入中国银行 10%的股权，其中将一半股权卖给了高盛、李嘉诚私人基金；淡马锡购得中国银行 5%股份
2006 年	中国工商银行	与高盛投资集团签署了战略投资与合作协议	高盛投资集团出资 37.8 亿美元购买中国工商银行新发行的股份。2006 年 4 月 28 日顺利完成资金交割。这笔当时最大的境外投资者对中国金融业的单次投资，约占中国工商银行股份比例总计的 8.89%
2009 年	中国农业银行		根据当时国内外资本市场的情况，没有延续前期经验引进境外战略投资者，只引进了几家财务投资者

表 3.5　国有商业银行上市进程表

年度	银行	上市情况
2005 年	中国交通银行	交通银行 H 股在香港联合证券交易所上市
2005 年	中国建设银行	建设银行 H 股在香港联合证券交易所上市
2006 年	中国银行	6 月 1 日中国银行 H 股在香港上市，7 月 5 日中国银行 A 股在上海证券交易所上市
2006 年	中国工商银行	工商银行 A+H 股同步上市
2007 年	中国交通银行	交通银行 A 股在上海证券交易所上市
2007 年	中国建设银行	建设银行 A 股在上海证券交易所上市
2010 年	中国农业银行	农业银行 A 股和 H 股先后在上海证券交易所和香港联合证券交易所上市

2. 民营银行设立

尽管中国拥有相当健全的银行体系，国有大型银行的总资产、存贷款规模却占据了银行业的一半以上①；在服务中小企业上具有比较优势的中小银行发展却相对滞后，这可能是中国企业“融资难”问题形成的直接成因(林毅夫等，2009；姚耀军和董钢锋，2015)。因此，开放银行业竞争、促进中小股份制银行的发展不仅有助于改善中国的资金配置效率，还可以降低银行业集中度过高的“政治-经济”风险，避免大型垄断银行对金融服务创新与金融结构转型的负面影响。

① 有些文献将美国、英国的金融体系作为市场主导型的代表，将德国、日本的金融体系作为银行主导型的代表。但应注意到，英美的银行体系同样非常发达，德日的股票市场也是世界上最活跃的即溶市场。但事实上，从更广的范围来看，基本所有的发达国家相对发展中国家而言，都是市场主导型的金融结构，发达国家之间的金融结构差异只是“大同而小异”，它们与发展中国家在金融结构上的差异更为突出。

民营银行的设立一直在我国银行改革措施中"缺位"。究其根本原因在于民营银行的资本金主要来自民间，其对利润最大化有着更为强烈的追求，如果没有配套健全的监管机制，民营银行很有可能会因风险问题而陷入失败，从而引发一定程度上的金融动荡。因此，政府出于防范金融风险考虑，对建立由民间资本自主发起、自我控股和自担风险的民营银行一直未下决心，也就没有从根本上打破银行竞争体系中国有银行的垄断格局。事实上，作为金融市场的重要组成部分，民营金融机构特殊的产权结构和经营形式决定了其具有机制活、效率高、专业性强等一系列优点，作为国有金融体制的重要补充，民营金融机构的设立必然会带来银行业体系的根本性转型与变革。根据2013年7月5日，国务院发布的《关于金融支持经济结构调整和转型升级的指导意见》(俗称"国十条")首次提出"尝试由民间资本发起设立自担风险的民营银行"，设立民营银行被正式提上金融改革日程，以进一步推动金融的市场化改革。"国十条"当中的第一、三、六、七、九条都涉及金融行业，第九条更是鼓励民间资本投资入股金融机构和参与金融机构重组改造；2014年，试点工作开始；2015年，银监会《关于促进民营银行发展的指导意见》(以下简称《指导意见》)正式发布，意味着符合条件的民营企业开设银行门槛的正式开放；截至2016年底，正式获银监会批准筹建的银行(含已开业银行)达到10家(表3.6)。从定位看，10家民营银行都是服务于小微企业与普通消费者，有些民营银行甚至做了区域限制，只在某一区域做金融服务。此外，民营银行的业务特点、经营范围及风控手段等均与股东背景密切相关，并可据此将10家民营银行分为互联网派(微众银行、网商银行、四川希望银行背后有腾讯、阿里、小米，有互联网方面的场景和技术，运营风格偏互联网)与传统企业派(其他七家银行股东以传统行业的大企业为主，主要是制造业和商贸类企业)，详见表3.6和表3.7。从目前的风控手段与效果来看：互联网派的民营银行采集线上线下数据，通过大数据技术来进行反欺诈和信用评估。这可以显著降低服务客户的边际成本，可以快速、高效地响应客户需求，但对于数据资源和模型的有效性要求很高；传统企业派的民营银行风控手段还是沿用银行的风控套路，相对来说容易上手，探索成本不高，但服务客户的边际成本不能有效降低。

表3.6　民营银行设立情况汇总

银行名称	获批时间(年-月-日)	开业时间(年-月-日)	注册资本/亿元
深圳前海微众银行	2014-07-25	2014-12-12	30
上海华瑞银行	2014-09-26	2015-01-27	30
温州民商银行	2014-07-25	2015-03-20	20
天津金城银行	2014-07-25	2015-03-27	30
浙江网商银行	2014-09-26	2015-05-27	40
重庆富民银行	2016-05-18	2016-08-26	30
四川希望银行	2016-06-13	尚未开业	30
湖南三湘银行	2016-07-29	尚未开业	30
安徽新安银行	2016-11-07	尚未开业	20
福建华通银行	2016-11-28	尚未开业	24

注：截至2016年12月31日。

表 3.7　民营银行定位与发展特色

银行名称	定位	主要股东	发展特色	业务数据
深圳前海微众银行	服务个人消费者和小微企业客户	腾讯、百叶源投资、立业集团	大存小贷；消费金融；财富管理	截至 2016 年 10 月初，放贷超过 1200 亿元
上海华瑞银行	服务小微、科技创新、自贸改革	均瑶集团与美邦服饰	特定区域存贷款；投贷联动	截至 2016 年 12 月，资产为 300 亿元左右
温州民商银行	服务中小微企业；小区居民	正泰集团和华峰氨纶	特定区域存贷款；批量营销	截至 2016 年 9 月，资产为 43.28 亿元
天津金城银行	服务实体经济和小微企业	天津华北集团等	公存公贷；对园区、核心企业开展营销获取客户	截至 2016 年 6 月末，资产总额 150 亿元
浙江网商银行	服务小微网商、个人创业者、消费者	蚂蚁金服、复星集团、万向集团	小存小贷；利用电商数据做风控	截至 2015 年末资产规模超 300 亿元
重庆富民银行	服务小微企业的普惠金融银行	瀚华金控、宗申集团等	扶微助创，实体互联，立足两江，辐射库区	—
四川希望银行	互联网特色银行	新希望集团、小米	既做传统业务，也做互联网银行	尚未开业
湖南三湘银行	产业链金融专业型银行	三一集团等	—	尚未开业
安徽新安银行	安徽金融服务体系的补充者	安徽南翔集团、合肥华泰集团等	供应链金融、消费金融	尚未开业
福建华通银行	科技金融企业	永辉超市、阳光控股	科技金融、普惠金融、创新支付和供应链金融	尚未开业

资料来源：https：//www.huxiu.com/article/172878.html。

注：截至 2016 年 12 月 31 日。

公有制经济与非公有制经济并存且相互竞争的二元格局必然会导致国家控制银行和民营银行贷款业务的二元分化。由于国有企业和国家控股企业公司治理结构天生存在缺陷，这使得其在创新活力和员工激励约束效率上低于民营企业。在利率市场化条件下，追求利润最大化的动机使得民营银行会将经营业务定位于业绩较好的民营企业，并在一定程度上与国家控制银行争夺优质的国有企业客户。国家控制银行由于有较好的社会信誉、品牌效应以及与国有企业的特殊关系，这些先天优势可以弥补经营效率上的不足，使得其经营业务主要面向公有制经济的企业，当然国家控制银行也会通过改善管理体制和激励机制提高其竞争力并与民营银行争夺优质的民营经济客户。另外，对于那些风险较大，周期较长，社会外溢效应明显的大型项目，政策性银行应该发挥主要作用。对于那些起步阶段的创新企业，由于风险较大，资产难以确认与评估，这些企业的融资主要由资本市场上的风险投资基金解决。

3. 银行业改革滞后因素探析

银行改革是整个经济体制改革和金融改革的重要组成部分，社会观下的经济理论认为国有银行能够使那些符合社会效益、有利于经济增长但私有银行不愿意提供资金的项目得到资金的支持，从而有利于增进社会福利，然而后续的一系列研究却越来越多地支持了公有产权的政治观，即“国有银行往往会成为利益集团寻租的工具，进而造成金融资源的配置失效”（La Porta et al.，2002），处于制度变迁中的中国或许是其中最典型的案例。国有商业银行股改之前，产权结构里政府所有产权与银行自有产权并存，使得政府与银行的权利-责任关系无法分清，产生了权利与责任不对称的外部性问题，各级政府对国有银行的干预和长期的金融压抑造成了严重的银行业信贷配给依赖；而股改后，商业银行权责定位不清的情况虽有一定好转，但国有金融资产管理的各个部门都在一定程度上承担了出资人的职责，但是相应的责、权、利却并不太匹配。而且，尽管现在普遍实行了信贷责任制，但由于责任认定与考核的困难，至今没有形成完善的负责机制，在一定程度上形成了对各级代理人的约束失效问题，产生了银行产权的二重结构问题。

因此，很长一段时间内，我国银行体系所凸显的职能特点包括：①大部分银行均为国家所有或控股，银行董事长、行长大都具有政府机构任职背景，且银行牌照被严格控制，民营银行更是近几年才出现；②资本市场发展相对滞后，除了存款[①]，居民资产配置标的非常有限，甚至一段时期内，民间集资都是重罪；③存、贷款利率均设限额，其中贷款利率下限、存款利率上限更是严格限定的，利差是银行的最主要收入来源，由此，在资金供不应求的时期，存款规模是衡量金融机构业绩的主要指标[②]；④央行代表政府通过窗口指导以及信贷规模控制等措施，决定或影响银行的贷款投向，国有经济和政策性项目优先获得大部分贷款，在此之外，因经济转轨而出现的非国有经济获得余下的信贷资金；⑤政府为银行体系提供信用支持，通过财政、外储等形式为银行补充资本金，或者化解不良资产。

我国在经济自主权利由政府还给民间的渐进式改革过程中，伴随着国民财富的转移，以税收为支撑的中央和地方的相对集中能力开始下降，而以民间储蓄能力为支撑的金融能力则得到迅速提升，这使得各级政府自然地将注意力转到了金融资源的控制上来：一方面，中央政府为了经济的长远发展，有极大的动机改善国有银行的治理，提高银行资产质量，降低金融风险；而另一方面，为了保证转型经济的平衡发展，仍然需要国有银行大量的金融资源来贴补体制内产出的不稳定增长，诸如国企改制和产业结构调整等一系列改革目标的完成需要银行提供资金的支持。此外，在分权改革后，地方政府发展经济的积极性被调动起来，竞争资源的动机也随之产生(Cai，1999)，而金融资源之于发展地方经济，实现增加就业、维护社会稳定等公共治理目标的重要性，使其成为地方政府努力争夺的对象。由于国有经济和政策性项目的效率较低，大多需要补贴，而这种补贴大多就以不良贷款的形式出现。换言之，不良贷款可看成地方政府为确保地方经济和政策性项目的正常运行而不得不支付的成本，虽然表面上体现在银行报表上并由银行承担，但最终还是由政府进行处理；而在这套模式下，只要政府从国有经济和政策性项目所发挥的作用(保就业、推动基础设施建设、平衡地区差异及巩固国防等)中获得的收益大于这种成本，那么即认为该模式是“有效率”的。

我国转型经济的制度安排决定了国有银行多重目标的存在，过去相当一段时间存在的国有银行效率目标受政府干预而造成非效率情况，在未来市场化进程中将继续存在。一方

① 中国国民储蓄率很高，而且已经从 2000 年的 37.5%升至 2011 年的 52.5%，而全世界储蓄率平均只有 20%左右，尚不及中国的一半。

② 利率管制也是中国金融市场的典型特征之一。在特殊历史时期，为了配合重工业优先发展战略，给经济发展提供低成本资金，政府对利率水平实施监管，导致存款利率和贷款利率普遍偏低。2000～2012 年，中国一年期实际贷款利率平均只有 3.56%，2008 年和 2011 年甚至出现过实际贷款利率为负的情形(陈彦斌等，2014)。

面，在地方治理与银行改革方面，突出地表现为地方政府在自身改革的不同阶段，从自身利益出发，利用银行改革中的漏洞，不断改变对银行金融资源的争夺方式，由初始的直接行政干预到对银行决策施加影响，再过渡到目前的通过逃废银行债务间接争夺银行资源；而银行作为中国最大的金融资源拥有者，长期以来，由于金融改革落后于政府和企业改革，银行体系一直存在产权不清晰和预算软约束、激励约束机制不到位的治理问题，这就为地方政府争夺银行信贷资源和转嫁改革成本提供了条件。另一方面，传统计划经济向市场经济转轨的过程中，资本杠杆的传递机制也经历了从无到有的建立过程，银行参与者初期识别和判断信息的能力有限，且信贷资金价格受到政府管制，债务融资成本呈现相对刚性，无法灵活运用价格杠杆的商业银行在现有的宏观管理体制下却面临阶段性的流动性过剩问题，增加了信贷投放的压力(戴璐和汤谷良，2007)。在这种背景下，为了降低因筛选、监督和审查而付出的信贷交易成本，银行也往往会惯性地选择“搭地方政府便车”，从而更加助长了依托企业的资源型背景而表现诸多的信贷异象，“享有权利而不必负责任”。例如，从 2005 年至 2007 年的不良贷款数据结果来看，虽然国有商业银行股份制改造和上市对降低不良贷款率起到了一定作用，但如果与同期已上市的股份制银行和外资银行相比，上市的国有银行不良贷款率仍要高出很多：国有银行不良贷款率分别为 10.5%、9.2%、8.1%，股份制银行不良贷款率则分别为 4.2%、2.8%、2.2%，外资银行则更低，分别为 1.1%、0.8%、0.5%。可见，市场化改革一定程度上降低了不良贷款率，但并不能作为影响不良贷款率的全部因素。只要国有经济和政策性项目仍然存在，或者政策性任务有扩大的必要，以及只要这些经济、项目和任务仍然需要补贴，银行特别是国有银行就一定需要继续发挥以上作用，意味着不管这些银行是否上市、风控体系是否完备、有没有出现腐败和渎职现象，不良贷款就一定会存在，也大概率会高于正常水平。这应该是以上悖论出现的深层次原因。

3.3.2　债券市场建设与发展

债券市场作为债券发行和买卖的资本市场，根据其功能可细分为一级发行市场和二级流通市场。其中，一级发行市场是将新发行债券从发行人手中转移到初始投资者手中的市场，债券一经认购，即确立了一定期限内的债权债务关系；二级流通市场是指已发行的债券在投资者之间转手买卖的场所，投资者可以在二级流通市场转让债权，将债权变现。

作为金融市场的一个重要组成部分，债券市场是企业进行直接融资的重要渠道，能够较为准确地反映发行企业的经营实力和财务状况，有效利用社会闲散资金。除此之外，中央银行通过在证券市场上买卖国债或发行中央银行票据进行公开市场操作，对经济进行宏观调控，债券市场也因此成为资本市场上不可或缺的金融工具。

1. 债券市场建设阶段划分

我国公开债券市场的发展大致可以划分为以下几个阶段。

1)企业债券市场的初步发展阶段(1987～1992 年)

1986 年，具有柜台交易性质的沈阳市信托投资公司成立，它是我国第一家办理债券买卖、转让业务的区域性市场，也意味着我国企业债券交易市场萌芽。事实上，在企业债券萌芽的自发发展中所出现的债券大多属于内部集资性质，由于缺乏统一管理，很多在发行过程中表现出了强行摊派的不正之风。为规范企业债券的发行及管理工作，国务院在1987 年颁布实施了《企业债券管理暂行条例》，之后又发布了《国务院关于加强股票、债券管理的通知》；1988 年，为治理、控制与整顿固定资产投资规模，国家暂停了上半年的企业债券发行工作；下半年开始，为解决企业流动资金困难问题，又重新开始批准发行短期融资券。同年 9 月，国家计委在财金司下设债券处，负责编制包括企业债券发行计划、股票发行计划、参与证券市场规范化管理等内容在内的有关政策制定。在初步推进企业债券的发展过程中，随着上海证券交易所和深圳证券交易所的先后成立，交易所债券市场也随之开始运行，全国性的债券流通市场逐步形成。与此同时，1992 年国务院证券委和中国证监会的成立也标志着中国资本市场开始逐步纳入统一监管框架。

2)企业债券市场的清理整顿阶段(1993～1995 年)

1993 年 8 月为加强对企业债券乱象的治理工作，国务院废止了之前发布的《企业债券管理暂行条例》，颁布了新的《企业债券管理条例》(以下简称《条例》)。根据新《条例》的相关规定，大部分企业债券品种都被取消，只保留了发行主体为大型国有企业的中央企业债券和地方债券两个品种；国务院从各地方政府手中收回了一年期以上的地方企业债券审批权，仅保留了各地方政府对规模限额内的、6～9 个月期限的地方企业短期债券审批权；之后不久，又停止了地方企业债券的一切发行工作。从数据来看，1994 年的债券资本市场仅有国债、政策性银行金融债、企业债券三种债券(由少数垄断性的特大型中央企业发行)，其中以国债发行“独占鳌头”，发行总量占比高达 73%，而作为企业融资重要手段的企业债券则在发行种类和发行数量上均迅速锐减，近乎严苛的发行管制使得资本市场债券发行陷入低谷，甚至是“停摆”。

应该说，对企业债券实行这种一刀切式的“关闸”治理是符合其时代发展要求、具有其合理性的。1993 年债市清理整顿之前，企业债券发行管理混乱，有些发行人“明知不可为而为之”，而投资人也不明就里地想当然地以为任何一种投资产品都有政府信用担保，在企业债务违约无力偿还之时，债权人往往迁怒于政府和代销银行，政府只好无奈兜底，以保“一方平安”，造成了“倒逼”银行用贷款垫支的违约乱象。1993 年全国范围内的大规模企业债券清理整顿工作，其目的在于抑制通货膨胀，整顿企业债券混乱发行与违规乱象，其核心规制手段包括发行计划规模管理、募集资金投向纳入固定资产投资计划、具体发行采取审批制等。从权利和义务的关系看，政府根本不是利益中人，没有义务代人受过。企业债券发行原本是经济领域的事，却因为政府隐性担保的存在而变成了一种刚性兑付机制，无端增加了社会成本，市场功能因而大打折扣。

3)企业债券市场的恢复阶段(1996～2003 年)

1993 年债市清理整顿工作完成之后，中央政府调高了企业债券发行门槛，拥有发债资格的企业基本为拥有“准政府”信用的大型国企。这样的债券市场虽然保证了企业债券发行后续安全性，但功能也较单一，无法为各类型企业的融资需求提供服务。为增强债市流通性，1996 年上海证券交易所、1997 年深圳证券交易所分别出台新规，允许面值在 1 亿元以上的债券在交易所挂牌交易；此外，为保障企业债券的发行和流通有章可循，相继出台了《企业债券上市规则》和《企业债券发行与转让管理办法》；进一步地，为防止信贷资金违规进入股票市场，1997 年 6 月，中国人民银行又下发了《关于各商业银行停止在证券交易所证券回购及现券交易的通知》，要求商业银行全部退出交易所市场；同时，建立了全国银行间债券市场，形成了我国债券市场的分割局面。

在企业债务市场恢复发行的重新起步阶段，虽然取消了只有国有企业可以发行企业债券的规定，但受限于后续严苛的发行规定，包括企业债券评级制度、发债企业资产抵押和担保人制度、受托人制度等等，当年发行债券的企业几乎仍旧全是国有企业，其余的只有两家民营企业进行了小规模发行。因此，该阶段的债券市场仍存在发行主体单一、总体规模小、成交量低、流动性差等特点。

4）企业债券市场的规范发展阶段（2004～2006 年）

2004 年，为鼓励符合条件的企业通过发行债券筹集资金，国务院发布了《关于推进资本市场改革开放和稳定发展的若干意见》；之后，历次全国金融工作会议文件和多次政府工作报告都强调做好企业债券发行和监督管理工作，发展债券市场，为国民经济全面协调可持续发展服务。2004 年 6 月 21 日，国家发改委根据《公司法》《证券法》以及《企业债券管理条例》的相关规定，发布了《〈关于进一步改进和加强企业债券管理工作〉的通知》（以下简称《通知》），旨在逐步扩大债券市场发行规模的同时，加强和改进债券的发行与管理工作。《通知》对企业发行企业债券的申请条件、批准企业债券发行规模的程序、批准企业债券发行方案程序、企业债券担保、参与企业债券发行的中介机构的资格、企业债券信息披露等均进行了详细规定，并成为很长一段时间内企业债券发行管理的指导性文件。以该《通知》为标志，我国重新明确了市场化改革过程中企业债券作为资本市场直接融资手段的重要性。国家发改委根据市场情况和已下达债券发行规模发行情况，不定期受理企业债券发行规模申请，并按照国家产业政策和有关法律法规及国务院有关文件规定的发债条件，对企业的发债规模申请进行审核；对于符合发债条件的，核定发行规模和资金用途，报经国务院同意后，统一下达发债规模并通知有关事项（图 3.2）。企业债券发行规模在规范发展的指导下重新蓬勃发展了起来，募集资金的用途也不再仅仅限于固定资产投资，出现多样化的特点，3 年以上乃至 15～20 年的长期债券也逐渐出现在市场上。

但毋庸置疑，企业债也存在审批手续复杂（由国家发改委与国务院负责审核，需经过额度审批和发行审核两道程序）、程序较复杂、周期较长的缺点，且企业债券募集资金用途仅被局限于固定资产投资、技术革新改造或政府部门审批项目几方面，企业自身并没有掌握资金使用的自主权；另外，企业债券当中的资信评级“形同虚设”，在通过国有机制、贯彻政府信用加之强制担保机制的发行程序，使其信用评级多是 AAA 级，并未能从实质上改变企业债券所具有的“准政府债券”性质。

5）企业债券与公司债券分开发展的多头监管阶段（2007 年至今）

2005 年之前，在中国人民银行监管“禁令”下，银行作为主要机构投资者无法进入公开债券市场，债券市场的发行和交易受到很大限制，运行效率相对低下。2005 年，银行创新了短期融资券方式，依托银行间债券市场，定位于机构投资者，一经推出就受到了发行人和投资者的欢迎，市场规模迅速壮大。目前，银行间债券市场中短期融资券的流动性已经高于一般企业债，与政策性金融债相当。

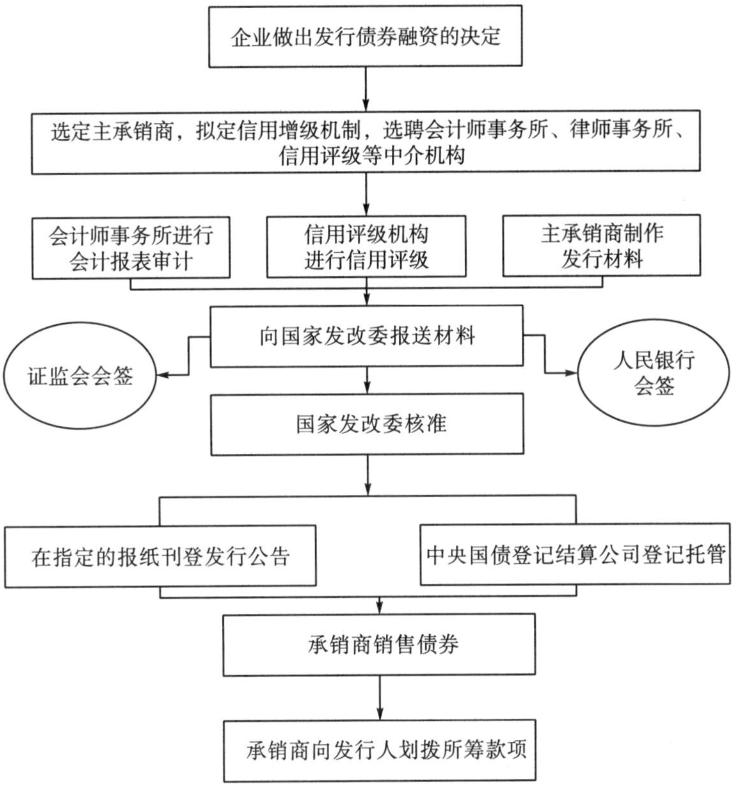

图 3.2　企业债券核准发行流程

2007 年 8 月证监会《公司债券发行试点办法》的正式颁布实施，标志着企业债券和公司债券正式分开发展。及至 2015 年 1 月，新的《公司债券发行与交易管理办法》(以下简称《办法》)出台，并自公布之日起施行。新《办法》相比 2007 年起颁布施行的《公司债券发行试点办法》来说，扩大了主体的发行范围，进一步地放松了监管力度。公司债由此成了上市公司融资“利器”，也成了受资金追捧的投资品种。数据显示，仅 2015 年 7 月 1 日至 10 月 20 日，上市公司公开债发行就达 84 只，发行规模从数亿元至数十亿元不等，公司债券发行一时之间呈现井喷之势。

事实上，在我国企业债券、公司债券和短期融资券虽然品名各有不同，但其本质属性上是一致的，都是“均需要按照一定程序发行、约定一定期限及还本付息的有价证券”。已有《公司法》和《证券法》两部法律从立法层面规定了债券的格式、条款、发行条件和程序等基本内容，这些法定条件是不能为其他低位阶的法规和规章所变更和松动的。2005 年以后，我国债券市场进入了加速发展时期，在基本法律制度之外，形成了发改委、人民银行和证监会共同管理下的多部门监管格局，使得法律属性相同债券，由于监管部门不同而被人为地划分为企业债券、公司债券、中票和短期融资券等不同的债券品种。多头监管体制下一个重要特征是，发行主体选择了不同的债券品种，也就意味着选择了相应适用的监管体制和监管规则，因此，监管部门所制定的法规和规章以及证券交易所、银行间市场交易商协会的自律性规范也因此在实践中具有非常重要的地位，详见表 3.8。

表 3.8　债券市场的多部门监管体制

类别	企业债券	公司债券	中期票据和短期融资券
基础法律	《公司法》(第七章)《证券法》(第十六条至第十八条；第五十八条至第六十一条)		
监管部门	国家发改委	证监会(含证券交易所)	中国人民银行 (含银行间市场交易商协会)
监管规则	①《企业债券管理条例》(1993 年)	①《公司债券发行试点办法》	①《银行间债券市场非金融企业债务融资工具管理办法》
	②《关于进一步改进和加强企业债券管理工作的通知》	②《公司债券发行与交易管理办法》	②《银行间债券市场债券登记托管结算管理办法》
	③《关于推进企业债券市场发展、简化发行核准程序有关事项的通知》	③《公开发行证券的公司信息披露内容与格式准则第 23 号——公开发行公司债券募集说明书(2015 年修订)》	③《全国银行间债券市场金融债券信息披露操作细则》
	④《关于进一步加强企业债券本息兑付工作的通知》	④《公开发行证券的公司信息披露内容与格式准则第 24 号——公开发行公司债券申请文(2015 年修订)》	
	⑤《关于进一步加强企业债券存续期监管工作有关问题的通知》		

我国债券市场经过多年的发展，存在一定问题的同时也在不断规范化，扩充了企业融资渠道的同时，也丰富了投资者的投资渠道，为我国信贷资本配置效率提升做出了突出贡献。现阶段，多头行政监管与自律分工体系，也形成了对债券发行条件、信息披露、风险控制和投资者保护等方面相对完整的规范体系。

2. 债券市场发展现状

近几年来，我国债券市场交易规则逐步完善，市场规模不断扩大。从央行发布金融市场运行情况统计数据来看，截至 2015 年末，我国债券市场债券市场托管余额为 47.9 万亿元，全年发行各类债券规模达 22.3 万亿元，较去年同期增长 87.5%，增速较同期上升 55.2 个百分点；其中，银行间银行间债券市场托管余额为 43.9 万亿元，全年债券市场发行债券 21 万亿元，同比增长 81.3%。详见图 3.3、图 3.4 和图 3.5。

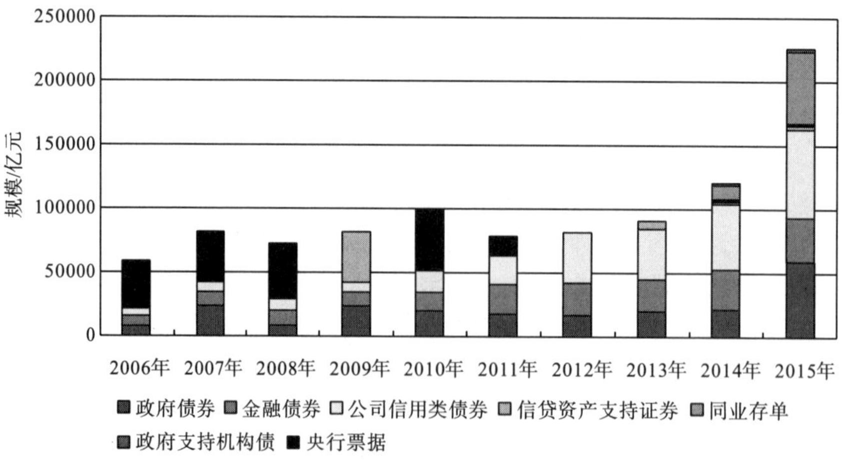

图 3.3　2006～2015 年银行间债券市场主要债券品种发行情况

（资料来源：中央国债登记结算有限责任公司、上海清算所）

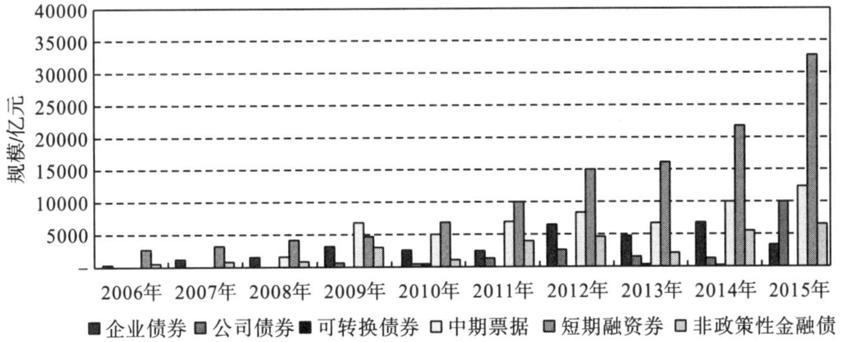

图 3.4　2006~2015 年债券市场历史发行规模

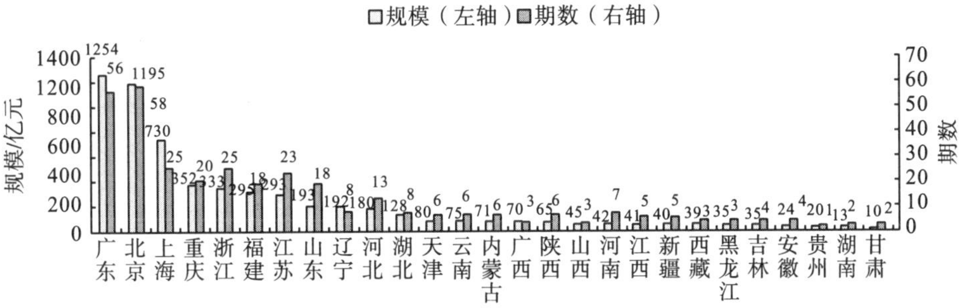

图 3.5　2015 年公司债券区域分布图

（资料来源：中央国债登记结算有限责任公司、上海清算所）

债券市场发行规模的飞速发展也带动了债券市场交易的持续活跃。2015 年，银行间债券总指数由年初的 158.77 点上升至年末的 171.37 点，上升 12.6 点，升幅 7.94%；交易所市场国债指数由年初的 145.80 点升至年末的 154.54 点，上升 8.74 点，升幅 5.99%。此外，银行间市场成交量同比大幅增长，银行间市场拆借、现券和债券回购累计成交 608.8 万亿元，同比增长 101.3%。其中，银行间市场同业拆借成交 64.2 万亿元，同比增长 70.5%；债券回购成交 457.8 万亿元，同比增长 104%；现券成交 86.8 万亿元，同比增长 114.9%，详见图 3.6。

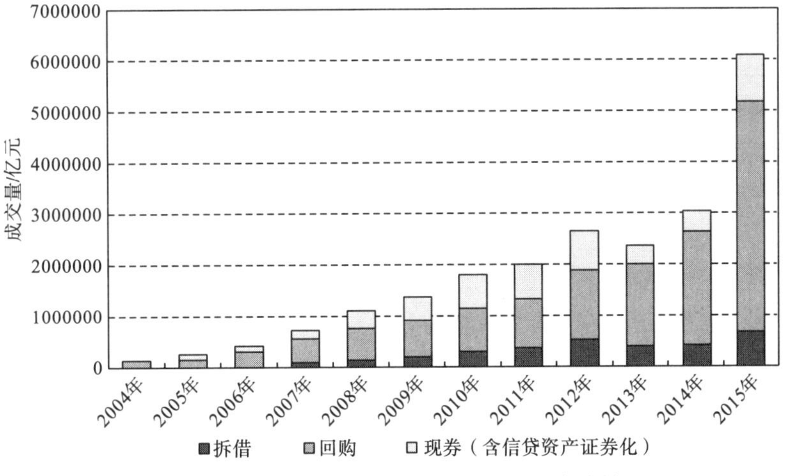

图 3.6　2004～2015 年银行间市场成交量变化情况

（资料来源：全国银行间同业拆借中心）

2015 年，公司信用类债券收益率曲线大幅下行，年末 5 年期 AAA、AA+企业债收益率较去年末分别下降 150 个和 172 个基点。不同等级公司信用类债券信用利差均有所收窄，3 年期 AAA 级、AA 级、A 级中短期票据与同期限政策性银行债券信用利差较去年末分别收窄 37 个、34 个、7 个基点，详见图 3.7。

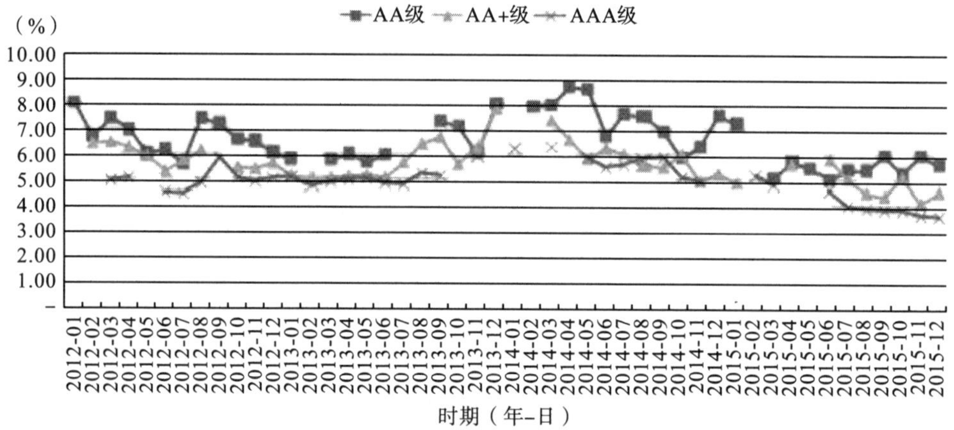

图 3.7　2012～2015 年 3 年期公司债券利率走势图

（资料来源：中央国债登记结算有限责任公司）

2015 年，银行间债券市场进一步丰富投资者群体，引入私募投资基金、期货公司及其资产管理产品投资银行间债券市场。2015 年末，银行间市场各类参与者共计 9642 家，较 2014 年末增加 3180 家，同比增加 49.2%。其中，我国境内法人类参与机构 2094 家，境内非法人类机构投资者为 7240 家。截至 2015 年末，已有 308 家境外央行、主权财富基金等境外机构进入银行间市场投资，较 2014 年末增加 128 家。从投资者持有类型占比来看，与 2014 年末相比，2015 年末银行间市场公司信用类债券持有者中，商业银行持有债券占比为 34.1%，下降 10.3 个百分点；非银行金融机构占比为 12.1%，下降 1.3 个百分点，非法人机构投资者和其他类投资者持有共同占比为 53.8%，上升 11.6 个百分点(表 3.9)。

表 3.9　2015 年银行间债券市场主要券种持有者结构　（单位：%）

持有者类别	记账式国债	国开行金融债	政策性银行债券	信贷资产支持证券	公司信用类债券
商业银行	71.2	69.8	77.2	56.6	34.1
非银行金融机构	5.8	12.5	4.4	6.2	12.1
非金融机构	0.0	0.0	0.0	0.0	0.0
非法人机构投资者	2.0	15.9	15.0	35.3	51.4
其他类投资者	21.0	1.8	3.4	1.8	2.4
合计	100.0	100.0	100.0	100.0	100.0

3. 债券市场中的滞后因素探析

毋庸置疑，近几年我国债券市场发展卓有成效。但与发达市场相比，债券市场在资源配置中的基础性作用发挥得还远远不够，仍然无法满足中国经济持续发展的需要，主要表现为：监管部门惩处力度不足下的债务主体信息披露自愿性不高；制约市场发展的法律、政策问题还有待解决，风险分担的市场机制不完善；市场流动性有待提高，刚性兑付的投资者心态尚未转变，市场价格尚不能真实反映市场供求关系。此外，避险工具不足，金融衍生品市场发展滞后等问题综合下所反映出来的发展不足仍是中国债券市场面临的最大问题。

1) 契约保护缺失与信息披露不足

一般情况下，债权人不具有对公司的控制权无法介入公司日常经营管理，债权人的权利及其保护措施在合约签订那一刻已基本确定，因此对债权人利益的保护主要体现在合约的设计上，其重要性就如“公司治理机制”对于股东权益的保护(李镕伊，2013；陈超和李镕伊，2014)；而信息披露是证券市场最重要的制度基石，完整、及时、准确的信息披露是证券市场有效运行的制度保障，信息透明度的高低更是在很大程度上决定了证券市场资金成本和发展水平(Lin et al.，2013)。

从我国公开市场债券契约对债权人权利的保护来看，与美国相比，我国公司债的违约条款设计有其自身的特点：首先，债券违约条款设计比较模糊，如“预期无法按期支付本息时暂缓对外重大投资”，这样模糊的条款设计使得管理层有很大的操作空间，可实施性和可监督性较弱，在一定程度上降低了违约条款的保护效果。其次，我国公司债的违约条款多为事后补救型，如“无法偿还本息时，公司停止发放红利”，而关于事前约束公司行为的条款较少，事后补救型条款对发债公司侵占债权人行为的约束不及事前约束型严格，使得发债公司有更大的空间侵占债权人利益。最后，我国公司债的违约条款较少使用会计数据，会计数据可以及时反映发债公司的经营状况，有助于债券持有人及时了解违约风险，在发生技术违约时可以及早采取保护措施避免在无法还本付息发生时才介入公司管理。此外，在抵(质)押担保中，发债企业主要采用股权、房地产以及土地使用权等作为抵(质)押物。在第三方担保中，企业则是银行间债券市场担保的主力①。根据担保企业与发债企业之间的关系，企业担保主要分为关联方担保、企业互保以及同属地方国资委企业担保②。这些不同担保方式虽在形式上合乎债券发行规定，但实质上并非具有相同的担保效应。由控股股东为发行人提供(关联方)担保，担保人与发行人之间的相关性非常强，担保效果也一般(巴曙松等，2005)。尽管关联方担保和企业互保属于负面担保方式，但企业在发行债券时仍大量采用提供关联担保或企业互保的方式，因此，其目的在于发债申请能够顺利通过监管部门的审核，从而有利于销售债券，而并非出于真正降低风险的目的。换言之，互保的结果实际上使得发行人在增加显性债务的同时，还增加了隐性债务，企业的违约风险反而可能更高。

① 第三方担保还包括信用担保机构担保，但目前我国信用担保机构的实力薄弱，只担保了极少数企业债券。

② 对于同属地方国资委企业担保，它实质上隐含了地方政府的信用和保证。政府的隐性担保能够缓解债权人对国有企业违约风险的担忧，债权人并不像担心民营企业一样担心国有企业的偿债能力。

从我国公开债券市场信息披露的监管情况来看，目前，多头监管体系下债券市场对三类公开债券在持续信息披露方面的监管要求，详见表 3.10。债券持有人不同于公司股东，不享有对公司的剩余索取权和投票权，获取的是来自债券利息的固定收益，故债券发行和存续期的信息披露标准通常低于股票信息披露标准。对发行人而言，较低的信息披露成本也是债权融资的优势之一。但是，对于影响发行人偿债能力，特别是可能引发债券违约风险的重大事项，信息披露对于保护债券持有人乃是不可或缺的，尤其是针对我国这种交易不活跃、流动性不强的债券市场，准确、及时的持续信息披露更是有助于活跃市场，提高市场定价的准确性，提高信贷市场的资本配置效率。

表 3.10　多部门监管体制下的信息披露规则

债券类型	信息披露的规则要求
企业债券	①净资产损失超过 10%以上； ②未能清偿到期债务； ③做出减资、合并、分立、解散及申请破产决定； ④涉及重大诉讼、仲裁事项或受到重大行政处罚； ⑤发行人经营方针和经营范围发生重大变化； ⑥生产经营外部条件发生重大变化； ⑦申请发行新的债券； ⑧资产重组
公司债券	①重大亏损或者重大损失； ②重大债务和未能清偿到期重大债务的违约情况； ③减资、合并、分立、解散、申请破产及其他涉及债券发行人主体变更； ④公司涉及或可能涉及的重大诉讼； ⑤债券担保人主体发生变更或担保人经营、财务状况发生重大变化的情况
中票/短融	①发生超过净资产 10%以上的重大损失； ②发生未能清偿到期债务的违约情况； ③减资、合并、分立、解散及申请破产的决定； ④涉及重大诉讼、仲裁事项或受到重大行政处罚； ⑤经营方针和经营范围发生重大变化； ⑥生产经营外部条件发生重大变化； ⑦涉及可能对资产、负债、权益和经营成果产生重要影响的重大合同； ⑧占同类资产总额 20%以上资产的抵押、质押、出售、转让或报废； ⑨涉及需要澄清的市场传闻； ⑩高级管理人员涉及重大民事或刑事诉讼，或已就重大经济事件接受调查

从表 3.10 中可以看到，企业债、公司债与中票/短融三类债券在各自监管部门治理下，对上市公司债券信息披露的基本要求是一致的，涵盖了可能引发债券违约的主要风险事件。从形式上而言，以上部门规章的形式对各类企业债券的信息披露是提出了相对比较完整的监管要求的，但在上市公司信息披露过程中可能的违规行为却存在严重的监管不严与

惩罚不足。近年来，发行公开债券却未能在规定时点前披露财务信息的违规情况屡见不鲜，甚至是发行人在债券存续期间发生影响经营或偿债能力的重大事项时，信息披露更是存在“惯性”的滞后现象。更有甚者，对企业生产安全出现事故、企业签订重大交易合同、企业涉及重组合并等事项发生后的隐瞒披露。例如，2008 年以来，山东海龙股份有限公司通过财务造假从银行间债市圈得 14 亿元资金。2010 年 12 月，证监会山东监管局通过现场检查揭开了山东海龙的“圈钱”秘密，包括对外担保违规、财务核算差错舞弊以及重大信息隐瞒。如 2010 年底，公司未履行担保程序和及时披露义务，对外担保(未包括合并报表范围内的担保)金额达 4.23 亿元，占 2010 年末净资产的 43.9%；2011 年 12 月 10 日，公司发布了更正公告，对其 2008～2010 年度财务审计报告进行大幅不利更正，共涉及 20 余项目调整的会计差错。其他的会计舞弊还包括虚减/增资产及负债、虚增收入、低估成本和减值准备、财务费用核算延迟及差错、隐瞒大额债务，以及擅自注销长期借款及应付利息等。再如，2012 年 2 月《每日经济新闻》报道，陕西曲江文化产业投资(集团)有限公司在其《2011 年第一期短期融资券募集说明书》(以上简称《募集说明书》)中提及浐河城市运动公园项目时，不但隐匿了高尔夫球场，而且在上述项目手续未能备齐的情形下，在《募集说明书》中提出项目手续已齐备。另外，《募集说明书》中存在多处前后矛盾、与事实不符的表述，例如项目投资额度、建设工期在募集说明书中出现前后矛盾，将项目表述为由第三方代建，与自建的实际情况不符。

综上所述，目前我国债券市场当中的债权人保护机制，存在“债务签订之前，契约保护力度不足；债务签订之后，发行主体后续信息披露不足、主动性不强”等问题。在外部监管不及时、惩处力度不足而无法为债权人提供及时保护的情况下，债权人无法掌握债务主体真实经营情况、成长机会、偿债能力等内部信息，导致自身判断失误的同时，也使信息不对称下公司内部人的逆向选择和道德风险成为必然，阻碍了债券资本市场发行作为公开债务融资手段的建设与发展初衷。

2)“刚性兑付”下的债权人风险意识不足

违约虽是一个法律上的概念，但其含义却十分广泛，概指“不履行法律责任或未能履行某项法定或合同义务，尤指不能履行到期债务”。债券发行人须按照约定条件还本付息被认为是债券区别于股票等其他直接融资工具的根本特征，然而任何债券都存在着发行人违约的可能性。广义上的债券违约是指发行人对债券发行契约即发行人、债券持有人及托管人之间的正式合约中任何条款的违背，既包括发行人未能如约履行本息兑付义务，还可能包括发行人增加对外担保、转让重大资产以及整体负债规模超限等其他违反合同约定的情形(窦鹏娟，2016)。本书主要讨论狭义上的债券违约现象，即实践中最常见的债券发行人不能如约支付本息的情况。

在我国债券资本市场信用体系不健全、监管规则不统一的发展过程中，由于公开债务向投资者出售信用、增加负债的“重大社会行为”属性，使得政府部门一直是管制甚至抑制企业对这一融资方式的使用。也因此，一直以来，我国上市公司公开债务融资有着零违约的“硬通货”特质。其实，自 2006 年以来，我国公司债市场就曾数度出现债券违约的端倪，最为典型的是 2012 年的一系列偿债危机事件，包括山东海龙“11 海龙 CP01”、地杰通信“10 中关村债”事件、江西赛维“11 江西赛维 CP001”、新中基“11 新中基

CP001”、康特荣宝“10京经开SMECN1”、惠佳贝“10黑龙江SMECN1”和高丽彩钢“11常州SMECNII01”等。在市场各方对于债市违约终于“狼来了”的恐慌与希冀等多种情绪的复杂交错中，甚至已经技术破产的山东海龙等一系列濒临违约的企业债券却最终在地方政府、银行以及监管部门的通力合作下成功解除了违约警报。

直至2014年3月4日，深圳证券交易所上市公司“*ST超日”公告称，“11超日债”本期利息将无法于原定付息日按期全额支付，正式宣告违约，并成为中国资本市场历史上第一支违约的公司债券。如果是西方投资者面临这样的问题，肯定会对这个公司的前景大为忧虑，认为这家公司“离破产不远了”。有趣的是，中国的投资者好像对这支违约的债券一点都不担心，反而信心满满(朱宁，2016)。为什么中国的投资者不担心这些看起来债务问题非常严重的企业？为什么他们不担心自己的投资所面临的风险？其中一个重要的原因就在于，中国社会大部分政府官员、企业家甚至学者都认为破产是一件没有面子和有损于个人和公司形象的事件，而违约、破产和财务困境也是大家尽可能“避而不谈”的话题。这种对破产问题漠视甚至回避的态度，直接导致投资者不但不担心自己所进行的有风险甚至是高风险投资，反而深信，上市公司这种经过证监会层层审查之后公开上市的企业，相当于跨过了“优质资源”的认证门槛，它们是由中国政府通过中国的金融机构提供了隐性担保的，是不可能面临违约甚至破产的风险。事实上，这种看似安全的金融形势并不意味着中国的企业拥有健康的现金流，“11超日债”违约事件所反映的，正是过去几年内在公开资本市场“刚性兑付”隐性担保下，中国经济体反复出现且矛盾日益尖锐的高额债务和监管失效问题。2012年2月，超日公司发布公告，预计年度净利润超8200万元，一周之后“11超日债”发行，受到热捧。随后，超日公司即发布业绩修正公告，预计年度亏损5800万元，业绩修改前后相差达1.42亿元。甚至“*ST超日”在2012年发行的“11超日债”并不具备实际发行条件：“11超日债”挂牌时间为2012年4月20日，按照深圳证券交易所的要求，最近三个会计年度应为2009年、2010年和2011年，但是按照“*ST超日”当时公告的最新的2011年利润数据，公司已经不符合利息保障倍数的要求，即便公司债已经发行成功，深圳证券交易所也应该停止“11超日债”的挂牌。但事实上，在“11超日债”真正的违约风险暴露出来之前，这当中欺诈发行、监管不严、治理失效等问题并没有引起相关部门和投资者的重视。虽然，目前“11超日债”已因为重整通过而得到全额偿付，但是2012年“11超日债”初始发行本是无担保的信用债，直至2013年1月在中信建投的要求下才追加了担保并采取相应担保措施，但这些抵押物能否真正兑现其实有着极大的不确定性。

法律对债券持有人权利的保护自有设计，即当公司破产时债券持有人相比股东享有优先受偿权，在同等条件下，债券持有人预期补偿将多于一般股东。因而，违约风险是到期日(maturity)以外影响债券收益的另一重要风险因素，也是债券投资者必须接受的客观事实。原本，债券违约与处理的逻辑链条可以表述为：法律设计债券交易规则与投资者保护条款→投资者认可并接受债券违约现象→根据债券评级信息进行风险判断并投资→自行承担债券违约的后果→依据法律规定解决债券违约问题。然而，在我国，政府过度干预债券市场和兜底债券违约的做法却在某种程度上扭曲了债券违约解决的本来逻辑，从“11超日债”事件的后续处理，表面来看虽然采取的是发行公司申请破产重组还债的方式，但是层层剥开重组“*ST 超日”的这些公司的股权结构则不难发现，这些帮助“*ST 超日”脱困的公司都有共同的“国有”背景，所谓“完美兑付”实际上仍是缘于政府“救火队”的角色扮演。也就是说，尽管构成实质违约的“11 超日债”被各路主张实现债券市场化、法治化的人士寄予厚望，但债市零违约的记录虽被打破但对于违约的处理仍然没有突破以往的模式，“11 超日债”最终还是延续了我国债券市场“刚性兑付”的一贯传统。

保护投资者固然是债券市场发展不可忽视的内容，但这种保护绝不是不讲原则，不能只看过度保护所带来的短期效应，合格的债券投资者的培育，应该是具备风险意识和自我保护能力的投资者(窦鹏娟，2016)。围绕“11 超日债”违约所暴露出来的是，长期以来，公开债券市场的刚性兑付预期使得投资者将收益率置于首位，而人为地忽视债券本身和其背后公司的经营风险，其后果是市场监管者与承销商、评级机构等中介机构都承担着隐性刚性兑付各种压力，这种信用风险的绑架扭曲了市场参与者的心态，大大弱化了市场信用风险定价能力。

3.3.3 金融市场发展评述

在经济发展过程中的每个阶段，都存在与其最优产业结构相适应的最优金融结构，不同的市场有不同的功能，能够满足不同经济主体投、融资与规避风险的不同需求，而中国金融内部结构的形成很大原因是长期“对内开放不足”造成的(林毅夫和孙希芳，2005)。随着银行业转型加速、债券市场发展提速，中国的金融体系也开始迅速地朝着“市场化”的方向迈进。

债券市场的发展扩大了企业的直接融资渠道，减少了对银行贷款的有效需求，为企业融资结构的改善创造了条件。然而，尽管直接融资有其自身优势，但它并不能取代银行体系。和一些主要依赖资本市场(也就是股票和债券市场)的发达国家金体系不同，我国银行体系在金融体系中保持了相当大的份额比重，并牢牢占据主导地位。有数据显示，截至 2013 年底，中国银行业的资产规模达到了 148.3 万亿人民币，占整个金融体系总资产规模 90%以上，超越美国而成为全球最大的银行体系。其中，四大国有银行则均居全球最大银行之列；金融体系其他业态，包括保险、证券、信托、基金等行业，资产规模分别是 8.28 万亿、2 万亿、0.38 万亿和 0.37 万亿元人民币，加在一起还不到中国金融体系资产总规模的 10%。

当然，银行体系自身也有其严重弱点，而公开直接融资市场可部分弥补银行体系的缺陷：①银行和借款人之间信息不对称所导致的银行体系脆弱性。银行资金来源的特征是期限性，且期限一般较短，而投资项目总是要有一定的投资周期才能实现资金回笼，因此，贷款期限就通常要更长一些。这种负债流动性相较资产流动性而言较差的存贷期限不对称性易使银行陷入估计不足的流动性困境，而流动性不足又会在整个银行体系迅速扩散，最终造成系统性风险。②银行与监管机构之间的信息不对称所导致的系统性风险累积。银行在整个市场经济中处于一种极为特殊的货币创造者的地位，流动性风险累积下，一家银行的倒闭可能会由于连锁反应而导致整个经济系统的崩溃。鉴于此，为保证金融体系的有效运行，每国政府的央行都会对本国的商业银行体系要求显性的（如存款保险制度）或隐含的担保（最后贷款人），并对此进行严格监管。现实中，由于监管实施中明显存在信息不对称问题，商业银行会因向央行提供担保而易产生败德行为，降低对贷款安全性的控制条件，反而更热衷于投资一些高风险项目；与此同时，信息的非公开性使外界很难正确估计银行那些非市场化贷款的真实价值，从而使监管失去效力，风险得以在金融体系中积累。随着风险在金融体系中的积累，央行和企业都需要新的可替代的流动性来源，公开信息的直接融资市场因其二级市场的交易连续性创造了很好的流动性来源，故可部分满足这种流动性需要，缓和金融体系风险。因此，虽然目前经济环境限制了直接融资的作用，但就直接融资与间接融资并存的这一格局对于我国经济的健康发展作用来看，仍是具有明显的积极意义的。此外，从公开市场债券特点来看，即使债券发行公司面临的信用违约风险、利率风险、流动性风险会导致其在一定期限内价格暴跌或丧失流动性，但债券市场是允许违约的，这对违约发生引致的市场震荡起到事先缓冲、消化的作用。虽然这可能会对市场参与者造成一定影响，但是将促进债券市场长期健康发展，从而有力地促进资源配置效率的提高。

3.4　本 章 小 结

首先，本章回顾了我国上市公司历史的、体制的原因下终极控制人产权控制路径形成原因，分析了终极控制人代理下的控制权私利侵害动机的存在和实现路径；其次，梳理了我国法治经济中权利人本位保护理念的制度演进，重点分析了 2007 年作为传统民法范畴财产法的《物权法》颁布实施所带来的权利人本位保护上的里程碑式的意义；最后，鉴于金融市场发展的内在规律与要求，梳理与分析了我国金融体系改革中债务融资当中的间接市场（银行体系）和直接市场（债券市场）的建设与发展历程，指出了从长远来看，深化银行业体制改革、催生市场化的风险定价体系、促进多层次的信用债市场发育、完善资本市场债权人保护机制等方面的重要意义。

第 4 章　债务融资行为的决策机理与博弈模型

4.1　控制权私利动因的理论模型

4.1.1　理论模型的初始设定

根据前文关于概念阐释、理论基础与制度分析的准备内容，首先，本书假定上市公司股权结构中“有且至少拥有一个终极控股股东，且通过优先投票权、金字塔股权结构或者交叉持股等复杂形式，实现现金流权与控制权的分离。设终极控制人持有公司现金流所有权比例为既定 α，通过复杂所有权模式掌握的控制权比例为 β”。此处，需要对存在隐含的强假设进行说明：终极控制代理下的上市公司管理者被设定为与终极控制利益一致行为人，即管理者要么是由终极控制人任命要么是由终极控制人直接担任，不存在股东-管理者利益冲突下的第一类代理问题。

设定上市公司总收益为 R，终极控制人谋取控制权私利而给公司造成的损失比例为 s，且与控制权比例 β 正相关，因此，终极控制人谋取并独享的控制权私利即为 βsR；存在外部监督的情况下，终极控制人须付出相应成本以转移控制权私利，此处参照 La Porta 等(2002)的做法，设定终极控制人私有收益转移成本率为 $C(k,s)=1/2(ks^2)$，其中，k 为外部投资者保护程度，终极控制人承担的谋取控制权私利的成本与控制权 β 正相关，则终极控制人需承担的谋取成本为 $\beta C(k,s)R$；综上，得到终极控制人谋取到的控制权私利净收益：$\beta sR-\beta C(k,s)R$。需特别说明的是，终极控制人私利成本函数 $C(k,s)=1/2(ks^2)$ 还具有以下三层含义：① $C'_k>0$，意味着终极控制人私利谋取成本会随着外部制度环境中投资者保护程度增强而增加；② $C''_{k,s}>0$，意味着当外部投资者保护制度较为完备时，终极控制人将面临更高的边际侵占成本；③ $C'_s>0$，$C''_{s,s}>0$，意味着当终极控制人的边际侵占成本＞0 时，终极控制人将面临利益侵占边际成本不断递增的情形。

4.1.2　两权分离与控制权私利动机

在后述 4.2.1 节的前提假设下，设定求取终极控制人收益最大化的目标函数为

$$\text{Max：}\alpha(1-s)R+\beta sR-\beta C(k,s)R \tag{4.1}$$

可以发现，目标函数与公司收益水平 R 无关，因而将式(4.1)简化为

$$U=\alpha(1-s)+s\beta-\beta C(k,s) \tag{4.2}$$

一阶求导后，可得

$$U_s=-\alpha+\beta-\beta C_s{}'(k,s)=0 \tag{4.3}$$

$$C_s{}'(k,s)=\frac{\beta-\alpha}{\beta} \tag{4.4}$$

同时，对前设假定中 $C(k,s)=1/2(ks^2)$ 一阶求导，可得

$$C_s'(k,s^*)=ks^* \tag{4.5}$$

因此，由式(4.4)和式(4.5)整理后，可得

$$s^*=\frac{1}{k}\left(\frac{\beta-\alpha}{\beta}\right)=\frac{1}{k}\left(1-\frac{\alpha}{\beta}\right) \tag{4.6}$$

从式(4.6)可知，若 $\beta=\alpha$，即终极控制人控制权与现金流权未发生分离，则最优掏空比例 $s^*=0$，即终极控制人会选择不侵害公司价值最大化的经营目标；若 $\beta>\alpha$，即终极控制人控制权与现金流权发生分离时，此时，最优掏空比例 $s^*>0$，终极控制人谋取控制权私利动机成立。

进一步地，假设两权分离度 $f=\beta-\alpha$，由式(4.6)可得

$$s^*=\frac{1}{k}\left(1-\frac{\alpha}{\beta}\right)=\frac{1}{k}\left(\frac{\beta-\alpha}{\beta}\right)=\frac{f}{k\times\beta}=\frac{1}{k}\left(\frac{f}{\alpha+f}\right) \tag{4.7}$$

当 k 固定、β 固定时对 f 求导，可得

$$s_f^{*\prime}=\left(\frac{f}{k\times\beta}\right)_f'=\frac{1}{k\times\beta}>0 \tag{4.8}$$

可知，控制权水平固定时，控制权私利水平与两权分离度正相关，且呈固定值斜率的直线关系。

当 k 固定、α 固定时对 f 求一阶及二阶导数，得

$$s_f^{*\prime}=\left[\frac{1}{k}\left(\frac{f}{\alpha+f}\right)\right]_f'=\frac{1}{k}\left(\frac{\alpha}{(\alpha+f)^2}\right)>0 \tag{4.9}$$

$$s_{ff}^{*\prime\prime}=\left[\frac{1}{k}\left(\frac{\alpha}{(\alpha+f)}\right)\right]_f'=-\left[\frac{1}{k}\left(\frac{2\alpha}{(\alpha+f)^3}\right)\right]<0 \tag{4.10}$$

由上述推导结果可以看出，终极控制人控制权私利的谋取水平与两权分离度正相关：两权分离度越大，终极控制人谋取到的控制权私利水平越高、控制权私利动机越强烈；进一步地，控制权水平固定时，两者呈直线正相关关系，而现金流权水平固定时，两者则呈边际速度递减的递增关系。

4.1.3 制度环境、两权分离与控制权私利水平

同样地，假设两权分离度 $f=\beta-\alpha$，由式(4.6)可得

$$s^*=\frac{1}{k}\left(\frac{\beta-\alpha}{\beta}\right)=\frac{f}{k\beta} \tag{4.11}$$

当 f 固定、β 固定时对 k 求一阶及二阶导数，得

$$s_k^{*\prime}=\left(\frac{f}{k\beta}\right)_k'=-\frac{f}{\beta k^2}<0 \tag{4.12}$$

$$s_{kk}^{*}{}'' = \left(-\frac{f}{\beta k^2}\right)_k' = \frac{2f}{\beta k^3} > 0 \tag{4.13}$$

可知，终极控制人私利水平与制度环境负相关，最优掏空比例 s^* 是制度环境完善程度 k 的向下凸函数。也就是说，终极控制人私利动机受外部制度环境的制约，制度环境越完善(外部治理越有效)，终极控制人私利动机越受到制约。

4.2　债务治理效力的理论模型

根据前文关于概念阐释、理论基础与制度分析的准备内容，结合债务契约的监督约束效力只有在外部完善的履约机制配合下，才能得到有效发挥(La Porta et al.，2002；谢德仁和陈运森，2009)的研究结论，参考 Vig(2013)做法，本节首先构建公司发生债务违约时，不同效力债务方式在不同外部履约机制下的债权人清算收益模型；进一步地，探讨了完善外部履约机制对强势债务治理效应的提升以及公司控制人在此基础上做出新的债务融资占优策略的作用机理。

4.2.1　理论模型的初始设定

图 4.1 给出了以时间轴方式演绎的理论模型的初始设定，含义是：假设在期初 t_0，公司从资本市场融入债务 F 用于新项目投资，内部控制人被设定为风险中性，且投资目标只为追求公司收益最大化。此外，存在“一旦违约即被完全清算”的强假设。也就是说，一旦发生债务违约，债务人重启与债权人谈判的可能性为零，且公司用于取得资本融入的所有担保项目将被完全清算，而并非部分清算。

在时点 t_1，公司获得现金流入 $\tilde{C}_1$，此时内部控制人面临的决策选择是“要么支付利息 R，要么选择违约”，且该时点的破产清算价值为 L_1；在时点末 t_2，公司获得的项目现金流入为 $\tilde{C}_2$，此时公司破产清算价值为 L_2。此外，无论违约与否，内部控制人都将获得私有收益 B。

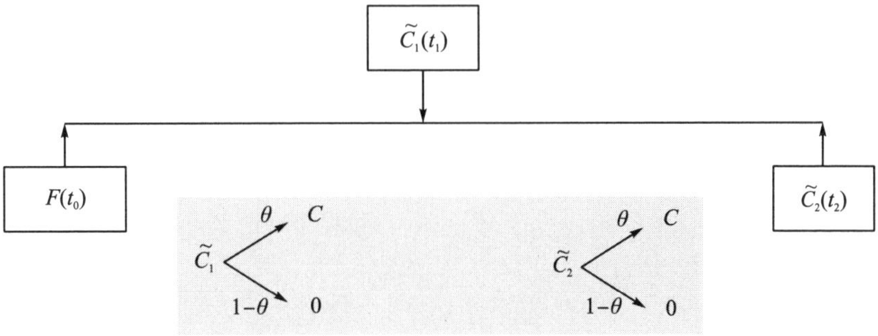

图 4.1　理论模型的初始设定

图 4.1 中，公司在期初 t_0 的投资规模 F 是既定值，由于清算过程中会发生大量“绝对损失”(deadweight costs)，因而认定债权人不能通过清算回收所有初始资本投入，即存在

$F>L_1>L_2$ 的前提假设。需要说明的是，$L_1>L_2$ 意味着在 $t_1 \sim t_2$ 的项目存续期内，由于存在破产清算程序的“时滞”而使公司控制人仍享有对担保资产的用益物权或处理权，导致项目资产清算价值的进一步损失。此外，在 t_1、t_2 时点的现金流入 $\tilde{C}_1$、$\tilde{C}_2$，能否成功实现，则无法保证，即 $\tilde{C}_1$、$\tilde{C}_2$ 代表的仅是管理层对现金流入的期望值。基于此，进一步假设：项目在 t_1、t_2 能够带来现金流入 C 的概率为 $\theta(0<\theta<1)$，而没有现金流入的概率为 $(1-\theta)$。

上述前提假设的具体含义是指：如果外部履约机制完善，那么在“公司一旦发生违约则立即被全部清算”的强假设下，公司若在时点 t_1 违约，即被全部清算，那么在时点 t_2，将不再会有现金流入；相反，如果外部履约机制缺失，即使公司在时点 t_1 违约的同时，债权人就提起清算执行请求，但由于制度缺失所造成的“程序时滞”，仍会使得公司内部控制人获得一个从 $t_1 \sim t_2$ 程序执行期间的“存续期”，在此期间，公司内部人仍拥有担保资产的全部使用权，甚至是部分处置权，直至期末实际清算日 t_2，并最终获得私有收益 B。

在以上前提假设的基础上，进一步阐述的合理性事实是：在时点 t_1，公司背负的还款压力为债务利息 R，如果 R 如期支付给债权人，那么公司存续经营至期末时点 t_2，公司内部人获得私有收益 B；如果在时点 t_1，R 不能被如约支付，那么债权人将通过外部履约机制推进公司破产清算的程序启动。一旦进入清算环节，外部履约机制的不同将直接影响信贷契约的执行效力，当履约机制较差时，从债务方式本身的监督约束效力看来，即使作为强势的债权人，也不得不承受从发起清算诉讼请求到实际获得清算权利的“程序时滞”所造成的担保物价值损失，更遑论监督约束效力原本就较为弱势的其他债权人；相反，如果外部履约机制完备，那么强势债权和弱势债权的事后求偿效力就将体现出巨大区别：强势债权可以更加善用债务契约中的各种限制性和惩罚性条款，强力监督和约束债务人，通过在违约时点 t_1 直接获取清算权利的机制，获得公司此时全部的清算价值 L_1，而弱势债权人则可能因为债务方式自身的较为薄弱的约束效力而无法享受到外部履约机制完善所来的“福利改进”。

进一步地，设定债权人在时点 t_1 求偿，因外部履约机制完善和缺失的影响不同，所获得的清算价值分别为 $\eta_h L_1$ 和 $\eta_l L_2$，η_h、η_l 分别代表外部制度完善、缺失情形下的债权清算价值回收比率。具体而言，η_h 意味着在外部履约机制完善的情形下，一旦发生债务违约，债权人在求偿次序占优的情形下，可以不需要经过冗长的申诉程序即可对担保资产进行破产清算，并因此获得全部清算收益；相反，η_l 则意味着在外部履约机制缺失的情况下，债权人清算收益会发生减损甚至得不到清偿，故存在 $0\leqslant\eta_l<\eta_h\leqslant 1$ 的隐含假定。为简便起见，模型设定中，将该条件简化为 $\eta_h=1$，$\eta_l=\beta$，$\beta\in[0,\ 1)$。

综上，在外部履约机制完善/缺失的情形下，将不同债务效力所带来的债权人清算收益的不同，在表 4.1 中进行了总结。

表 4.1　不同外部履约机制下不同债务效力的债权人清算收益

清算起点	外部履约机制缺失		外部履约机制完善	
	t_1	t_2	t_1	t_2
债务效力强势($\eta=\eta_h=1$)	L_2	0	L_1	L_2
债务效力弱势($\eta=\eta_l=\beta$)	βL_2	0	βL_2	0

基于以上前提假设和合理性事实，得到推导假设 1：$\theta C_2+\theta L_2 \geqslant F$。证明过程如下：

根据前提假设，将债务公司投资项目的约束条件设定为

$$C_1-R+B+L_2+C_2 \geqslant C_1+B \tag{4.14}$$

据此得到企业愿意支付的资金使用成本(利息)为

$$R \leqslant C_2+L_2 \tag{4.15}$$

因为竞争性信贷市场的存在，债权人愿意提供资金的约束条件为

$$\theta R+(1-\theta)\eta L_2=F \tag{4.16}$$

整理得

$$R=\left[F-(1-\theta)\eta L_2\right]/\theta \tag{4.17}$$

其中 $\eta\in[0,1]$，将其代入式(4.15)中，整理可得 $\theta C_2+\theta L_2 \geqslant F$，推导假设 1 得证。其经济学含义为：对以公司整体收益最大化为目标的内部控制人而言，若项目存续至期末时点 t_2，那么，由于最终收益大于期初投资规模，内部控制人将不会在 t_1 采取故意性质的债务违约决策。

进一步地，可得到推导假设 2：$B+\beta L_2 > L_1$。其经济学含义为：相比在时点 t_1 被直接执行清算，进入 $t_1\sim t_2$ 的“程序时滞”存续期后，司法审理所带来的时滞存续是有效的——内部控制人获得的最终收益($B+\beta L_2$)将足够大。

4.2.2　外部履约机制、债务治理效力与占优策略

在 4.2.1 节中所有理论模型初始设定成立的前提下，本节继续提出了公司控制人在不同外部履约环境下，对不同治理效力债务的融资决策命题，并数理证明之，过程如下：

命题 1：外部履约机制缺失时，更大程度地融入具有强势治理效力的债务是公司内部控制人的占优策略。证明过程如下：

外部履约机制缺失时(low)情形下，$\prod\limits_{\text{low}} s$、$\prod\limits_{\text{low}} w$ 分别代表公司进行强势治理效力的债务融资和弱势治理效力的债务融资后的项目投资收益总额①。

首先，强势债务情形下，项目投资收益设定如下：

$$\prod_{\text{low}} s=\theta(C_1-R+C_2+L_2)+B \tag{4.18}$$

资本市场竞争性的存在，使得债权人提供资金时要满足一定的如下约束：

$$\theta R+(1-\theta)L_2=F \tag{4.19}$$

① 4.2.1 节的推导假设 1 排除了公司控制人(无论是强势债务还是弱势债务)存在战略性违约的可能性。

将式(4.19)代入式(4.18)中，整理得

$$\prod_{low} s=\theta C_1+\theta C_2+L_2+B-F \tag{4.20}$$

其次，弱势债务情形下，项目投资收益设定如下：

$$\prod_{low} w=\theta(C_1-R+C_2+L_2)+B \tag{4.21}$$

同样地，竞争性资本市场中债权人提供资金时，要满足一定的约束条件：

$$\theta R+(1-\theta)\beta L_2=F \tag{4.22}$$

将式(4.22)代入式(4.21)中，整理得

$$\prod_{low} w=\theta C_1+\theta C_2+L_2+B-F-(1-\theta)(1-\beta)L_2 \tag{4.23}$$

由推导假设 1 和推导假设 2 可知，$(1-\theta)(1-\beta)L_2>0$ 成立，由此得证：$\prod_{low} s>\prod_{low} w$。其经济学含义为：外部履约机制缺失时，强势治理效力的债务融入是公司控制人决策债务融资方式的占优策略。这是因为，此时债权人求偿保护执行程序的烦琐、冗余，使得公司控制人可以利用“程序时滞”来侵害原属于强势债权人的期末清算收益，而弱势治理效应的债务方式因为不具备该优势而成为公司控制人债务配置时的次优选择。

命题 2：外部履约机制完善时，更大程度地融入弱势治理效力的债务是公司内部控制人的占优策略。证明过程如下：

外部履约机制完善(high)情形下，$\prod_{high} s$、$\prod_{high} w$ 分别代表企业进行强势治理效力的债务融资和弱势治理效力的债务融资后的项目投资收益总额。

首先，在弱势债务情形下，从已有推导假设和表 4.1 可知，外部制度环境是否完善实质上并没有对弱势债务的治理效力产生影响，因此其项目投资收益如下：

$$\prod_{high} w=\prod_{low} w=\theta C_1+\theta C_2+L_2+B-F-(1-\theta)(1-\beta)L_2 \tag{4.24}$$

其次，在强势债务情形下，项目投资收益设定如下：

$$\prod_{high} s=\theta(C-R+C_2+L_2+B) \tag{4.25}$$

此时，强势债权人愿意提供资金的约束条件为

$$\theta R+(1-\theta)L_1=F \tag{4.26}$$

将式(4.26)代入式(4.25)后，可得

$$\prod_{high} s=\left[\theta C+\theta C_2+L_2+B-F-(1-\theta)(1-\beta)L_2\right]-\left[(1-\theta)(B-L_1+\beta L_2)\right]$$

整理后可得

$$\prod_{high} s=\prod_{high} w-\left[(1-\theta)(B-L_1+\beta L_2)\right] \tag{4.27}$$

根据推导假设 2 可知，$(1-\theta)(B-L_1+\beta L_2)>0$ 成立，由此得证：$\prod_{high} s<\prod_{high} w$。其经济学含义为：外部履约机制完善时，在债务违约时点 t_1，强势债权人被赋予清算公司剩余价值的即时权利。清算进程的简便、有效使得内部控制人此时的收益损失大于原本“程序时滞”下的可获取收益。因此，公司控制人将减少强势治理效力的债务融入，转而选择弱势

治理效力的债务作为其债务融资时的占优策略。

此外，针对上述理论模型构建和命题提出，还有以下三点需要说明：①现实中，外部履约机制的完善，尤其是国家立法层面的法制改革，会对整个资本市场中的微观主体产生有效影响(没有不受强制性制约的微观经济体)。因此，当债务违约发生时，所谓“弱势债务”并不是简简单单地以“没有清算权利”为由，就拒绝承认弱势治理债务契约的有效性。现实中的大多数情况是，虽然清算不会马上被强制执行，但完善制度下的“正义程序”仍会将清算权利保留给弱势债权人(即不能同意不清算)。②理论模型当中对“不存在重新谈判可能性”的假设，其目的在于“明确同在外部履约机制较差情形下，强势债务与弱势债务在治理效力上的本质区别”，即“一旦企业发生债务违约，契约双方能够重新进行谈判”的前提无法成立，如果不做这个前提假设，就意味着债务重新谈判破裂后仍能够带来“积极影响”，那么在起始点 t_0，公司对强势债务还是弱势债务的融入选择就会有很大不同，即公司控制人在一开始就会表现出强势债务融资的配置倾向。③理论模型构建的另一个目的是——明确签订强势治理效力债务契约的债权人事后风险和隐性成本。显然，在外部履约机制完善后，债权人事后清算风险和成本的降低也会相应地降低债务人融资的“资格门槛”，由此，过去因信贷配给限制而无法获得贷款的一部分企业将获得新的融资资格，进而缓解其融资约束。

4.3　博弈均衡与结果分析

参照龚启辉等(2015)对“两类盈余管理管理之间部分替代”的模型构建方法，经过 4.1 节和 4.2 节的理论模型论证与数理分析后，拟在该节建立同时存在“外部履约环境”“控制人私利动因”及“债务治理效力”的三方博弈模型，并求解均衡结果。

4.3.1　博弈模型构建

如 4.2.1 节中所设，在一个存在终极控制人的公司中，作为财务决策者的终极控制人面对项目投资机会时，目标是追求自身控制权收益最大化(而非公司收益最大化)。期初 t_0，债务资本由债务治理效力强势 x 和债务治理效力弱势 y 所构成，总规模为 F。需要说明的是，此处隐含假设：对终极控制人而言，这两类债务都能带来控制权私利的攫取效用，且效用间具有完全替代性，并将债务效用函数表达为 $U(x, y)=U(x+y)$。根据一般效用理论，债务规模越大，效用越高，但效用的增速在下降，即边际效用为正($U'>0$)，但边际效用递减($U''<0$)。

根据 4.1 节和 4.2 节的论证可知，除债务资本所具有的利息成本外，由于或有损失、破产清算等也会形成特定的债务代理成本，而根据一般契约理论，债务治理越强势，债务企业违约的可能性越大，即边际债务代理成本递增。由此，假设治理效力不同的两类债务的违约成本存在差异，且设定强势债务和弱势债务的违约成本函数分别为 $C_1\left(x\right)=\frac{a}{2}x^2$ 和

$C_2(y)=\frac{b}{2}y^2$，其中，a 和 b 分别反映强势、弱势债务的治理效力强度，且 $0<a$，$0<b$。

此时，设定终极控制人的债务配置决策问题为

$$\text{Max}: U(x+y)-C_1(x)-C_2(y) \tag{4.28}$$

对式(4.28)求导，可得其一阶为

$$ax=U'(x+y) \tag{4.29}$$

$$by=U'(x+y) \tag{4.30}$$

式(4.29)和式(4.30)对 a 求导，可得

$$x+a\frac{\mathrm{d}x}{\mathrm{d}a}=U''(x+y)\left(\frac{\mathrm{d}x}{\mathrm{d}a}+\frac{\mathrm{d}y}{\mathrm{d}a}\right) \tag{4.31}$$

$$b\frac{\mathrm{d}y}{\mathrm{d}a}=U''(x+y)\left(\frac{\mathrm{d}x}{\mathrm{d}a}+\frac{\mathrm{d}y}{\mathrm{d}a}\right) \tag{4.32}$$

综合式(4.31)和式(4.32)，以及 $a>0$，$b>0$，$U''<0$ 的前提假设，整理可得

$$\frac{\mathrm{d}x}{\mathrm{d}a}=\frac{[U''(x+y)-b]x}{ab-(a+b)U''(x+y)}<0 \tag{4.33}$$

$$\frac{\mathrm{d}y}{\mathrm{d}a}=\frac{U''(x+y)x}{(a+b)U''(x+y)-ab}>0 \tag{4.34}$$

$$\frac{\mathrm{d}(x+y)}{\mathrm{d}a}=\frac{\frac{\mathrm{d}y}{\mathrm{d}a}b}{U''(x+y)}<0 \tag{4.35}$$

式(4.33)和式(4.34)表明，一旦外部履约机制完善，强势债务 x 的代理成本 a 得以提高，强势债务治理效力得以发挥。此时，由于债务间替代效应的存在，终极控制人会减少对 x 的融入，转而增加对债务 y 的融入。进一步地，从式(4.35)两类债务的总体融入来看，债务代理成本 a 的提高使得总量$(x+y)$下降。相反地，若债务代理成本 a 下降，则债务 x 的治理效力“由强转弱”，终极控制人会因此提高对 x 的融入，并降低对 y 的融入，且两类债务融资的融入总量$(x+y)$上升。

4.3.2　均衡结果分析

图 4.2 更为直观地说明了外部履约环境改善所带来的债务治理效力(代理成本)上升对终极控制下公司债务融资行为的影响。MU 是终极控制人债务融资的边际效用曲线，MC_1 是强势治理效力(代理成本高)的债务 x 的边际成本曲线，MC_2 是弱势治理效力(代理成本低)的债务 y 的边际成本曲线，MC 是总体债务$(x+y)$的边际成本曲线。根据 4.3.1 节的博弈模型假定，在初始均衡状态下，强势债务 x 和弱势债务 y 的边际成本相同，且等于总体债务$(x+y)$的边际效用，即 $MC_1=MC_2=MU$。

如图 4.2 所示，可以看到，随着外部制度环境的完善，强势债务 x 的代理成本上升，此时，边际成本曲线由 MC_1 变为 MC_1'，总体债务$(x+y)$的边际成本曲线也由 MC 变为 MC'，且均大于边际效用。在债务 x 和总债务$(x+y)$边际成本递增、边际效用递减的情形下，初始均衡被打破，终极控制人将重新调整其债务配置，通过降低强势债务和债务总量的方式

提高债务边际效用并降低边际成本，以达到新的边际效用等于边际成本的决策均衡。由此，具有强势治理效力的债务 x 的融入下降为 x'，而弱势治理效力的债务 y 随之上升为 y'，债务总量则由 $(x+y)$ 下降为 $(x'+y')$。

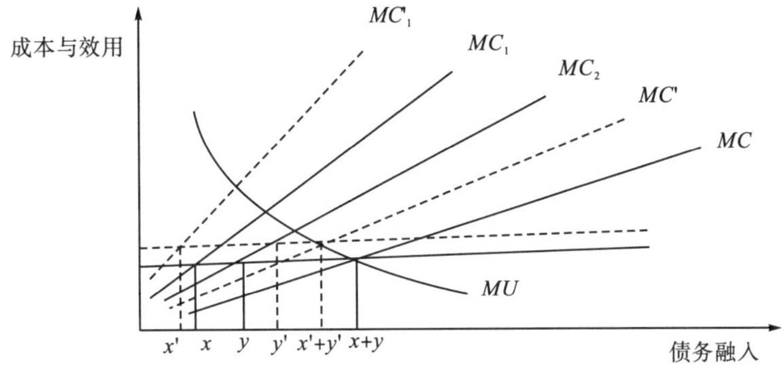

图 4.2　融资均衡决策：债务成本上升

类似地，图 4.3 直观地说明了强势债务融资成本下降所带来的债务融资配置决策问题。随着强势债务成本的下降，其边际成本曲线由 MC_1 变为 MC_1'。这样，强势治理效力债务的融入规模由 x 上升为 x'，弱势治理效力的债务融入由 y 下降为 y'，总的债务融资规模则由 $x+y$ 上升为 $(x'+y')$。

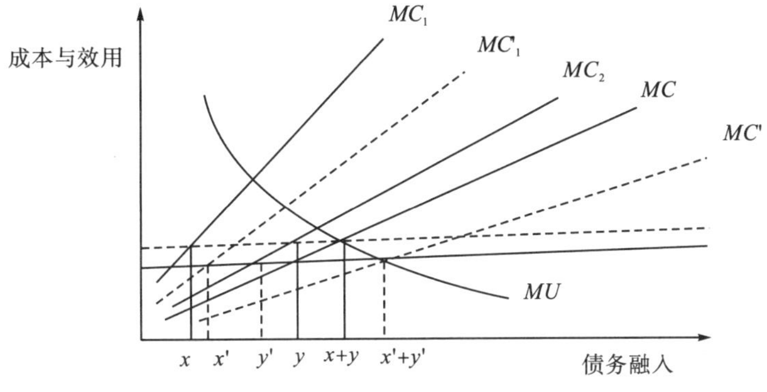

图 4.3　融资均衡决策：债务成本降低

4.4　本 章 小 结

本章试图在后续实证检验之前，先行构建一个受内部治理机制、外部履约环境以及债务治理效力共同影响的上市公司债务融资决策的理论模型，其目的不仅在于进行研究假设提出前的必要的机理探讨，而且还可将理论模型用于指导接下来的实证分析。

首先，从产权控制路径顶端的终极控制人现金流权-控制权分离的控制权配置角度，设定数理模型，论证两权分离下终极控制人谋取控制权私利动机的存在及外部制度环境对控制权私利动机治理效应的存在；其次，构建因债务效力不同而具有差异性的债权人清算收益模型，探讨外部履约机制完善与缺失情形影响二者关系的作用机理，继而提出“外部履约机制完善时，公司将减少强势治理效力的债务融入，转而选择弱势治理效力的债务作为其债务融资时的占优策略”，并数理证明之；最后，建立同时存在“外部履约环境”“控制人私利动因”及“债务治理效力”的三方博弈模型，以此推导公司财务实际决策者——终极控制人私利动因存在下，上市公司债务融资行为的均衡博弈结果：随着外部履约环境的完善，原本强势治理效力的债务代理成本上升，终极控制人在外部履约机制缺失时设定的债务融资决策的初始均衡将被打破。终极控制人通过降低强势债务融入和债务融资总量的方式，重新决策其债务融资行为，以达到新的决策均衡。

第 5 章　法制改革、终极控制与债务融资规模

5.1　理论分析与研究假设

有效的法律制度能够赋予债权人权利以保障合同执行、降低贷款风险、提升信贷资本配置效率。La Porta 等(1998)以跨国研究为基础的“法与金融”理论认为，对于资本市场债权人保护而言，如果力度过弱，那么一旦发生债务违约，债权人必然要将时间和精力耗费在债务条款执行上以实现事后求偿，这无疑会增加债权人的放贷风险进而影响其事前放贷意愿；相反，如果外部债权人保护力度较高，债权人借助“国家机器”行使求偿权利，将降低其契约执行成本，此时那些原本为防范事后违约风险而必须随债务契约关系的建立才能逐步获取到的债务人内部信息反倒变得没有那么重要了，债权人放贷意愿提升进而降低了企业获得债务融资资格的进入门槛，企业融资规模由此上升并实现社会福利水平的整体提升。事实上，越来越多的实证经验表明，债权人保护水平是信贷市场发展的一个重要决定因素，至少从长期来看的确如此(La Porta，1997，1998；Djankov et al.，2006)。

我国在 2007 年《物权法》颁布实施前，对债权人事后求偿权利的保护是沿用《担保法》的相关规定，例如，契约双方如果就违约处置达不成协议，由债权人先向人民法院提起诉讼，通过诉讼程序获得确定的胜诉判决，然后再向法院申请强制执行。该规定除了法律程序上的烦冗，更是在执行过程中容易受到各种不合理的行政力量的干预，即使债权人最终获得了相应的抵押物权，但经过一个漫长的司法诉讼过程后，抵押品价值也早已发生了价值损失，最终导致债权人的事后求偿权利得不到有效执行、受偿率过低。

相比而言，2007 年《物权法》颁布实施后，即在第一章第二条明确规定：“因物的归属和利用而产生的民事关系，适用本法。”而其中维护债权人权益的诸多条款降低了债权人的事后求偿风险，实现了债权人事后求偿程序上的“由繁化简”：首先，当一笔担保信贷不能按时归还时，即认定“此种拍卖申请的性质属于非讼事件，法院对当事人的申请仅进行形式上的审查，至于抵押权、被担保的债权是否存在等内容属于实体问题，法院不予审查。形式审查通过后，法院即可做出强制执行裁定。法院裁定就是债权人执行依据”；其次，“如果债务人或者抵押人对于抵押权以及被担保的债权是否存在等实体法律关系有异议，那么应当由债务人或抵押人提起诉讼，并支付相应的诉讼费用。”以上诸多规定意味着一旦发生债务违约，法院依法采取强制措施来保护担保契约的履行，给予债权人及时的事后补偿以降低因信息不对称而带来的债权人求偿成本，也意味着《物权法》实现了产权保护法制由原本的“亲债务人”向“亲债权人”的权利人本位保护的根本性转变。

法制改革后，债权人求偿能力的提升除了激励了债权人的事前放贷意愿，也会对债务需求方产生更为严格的债务控制和破产效应。控制效应是指债务融资所带来的固定还

本付息负担对企业实际控制人自由支配、使用资源时所造成的相关限制与制约。法制改革后，债权人求偿能力提升将大大增强债务融资的控制效应，表现为债务违约后企业的可支配资源的受限和流失。此外，关于企业破产清算方面的文献认为，提高债权人保护水平可能会带来企业债务融资规模的紧缩，原因在于债权人保护加强必然会更加完备债务双方缔结契约时的条款细则，企业的债务违约边界被"收紧"，增加了企业违约进而被破产清算的风险和概率，因而企业可能主动选择缩减债务借贷规模，也即，债权人保护水平的提升并不一定能够达到刺激资本市场发展的目的(Acharya and Subramanian，2009；Vig，2013)。

债务融资的控制效应和破产效应对终极控制人而言，从债务契约订立之初就形成了一种规避效应。韩亮亮和李凯(2007)研究发现，当终极控股股东拥有上市公司较高的控制权时，倾向于利用其控制力影响受控公司选择股权融资方式，形成较低的资产负债率；而当终极股东现金流权比例较低时，其承担的债务破产风险较小，债务融资偏好明显。该研究结论一方面支持了资本结构具有公司治理效应，另一方面证实了终极股东在资本结构决策中确实存在主动规避治理效应的动机和行为(肖作平和廖理，2012；Lin et al.，2013)。法制改革前，我国债权人保护较弱，虽然债务融资会在一定程度上限制终极控制人"隧道"转移公司资源的能力，但上市公司终极控制人对债务融资的规避效应并不明显；法制改革后，债权人(尤其是银行债权人)求偿能力大幅提升，此时债务融资所带来强势监管和求偿威胁会激发终极控制人的规避效应，且相比终极控制人两权分离度低的公司而言，终极控制人两权分离度高的上市公司受法制改革的影响更大。

首先，从债务融资的总体规模来看，公司债务规模越大、债权越集中，受到债权人监管的可能性越大。因此，法制改革后，债权人求偿保护对终极控制人规避效应的影响势必会表现在其对债务融资规模的缩减上。此时，相比两权分离低的上市公司而言，两权分离度高的终极控制人将更为积极主动地缩减债务融资规模以应对法制改革后的债权人强势监管和求偿威胁。基于此，提出研究假设 5.1。

假设 5.1：《物权法》实施后，债权人求偿保护将促使终极控制人两权分离度高的上市公司更大幅度地缩减其债务融资规模。

其次，一旦企业存在目标(最优)负债率，那么其实际债务融资规模就存在是否过度的情况(姜付秀等，2008；王志强和洪艺珣，2009；张会丽和陆正飞，2013；陆正飞等，2015)。因此，对上市公司债务融资规模合理性的考察还需要考虑公司实际负债率与目标负债率之间的偏离情况。

从短期来看，债务融资的确具有融资成本低、融资过程简单、税收优惠等种种优势，因此不失为一种企业可以经常使用以实现跳跃式发展和弯道超车的金融手段。此外，对我国企业而言，出于对经济和社会秩序的考虑，还存在政府出面帮助陷入财务危机企业渡过难关的现实情况。现实中，多数中国资本市场的投资者也都相信政府、监管者会为自己投资所面临的风险"买单"，而自己只需关注投资收益即可。这种"正面我赢，反面你输"的刚性兑付心理，无疑在很大程度上推动了上市公司债务融资激进的踊跃性。肖泽忠和邹宏(2008)就曾指出，由于政府隐性担保的存在，上市公司作为信贷关系形成过程中的"优质客户资源"，在面临财务危机时更可能得到政府资金的支持。也正是在这种情形下，上市公司应对财务危机的成本较低，控制负债率水平以避免未来财务危机成本的动机也较小，此时的过度负债更像是一种过度消费信贷信用以实现内部控制人自身利益的资金侵占行为。俞红海和徐龙炳(2010)的研究就曾发现，在利率管制的中国市场上，投资者法律保护不足及控股股东的存在导致公司过度债务融资，而法制环境改善、政府干预减少显著降低了过度债务融资规模及过度长期债务融资。因此，从债务融资规模是否过度的角度来看，法制改革后，我国政府发展市场经济、保障债权人利益经由法制化、正规化的“去隐性担保”的效果逐步显现。随着微观经济主体风险与收益之间的关系更加清晰，债权人与债务企业之间的权利和责任也更加明确，债务人按照信贷契约的规定，兑付“还本付息”义务的刚性加强，而违约被破产清算的风险也加剧，债务之于债务人，更大意义上地实现了其高悬头顶的“达摩克利斯之剑”的作用，法制改革对终极控制人规避效应的影响也势必会表现在其对过度负债规模的缩减上。因此，相比两权分离度低的上市公司，两权分离度高的终极控制人将更为积极主动地缩减过度负债规模以应对法制改革后的债权人强势监管和求偿威胁。基于此，提出研究假设 5.2。

假设 5.2：《物权法》实施后，债权人求偿保护将促使终极控制人两权分离度高的上市公司更大幅度地收缩其过度负债水平。

5.2　经验研究方法与研究设计

5.2.1　双重差分模型设定

双重差分(DID)模型同时控制了时间效应(time-specificeffect)和分组效应(group-specific effect)，以用于检验受到政策冲击实验组与未受政策影响控制组在实验前、后差异的变化情况。正因为可以有效解决公司财务领域普遍存在的内生性问题，近年来，DID 模型被越来越多的国内外文献所使用，以探究变量之间的因果关系(Vikrant，2013；肖浩和孔爱国，2014)。对我国企业而言，《物权法》实施所带来的债权人求偿能力提升在很大程度上是外生的，也为我们考察市场经济运行中“债权人保护如何影响本土企业债务融资决策”提供了一个难得的自然实验契机。

由于法制改革适用于市场内的所有经济主体，因而并不能简单地从适用对象或范围入手区别实验组与控制组。然而，终极控制下两权分离所导致的公司治理中第二类代理问题的存在，使得外部法制改革对内部终极控制人规避效应的影响程度不同。理论上来说，相比不存在两权分离的终极控制人而言，两权分离度高的终极控制人的规避效应更明显，债权人求偿保护对其债务融资决策的影响也更显著。基于此，按照终极控制人两权分离程度高低划分实验组(两权分离度高)和控制组(两权分离度低)，并在一个 DID 模型下，将这一自然实验表达为模型(5.1)：

$$Y_{ijt} = \delta \times D_t + \theta \times G_i + \mu \times D_t \times G_i + \varepsilon_{ijt} \tag{5.1}$$

其中，下标 i 表示公司，j 表示行业，t 表示年度；ε_{ijt} 表示随机扰动项。被解释变量 Y_{ijt} 代表公司层面的债务融资规模决策，其中债务总体规模分别以期末资产负债率(LEV)和有息债务规模(I-BLEV)来度量，而过度负债则分别以总债务过度水平(EX_LEV)和有息债务过度水平(EX_I-B)来度量。D_t 是法制改革前、后期的虚拟变量，《物权法》实施前年度，D_t 取 0；实施后年度，D_t 取 1。系数 δ 是控制组公司层面债务融资规模均值的差分，它通常被当作一个“反事实”的估计量(简泽等，2014)。G_i 为实验组虚拟变量，此处以终极控制人两权分离度高低为划分依据，两权分离度＞0，则公司 i 属于实验组，G_i 取 1；两权分离度=0，则 i 属于控制组，G_i 取 0。

由于实验组和控制组受到法制改革冲击存在实质性差异，因而交互项 $D_t \times G_i$ 的系数 μ 才是真正的 DID 估计量，它扣除其他事件的综合影响后(系数 δ)，度量了《物权法》实施带来的债权人保护对终极控制下的上市公司债务融资规模决策的“净影响”，也是本章研究的主要关注对象。

在自然实验中，对实验组和控制组的差异不能像受控实验那样严格，也不能像随机受控实验那样通过随机化来解决实验组和控制组的差异问题(简泽等，2014)，因此，实验组和控制组之间除债权人求偿保护以外的差异仍可能引起 μ 的偏误。基于此，在基本 DID 模型的基础上，继续引入一系列控制变量来控制实验组和控制组差异以消除或降低 μ 的偏误，具体而言，包括：①加入 α_t 和 β_j，分别控制行业固定效应(Industry Fixed Effect)和年度固定效应(Year Fixed Effect)；②控制企业自身固定效应 γ_i(Firm Fixed Effect)和会导致遗漏变量误差的企业层面的控制变量 X_{ijt}，包括公司规模(SIZE)、盈利能力(ROA)、固定资产比率(FATA)、行业均值(IND_LEV)、成长机会(GROWTH)、股权制衡(SINDEX)、第一大股东持股(SHRCR)、经营风险(RISK)、市场价值(TOBINQ)等；③控制宏观层面会对企业债务融资产生影响的其他变量 Z_t，包括公司注册地所在省份(Province Fixed Effect)、信贷总量(LOANQUO)和股市表现(STOCKM)。最终，得到模型(5.2)如下：

$$Y_{ijt} = \delta \times D_t + \theta \times G_i + \mu \times D_t \times G_i + \alpha_t + \beta_j + \gamma_i + \omega \times X_{ijt} + \sigma \times Z_t + \varepsilon_{ijt} \tag{5.2}$$

5.2.2　指标选取与变量定义

这里主要对被解释变量当中的负债过度水平的度量方法进行解释。已有大量文献证实，长期视角下公司过度负债水平就等于“实际资产负债率减去回归所得的目标负债率”，其中“回归所得的目标负债率”是由公司特征、行业以及宏观因素等决定，因而国内外主流研究大多采用“资产负债率对其主要影响因素进行回归”的方法，计算目标资产负债率(Uysal，2011；Denis and Mckeon，2012；张会丽和陆正飞，2013；陆正飞等，2015)。在回归取得目标负债率的过程中，考虑到我国股票市场下市场负债率噪声较大，故本书只采用“账面负债率”来衡量企业的实际资产负债率(Chang et al.，2014；陆正飞等，2015)。此外，本书对目标负债率回归影响因素的选取主要依据 Chang 等(2014)借鉴 Murray 和 Goyal(2009)贝叶斯信息准则(Bayesian information criterion，BIC)研究方法，所发现的影响中国上市公司资产负债率的几个稳定而可靠的影响因素，包括公司规模(SIZE)、行业负债率中位数(IND_LEV)、资产增长率(GROWTH)、固定资产比率(FATA)、盈利能力(ROA)、国有性质(SOE)和第一大股东持股比例(SHRCR)。需要指出的是，如前文分析所言，本书以两权分离下终极控制人的私有收益为研究的逻辑起点，因产权性质不同而造成的私有收益性质差异事实上是被涵盖其中的，因而，此处将国有性质(SOE)替换为两权分离度(DIVER)①。

综上，设定模型(5.3)对样本分年度进行 Tobit 回归，计算公司目标负债率：

$$\begin{aligned}\mathrm{ELEV}_{i,t} = \beta_0 + \beta_1\mathrm{DIVER}_{i,t-1} + \beta_2\mathrm{SIZE}_{i,t-1} + \beta_3\mathrm{IND\_LEV}_{i,t-1} + \beta_4\mathrm{FATA}_{i,t-1} \\ + \beta_5\mathrm{ROA}_{i,t-1} + \beta_6\mathrm{GROWTH}_{i,t-1} + \beta_7\mathrm{SHRCR}_{i,t-1}\end{aligned} \tag{5.3}$$

通过模型(5.3)计算得到目标负债率后，再用实际负债率减去预测所得目标负债率即为公司的过度资产负债率(EX_LEV)，该指标值越大，意味着长期角度下上市公司过度负债水平越高。同样地，在将模型(5.3)中的 $\mathrm{ELEV}_{i,t}$ 替换为 $\mathrm{EI\text{-}BLEV}_{i,t}$，$\mathrm{IND\_LEV}_{i,t\text{-}1}$ 替换为 $\mathrm{IND\_I\text{-}BLEV}_{i,t\text{-}1}$ 后，重复计算过程，可得有息债务过度水平的度量变量 EX_I-B，该指标值越大，意味着长期角度下上市公司有息债务的过度水平越高。此外，在稳健性检验中，设定虚拟变量 EX_LEV_DUM 为衡量企业是否过度负债的虚拟变量，当 EX_LEV>1 时，EX_LEV_DUM 其值取 1，否则，取 0。类似地，本书还针对有息债务(I-BLEV)，通过将模型(5.3)中行业负债率的中位数替换为(IND_I-B)得到有息债务过度水平(EX_I-B)以及衡量有息债务是否过度的虚拟变量(EX_I-B_DUM)。

模型(5.1)和模型(5.2)中所涉及的其他控制变量的选取和定义方法，在表 5.1 中进行了详细说明与报告：

表 5.1　变量定义及度量方法

变量名称	变量标识	变量度量
		债务融资规模
债务总体规模	LEV	期末总负债/总资产
有息债务规模	I-BLEV	期末(短期借款+一年内到期的非流动负债+非流动负债合计)/总资产
总体过度水平	EX_LEV	LEV 减去根据模型(5.3)计算所得的目标资产负债率
有息债务过度水平	EX_I-B	I-BLEV 减去根据模型(5.3)计算所得的目标有息债务率
		分组变量
是否两权分离	G_i	虚拟变量，若上市公司终极控制人两权分离度>0，其值取 1，否则取 0
		分段变量
法制改革	D_t	《物权法》实施后年度取 1(2009～2012 年)，实施之前取 0(2004～2007 年)
		控制变量
公司规模	SIZE	期末总资产的自然对数
行业负债率中位数	IND_LEV	行业 LEV 的年度均值
行业有息负债率中位数	IND_I-B	行业 I-BLEV 的年度均值
成长机会	GROWTH	(期末总资产−期初总资产)/期初总资产
固定资产比率	FATA	期末固定资产净额/期末总资产
盈利能力	ROA	期末营业利润/期末总资产

① 参照陆正飞等(2015)的做法，在模型(5.3)中控制两权分离度(DIVER)，假设了全样本中过度负债的均值为 0，而根据终极控制人是否存在的分组样本的过度负债均值并不一定为 0。这一假设的合理性在于：终极控制人可能因两权分离不同而对债务融资规模存在主动选择动机，且债权人在提供债务资本时并不会关注债务在不同两权分离度内企业间的平衡。

续表

变量名称	变量标识	变量度量
第一大股东持股	SHRCR	直接控股股东持股比例
股权制衡	SINDEX	第二大股东至第十大股东持股比例之和
市场价值	TOBINQ	期末市场价值/期末资产账面价值
经营风险	RISK	第(t-2)年到第 t 年的 ROA 标准差
所在省份	Province Fixed Effect	除台湾、香港、澳门外的中国 31 个省(自治区、直辖市)
信贷总量	LOANQUO	期末金融机构人民币贷款总额的自然对数①
股市表现	STOCKM	如果公司在上海证券交易所上市交易，STOCKM 取上证综合 A 股指数(SHINDEX)的年收益率；如果在深圳证券交易所上市交易，则 TOCKM 取深证成分指数(SZINDEX)的年收益率
行业	IND	虚拟变量，按 2001 年《证监会行业代码与分类》，共分为 21 个行业

5.2.3　样本选择与描述性统计

《物权法》的颁布与实施是对资本市场内的全部微观主体产生影响，因此，本书选取沪、深两市所有 A 股上市公司为原始样本。在以《物权法》颁布实施的自然实验中，选取法制改革前 2004～2007 年和法制改革后 2009～2012 年作为样本期。之所以选取 2004 年为起点，是因为直到 2004 年中国大部分上市公司才披露公司与实际控制人之间的产权和控制关系，而由于 2004 年年报中会对前一年的相关数据进行补充报告，所以仍可以获取 2003 年的实际控制人数据，由于对过度负债水平的回归部分，需要前一年数据对目标资产负债率进行回归拟合，因此将样本起点定为 2004 年。此外，已有大量研究表明，2008 年金融危机之后，我国政府出台的一系列拉动内需政策推动了本土企业投资的增长，这意味着，与控制组相比较，实验组中企业债务融资规模的缩减也可能源于金融危机之后的投资缩减效应。因此，在研究设计上必须先控制投资缩减效应，才能准确考察债权人保护法制改革对企业债务融资规模的影响，排除金融危机冲击所造成的影响。基于此，我们排除了 2008 年样本，将法制改革后的样本起点定为 2009 年。此外，出于对《物权法》颁布实施的前、后时间段上研究设计的匹配考虑，将样本期截至 2012 年。

综上，本章在剔除了金融保险类、ST(PT)和数据缺失的公司后，最终获得了 12298 个有效观测值。其中，实验组 5627 个，控制组 6671 个，观测值比例约为 1∶1.18。在数据处理过程中，为剔除异常值的影响，通过样本观察，对连续性财务数据进行了(1%，99%)水平的 Winsorize 处理。数据来源包括 CSMAR 数据库和 Wind 数据库。统计软件采用 Excel 2016 和 Stata 13.0。

表 5.2 报告了全样本以及法制改革前、后分组样本的描述性统计结果。可以看到，代表总体负债规模的变量 LEV 在总样本、法制改革前分样本、法制改革后分样本中，均值分别为 0.4881、0.5370 和 0.4549；同样地，代表有息债务规模的 I-BLEV 的总样本中均值为 0.2092，法制改革后分样本均值也是由法制改革之前 0.2545 下降为 0.1786。以上结果

① 央行信贷配给政策主要通过控制金融机构贷款总量来实现，而信贷配给的松紧程度制约了上市公司的债务融资能力。

意味着法制改革后，上市公司的债务融资规模出现明显下降。代表负债过度水平的整体过度水平 EX_LEV 和有息债务过度水平 EX_I-B 的总样本均值为 0.0084 和 0.0194 的情况来看，从长期角度而言，上市公司存在略微的负债过度情形，同时，结合 EX_LEV 法制改革前的均值 0.0462 减小到法制改革后的均值-0.0172 以及 EX_I-B 由法制改革前的均值 0.0517 缩减为法制改革后的均值-0.0024 的情况来看，意味着，上市公司在法制改革后的实际债务融资规模在向目标负债率水平“靠拢”，过度负债情况得到了一定程度上的“修正”。

表 5.2　描述性统计结果

变量	总样本			法制改革后			法制改革前		
	样本量	均值	标准差	样本量	均值	标准差	样本量	均值	标准差
LEV	12298	0.4881	0.2610	7330	0.4549	0.2560	4968	0.5370	0.2540
I-BLEV	12298	0.2092	0.1720	7330	0.1786	0.1640	4968	0.2545	0.1710
EX_LEV	12298	0.0084	0.2290	7330	−0.0172	0.2270	4968	0.0462	0.2230
EX_I-B	12298	0.0194	0.1540	7330	−0.0024	0.1480	4968	0.0517	0.1600
IND_LEV	12298	0.5310	1.0100	7330	0.5210	0.8990	4968	0.5490	1.2010
IND_I-B	12298	0.2110	0.5140	7330	0.2090	0.4580	4968	0.2160	0.6110
DIVER	12298	0.0549	0.0802	7330	0.0524	0.0786	4968	0.0599	0.0832
SHRCR	12298	0.3809	0.1588	7330	0.3772	0.1579	4968	0.3883	0.1605
SINDEX	12298	0.2115	0.1370	7330	21.7600	0.1374	4968	19.9300	0.1353
SIZE	12298	21.5000	1.2100	7330	21.6100	1.2460	4968	21.2800	1.1020
GROWTH	12298	0.1520	0.4270	7330	0.1540	0.4550	4968	0.1480	0.3640
FATA	12298	0.2270	0.1820	7330	0.1890	0.1690	4968	0.3040	0.1840
ROA	12298	0.0363	0.0704	7330	0.0419	0.0632	4968	0.0251	0.0819
RISK	12298	0.0391	0.0858	7330	0.0360	0.0795	4968	0.0454	0.0968
TOBINQ	12298	1.9150	1.6800	7330	2.0520	1.7110	4968	1.6400	1.5790
LOANQUO	12298	12.9100	0.4870	7330	13.2300	0.1980	4968	12.2700	0.1490
STOCKM	12298	1.2760	1.0760	7330	1.4090	0.7700	4968	1.0110	1.4770

5.3　实证结果与分析

5.3.1　初步差分统计

表 5.3 报告了在模型(5.1)这一简单 DID 框架下，《物权法》实施对终极控制下上市公司债务融资规模的影响差异。

Panel I 报告了债务融资总体规模 LEV 的情况，可以看到，法制改革后控制组均值规模下降了 0.0917，而实验组债务规模均值下降了 0.1015，意味着与受法制改革冲击较小的控制组相比，受冲击较大的实验组的债务融资总体规模下降幅度更大(DID 值为-0.0098，在 10%水平上显著)；Panel II 报告了有息债务规模 I-BLEV 的情况，同样可以看到，控制组均值下降了 0.0689 的同时，实验组均值下降了 0.0797，即相较 LEV 而言，I-BLEV 受法制改革影响的程度更大(DID 值为-0.0108，在 1%水平上显著)。以上结果意味着，《物权法》实施后，相比于不存在终极控制人两权分离度的公司，终极控制人存在两权分离度情况的上市公司更为积极、主动地缩减了债务融资规模(尤其是有息债务规模)。

Panel III 报告了以变量 EX_LEV 度量整体负债过度水平时的情况，可以看到，法制改革后实验组过度负债的均值水平下降了 0.0688，而控制组均值水平仅下降了 0.0596(DID 值为-0.0092，在 10%水平上显著)；Panel IV 报告了有息债务过度水平 EX_I-B 的结果，可以看到，EX_I-B 实验组的均值下降了 0.0654，而同时控制组只下降了 0.0447，即相比于 EX_LEV 而言，EX_I-B 变化情况更明显(DID 值为-0.0207，在 1%水平上显著)。以上结果意味着，《物权法》实施后，相比不存在两权分离的终极控制人而言，两权分离下的终极控制人更为积极、主动地“收敛”了债务融资的过度水平，尤其是有息债务的过度水平。

表 5.3　主要测试变量的初步差分结果

	法制改革前	法制改革后	Diff(DID 值)	样本量
		Panel Ⅰ：LEV		
控制组	0.5099*** (0.0043)	0.4182*** (0.0037)	-0.0917*** (0.0057)	6671
实验组	0.5515*** (0.0057)	0.4500*** (0.0045)	-0.1015*** (0.0073)	5627
Diff(DID 值)			-0.0098* (0.0090)	
		Panel Ⅱ：I-BLEV		
控制组	0.2466*** (0.0031)	0.1777*** (0.0026)	-0.0689*** (0.0041)	6671
实验组	0.2614*** (0.0037)	0.1817*** (0.0028)	-0.0797*** (0.0046)	5627
Diff(DID 值)			-0.0108*** (0.0060)	
		Panel Ⅲ：EX_LEV		
控制组	0.0366*** (0.0040)	-0.0230*** (0.0034)	-0.0596*** (0.0053)	6671
实验组	0.0577*** (0.0051)	-0.0111*** (0.0043)	-0.0688*** (0.0066)	5627
Diff(DID 值)			-0.0092* (0.0080)	
		Panel Ⅳ：EX_I-B		
控制组	0.0442*** (0.0030)	-0.0005*** (0.0024)	-0.0447*** (0.0038)	6671
实验组	0.0606*** (0.0035)	-0.0048*** (0.0026)	-0.0654*** (0.0044)	5627
Diff(DID 值)			-0.0207*** (0.0060)	

注：Diff=mean(法制改革后)-mean(法制改革前)。表中括号内的数字为标准误，***、**和*分别表示在 1%、5%和 10%显著性水平上统计显著。

5.3.2　法制改革、终极控制与债务融资规模

表 5.4 报告了以模型(5.2)为基础，逐步加入控制变量后的 DID 回归结果，实施过程及分析结果如下。

首先，以债务融资总体规模 LEV 作为被解释变量时，在 A1 中控制了年度和行业固定效应，此时主要观察对象交互项 $D_t \times G_i$ 系数为-0.0176，在 5%统计水平上显著；A2 在 A1 基础上，控制了公司自身固定效应(Firm Fixed Effect)，并引入了一系列公司层面控制变量，包括公司规模(SIZE)、行业中位数(IND_LEV)、固定资产比率(FATA)、成长性(GROWTH)、第一大股东持股比例(SHRCR)、股权制衡(SINDEX)、盈利能力(ROA)以及市场价值(TOBINQ)。可以看到，主要观察变量 $D_t \times G_i$ 回归系数仍显著为负(-0.0155，5%显著性水平)；进一步地，A3 在 A2 的基础上，引入了宏观层面的控制变量，包括公司注册地所在省份(Province Fixed Effect)、信贷总量(LOANQUO)和股市表现(STOCKM)。此时，$D_t \times G_i$ 系数为-0.0157，仍在 10%统计性水平上显著。

其次，以有息债务规模 I-BLEV 为研究变量，重复上述 A1、A2 以及 A3 的实验过程，发现回归结果中主要观察对象 $D_t \times G_i$ 的系数均在 1%统计水平上为显著为负，且相较 LEV 作为被解释变量时的系数回归的绝对值更大，其值分别为-0.0213、-0.0215 和-0.0229。

值得注意的是，从控制组和实验组的分组变量 G_i 来看，其回归系数均保持在 1%水平上显著为正，意味着终极控制下两权分离度的存在使得上市公司更为依赖治理方式较弱的债务融资这一资本融入方式，佐证了本书关于“上市公司终极控制人的存在会使得公司价值最大化的决策目标发生偏离”的逻辑起点。此外，D_t 作为法制改革前、后两期的分段变量，其系数的回归含义是控制组公司层面债务融资规模的均值差分，从表 5.4 来看，其回归系数存在较大程度的波动：首先，在以 LEV 为研究变量的回归中，A1、A2 中，D_t 系数均在 1%水平上显著为负，但在 A3 中，引入宏观层面控制变量后，D_t 系数变为正值(0.0068)且仅在 10%水平上显著。本书对此提出可能的解释在于：以 2007 年为分界点的《物权法》的颁布实施所带来的债权人求偿能力的提升，在仅控制公司和行业层面变量时，会导致上市公司在法制改革后发生债务融资总体规模的缩减；但从上市公司的整体融资环境来看，2007 年以来我国公开债券市场的蓬勃发展，为上市公司提供了通过直接融资(公开资本市场)“替换”传统债务渠道(主要指银行)的可能和可行渠道，因而，在加入相关控制变量后(尤其是股市表现度量指标 STOCKM 后)，D_t 系数发生了“由负转正”的结果转变，这也意味着，相比银行债权人的强势监管和求偿威胁，公开债券市场上的债权人由于债权分散、单个持债比例小等原因，很难对上市公司形成有效的外部债权监管，因而上市公司为规避监管，很有可能通过债务融资渠道上的“偷梁换柱”来实现“债务融资规模的不降反升”。针对这点可能的解释，本书将在后续第 7 章中展开对上市公司采用公开资本市场融资的进一步的研究。

表 5.4 的以上回归结果意味着，假设 5.1 得证，即《物权法》实施后，与不存在两权分离的终极控制人相比，两权分离下的终极控制人受法制改革的影响更大：为规避债权人

保护提升所带来的债权人强势监管和求偿威胁，存在终极控制人的上市公司将更大幅度地缩减债务融资规模(尤其是有息债务规模)。

表 5.4　法制改革、终极控制与债务融资规模

变量	LEV			I-BLEV		
	A1	A2	A3	A1	A2	A3
常数项	0.5540*** (0.0121)	−0.5720*** (0.0693)	0.7010** (0.3227)	0.2740*** (0.0078)	−0.1800*** (0.0544)	0.0612 (0.2103)
D_t	−0.1080*** (0.0093)	−0.0959*** (0.0080)	0.0680* (0.0392)	−0.1015*** (0.0060)	−0.0647*** (0.0060)	−0.0662 (0.0056)
$D_t \times G_i$	−0.0176** (0.0083)	−0.0155** (0.0086)	−0.0157* (0.0086)	−0.0213*** (0.0054)	−0.0215*** (0.0064)	−0.0229*** (0.0064)
G_i	0.0456*** (0.0068)	0.0304*** (0.0079)	0.0291*** (0.0079)	0.0249*** (0.0044)	0.0228*** (0.0063)	0.0232*** (0.0062)
SIZE		0.0562*** (0.0031)	0.0549*** (0.0033)		0.0228*** (0.0025)	0.0238*** (0.0025)
IND_LEV (IND_I-B)		−0.0023*** (0.0011)	−0.0032** (0.0014)		−0.0054 (0.0038)	−0.0084*** (0.0022)
FATA		0.0915*** (0.0197)	0.0803*** (0.0198)		0.1917*** (0.0160)	0.1888*** (0.0159)
GROWTH		1.0309*** (0.0676)	0.0182*** (0.0055)		0.0148*** (0.0034)	0.0142*** (0.0034)
SHRCR		−0.0018*** (0.0002)	−0.0017*** (0.0002)		−0.0010*** (0.0001)	−0.0010*** (0.0002)
SINDEX		−0.0021*** (0.0002)	−0.0019*** (0.0002)		−0.0001*** (0.0002)	−0.0010*** (0.0002)
ROA		−1.1221*** (0.0625)	−1.1118*** (0.0617)		−0.6564*** (0.0334)	−0.6525*** (0.0002)
RISK		1.031*** (0.0676)	1.0047*** (0.0657)		0.2392*** (0.0365)	0.2323** (0.0359)
TOBINQ		−0.0145*** (0.0003)	−0.0125*** (0.0031)		−0.0192*** (0.0015)	−0.0182** (0.0015)
LOANQUO			0.0981*** (0.2672)			−0.0200 (0.0170)
STOCKM			−0.0297*** (0.0055)			−0.0040 (0.0039)
Firm Fixed Effect	NO	YES	YES	NO	YES	YES
Industry Fixed Effect	YES	YES	YES	YES	YES	YES
Year Fixed Effect	YES	YES	YES	YES	YES	YES
Province Fixed Effect	NO	NO	YES	NO	NO	YES
样本数	12298	12298	12298	12298	12298	12298
拟合优度 R^2	0.1206	0.3521	0.3670	0.1574	0.3861	0.3982

注：表中括号内的数字为标准误，***、**和*分别表示在 1%、5%和 10%显著性水平上统计显著。

5.3.3　法制改革、终极控制与过度负债水平

进一步地，表 5.5 报告了模型(5.2)以 EX_LEV 和 EX_I-B 为测试变量时的 DID 回归结果。实施过程类似 5.4.2 节，此处就不一一赘述。可以看到，不论是以 EX_LEV 还是 EX_I-B 为测试变量，主要观察对象 $D_t \times G_i$ 回归系数均显著为负，且相比 EX_LEV，EX_I-B 回归系数的绝对值更大、显著性水平更高(−0.0246、−0.0221、−0.0239，均在 1%统计水平上显著)。

表 5.5 的以上结果表明，假设 5.2 得证，即《物权法》实施后，与不存在两权分离的终极控制人相比，两权分离下的终极控制人将更大程度地缩减其过度负债水平。随着法治经济建设的推进，债务融资的风险性慢慢凸显。债权人保护提升所带来的债权人强势监管和求偿威胁，在使终极控制人加强对违约风险的预防和控制的同时，也遏制了其“恶意消费”债务资本的过度融资水平，因此，为规避法制改革后，两权分离下的终极控制人将更大幅度地“收敛”上市公司的过度负债水平。

表 5.5　法制改革、终极控制与过度负债水平

变量	EX_LEV			EX_I-B		
	B1	B2	B3	B1	B2	B3
常数项	0.0828*** (0.0110)	−0.4354*** (0.0712)	0.5731** (0.3645)	0.1057*** (0.0075)	0.3274*** (0.0571)	−1.1273*** (0.2692)
D_t	−0.1071*** (0.0085)	−0.1018*** (0.0082)	0.0258 (0.0424)	−0.0710*** (0.0058)	−0.0580*** (0.0063)	−0.2290*** (0.0316)
$D_t \times G_i$	−0.0153** (0.0076)	−0.0138* (0.0087)	−0.0149* (0.0088)	−0.0246** (0.0052)	−0.0221*** (0.0066)	−0.0239*** (0.0066)
G_i	0.0208*** (0.0063)	0.0125 (0.0081)	0.0115 (0.0082)	0.0165*** (0.0043)	0.0141** (0.0065)	0.0149** (0.0064)
SIZE		0.0245*** (0.0032)	0.0251*** (0.0033)		−0.0092*** (0.0026)	−0.0075*** (0.0026)
IND_LEV (IND_LOAN)		0.0008 (0.0010)	−0.0003 (0.0014)		0.0008 (0.0040)	−0.0022 (0.0025)
FATA		−0.0158 (0.0195)	−0.02399 (0.0196)		−0.0352** (0.0167)	−0.0350** (0.0166)
GROWTH		0.0560*** (0.0065)	0.0561*** (0.0064)		0.0496*** (0.0044)	0.0494*** (0.0044)
SHRCR		−0.0000 (0.0002)	−0.0000 (0.0002)		−0.0000 (0.0002)	0.0000 (0.0002)
SINDEX		−0.0012*** (0.0002)	−0.0012*** (0.0003)		−0.0004** (0.0002)	−0.0005*** (0.0002)
ROA		−0.6539*** (0.0612)	−0.6592*** (0.0604)		−0.4055*** (0.0324)	−0.4110*** (0.0319)
RISK		0.6277*** (0.0638)	0.6113*** (0.0618)		0.0108 (0.0364)	0.0083 (0.0358)
TOBINQ		−0.0017 (0.0003)	−0.0005 (0.0032)		−0.0126*** (0.0017)	−0.0011*** (0.0016)

续表

变量	EX_LEV			EX_I-B		
	B1	B2	B3	B1	B2	B3
LOANQUO			−0.8065*** (0.0302)			0.1189*** (0.0219)
STOCKM			−0.0154*** (0.0055)			0.0034 (0.0041)
Firm Fixed Effect	NO	YES	YES	NO	YES	YES
Industry Fixed Effect	YES	YES	YES	YES	YES	YES
Year Fixed Effect	YES	YES	YES	YES	YES	YES
Province Fixed Effect	NO	NO	YES	NO	NO	YES
样本数	12298	12298	12298	12298	12298	12298
拟合优度 R^2	0.0977	0.2368	0.2552	0.0830	0.1523	0.1688

注：表中括号内的数字为标准误，***、**和*分别表示在 1%、5%和 10%显著性水平上统计显著。

5.4　稳健性检验

为保证研究结论的可靠性，本节还进行了如下的一系列稳健性测试。

首先，在样本选择上：①一些重要的研究表明，2008 年金融危机之后，我国政府为拉动内需所出台的一系列经济刺激政策是有其产业针对性和导向性的，企业所属行业特征决定了这类企业会受到较大程度的政府扶持和补贴，并有可能因此而整体上呈现债务融资总体规模(过度水平)的大幅波动。基于以上考虑，在以 2009～2012 年样本选择的基础上，进一步地去掉基建行业后，重复主体实验过程，回归结果稳健；②鉴于公司上市当年的资产负债结构可能存在的异常情况，以主体样本为基础，删除了当年 IPO 的公司后，重复实证过程，结果稳健；③为保证终极控制人拥有对上市公司债务融资决策的绝对控制权，去掉了样本中终极控制人控制权不足 20%的样本，并以余下样本设置实验组，重复回归过程后发现，除以 LEV 为债务融资规模回归显著性有所下降外，其他主要研究变量回归结果稳健。

其次，在度量指标与方法选取上：①如 5.3.2 节所述，设定虚拟变量 EX_LEV_DUM 为衡量企业是否过度负债的虚拟变量，当 EX_LEV>1 时，EX_LEV_DUM 值取 1，否则，取 0。类似地，本书还针对有息债务(I-BLEV)，通过将模型(5.3)中行业负债率的中位数替换为(IND_I-B)得到有息债务过度水平(EX_I-B)以及衡量有息债务是否过度的虚拟变量(EX_I-B_DUM)，重复回归过程后，结果稳健；②模型(5.3)中采用公司总负债(有息债务)占总资产比例 LEV(I-BLEV)衡量资产负债率，更多的是从债务所带来的代理成本角度考虑负债，无法反映企业短期内是否具有债务违约风险(Myers，1984；Jensen and Meckling，1976；Rajan and Zingales，1995)；另一些研究(Aghion and Bolton，1992)更多地将负债率视为企业在财务危机时控制权从股东转向利益相关者或债务人的一种途径，这时对于企业而言，更重要的问题在于是否具有定期偿还能力，那么更恰当的指标就是利息覆盖率(Rajan and Zingales，1995；Faulkender and Petersen，2006)。当利息覆盖率过低，企业盈利不足以支付利息时，企业具有债务违约风险，从短期及静态角度看，这也属于过度负债。

因此，参照陆正飞等(2015)设置过低利息覆盖率指标 EXINTR，计算公式为“未计利息、税项、折旧及摊销前的利润”/“利息支出”。之后生成利息覆盖率指标的虚拟变量 EXINTR_DUM，当 EXINTR 值小于 1 时，EXINTR_DUM 取 1，表示短期角度下企业存在过度负债，否则取 0。再以 EXINTR_DUM 为被解释变量，对重复主体部分进行回归后发现，主要研究变量的回归结果均稳健。③对文中涉及的主要测试变量变换其他度量方法进行稳健性测试，重复正文主体实验过程后，结果仍稳健。④考虑到 LEV 和 I-BLEV 在数据结构上存在左侧 0 断点的情况，在以二者为测试变量的回归中采用 Tobit 回归方法，结果仍稳健。

5.5　本 章 小 结

本章在 2007 年《物权法》颁布实施的这一自然实验框架下，以上市公司终极控制人是否存在现金流权与控制权的两权分离作为划分实验组和控制组的依据，采用 DID 方法，实证检验了法制改革所带来的债权人保护冲击对上市公司终极控制人债务融资规模和过度负债水平的影响。实证检验的结果发现，相比于受法制改革冲击较小的不存在两权分离的终极控制人而言，受法制改革冲击较大的两权分离下的终极控股人更大幅度地缩减了公司的债务融资规模(尤其是有息债务规模)；进一步地发现，法制改革后，两权分离下的终极控制人将更大程度地收缩了其公司过度负债水平。以上研究结果表明：法制改革后，债权人保护，尤其是事后求偿能力的提升，有助于监督约束的债务治理效力作用的强势发挥。由此，两权分离下终极控制人在进行债务融资规模决策时，会从自身的规避动机以及对债务违约风险预防和控制的角度出发，缩减上市公司的债务融资规模和过度负债水平。

第 6 章　法治金融、终极控制与债务期限结构

6.1　理论分析与研究假设

6.1.1　求偿保护、终极控制与债务期限结构

已有不少学者研究发现，如果法律体系能够很好地实现债权人保护，那么银行体系发展越好，企业特别是中小企业获得的银行贷款越多(Beck et al.，2004)，债权人越倾向于为企业提供期限较长的信贷资本(Mitton，2008)。2007 年《物权法》颁布实施之前，“亲债务人保护”的法制倾向和薄弱的契约履行机制环境下，债权人事后求偿权利得不到有效执行、受偿率过低，信贷市场的信用基础被破坏。上市公司终极控制人违规占用信贷资金等债务违约行为，很难得到及时、有效的惩罚，即便银行选择不再续贷，债务治理的控制权转移机制也因外部履约机制的缺失而无法有效实现，很难对上市公司构成真正意义上的清算威胁和破产控制，进一步地削弱了短期贷款应有的强势治理效力。此时，短期债务不但没有强化终极控制人所面临的外部治理压力，反而成了满足或掩盖终极控制人牟取控制权私有收益的融资工具(方媛，2013)。资本市场逆向选择的存在，使得控制权私利动机下的终极控制人对银行短期信贷存在着“恶意消费”下的“短视效应”，即在面对投资机会时，不论其实际质量如何，终极控制人都将最大化地调动公司融资潜力到当期。这当中，由于长期债务受银行债权人资本投向监管，因此在公司经营现金流再生能力不足、外部融资依赖程度增加时，终极控制人将通过持续新增短期借款来维系运营，并以此满足自身为获取控制权收益而占有更多可支配资金的欲望，银行债务期限短期化由此成为上市公司债务期限结构的“占优”选择(戴璐和汤谷良，2007)。因此，可以说，法制改革前我国上市公司债务期限结构中所存在银行信贷短期化现象并不是单纯的银行债权人对外部保护机制缺失的“替代”选择，而是更多地是由终极控制人牟取私有收益侵占动机下的“银行短期债务治理失效”所引致。

正如前文分析所言，2007 年《物权法》的制定和实施，明确了权利人本位保护由“亲债务人”向“亲债权人”的根本性转变，债权人事后求偿程序“由繁化简”、抵押登记、有条件转让等法律规定，很大程度上保障了债务违约发生之后外部履约机制作用的发挥。此时，债务企业不得再随意转让抵押物，而债权人亦可依法采取强制措施来保护担保契约的履行，债权人因信息不对称和程序执行烦琐而带来的事后求偿成本将大幅降低。法制改革后，外部履约机制的完善很大程度上保障了债权人求偿权利的可实现性，也大大增强了银行短期债务的清算权利和相应抵押资本控制权转移的威胁效应，即原本治理强势的短期债务在履约机制完善的情形下，将更好地发挥监督约束效力，并由此提升终极控制人的掠夺风险和掠夺成本。

根据前文 4.4.1 节和 4.4.2 节的博弈分析可知，外部履约机制完善情形下，短期债务强势治理效力的发挥将破坏终极控制人原本的银行信贷短期化“占优策略”，进而在新的制度环境下调整债务期限结构。其具体表现为：法制改革后，短期债务融资所带来强势监管和求偿威胁“刺激”了终极控制人对短期债务的规避效应，且相比于不存在两权分离的终极控制人而言，两权分离下终极控制人的银行债务短期化私利动机受法制改革的冲击更大，因此将更大程度地缩减原本的银行短期债务；进一步地，法制改革后，银行债权人在“国家机器”程序保障下，极大地降低长期债务契约的执行成本和求偿风险，此时，“长贷高利”的资本逐利性使得银行向上市公司供给长期债务的意愿提升，上市公司获得长期债务融资资格的“门槛”下降，终极控制人原长期债务的融资需求也由此得到 “满足”。

基于以上分析，提出并列假设 6.1a 和假设 6.1b。

假设 6.1a：《物权法》实施后，外部履约机制的提升将促使终极控制人两权分离度高的上市公司更大程度地缩减了银行短期债务占比。

假设 6.1b：《物权法》实施后，外部履约机制的提升将促使终极控制人两权分离度高的上市公司更大程度地扩张银行长期债务占比。

6.1.2 银行竞争、终极控制与债务期限结构

银行债权人监管效力的发挥除了受其固有属性影响外，很大程度上还受银行竞争环境好坏的影响。我国国内也有很多学者以各省(区、市)间不同的区域金融发展为框架背景，探讨了金融发展对银行信贷行为的影响。其中，不少研究学者的研究都认为，地区金融生态和信贷资产质量高度正相关(黄国平和刘煜辉，2007)，有利于金融效率的提高(徐诺金，2005)，有助于培育公开、透明的金融市场环境(沈红波等，2011)。对这一结论的主要解释是，金融发展可以通过改善银行与借款企业之间的信息不对称，解决银行搜集信息、监督和事后违约等成本较高等问题，有利于声誉机制功能的发挥，抑制企业的逆向选择与道德风险问题(沈红波等，2011)，有助于发挥融资性负债的治理效应(谢德仁和陈运森，2009)。孙铮等(2005)的研究也表明，市场化程度高的地区公司长期债务比例较低，并认为在这些地区政府放松了对企业和银行的控制，但由于缺乏完善的司法体系保护债权人的利益，“短债长借”就成为一种银行债权人为保证自身利益而采取的一种可能的替代机制。此外，这当中还存在一个决策的内生性问题，那就是，内部控制人并不会选择一个有损于自身利益的债务期限结构，当内部人有权做出财务决策的控制权时，本身就形成了一种代理问题(Demsetz，1983)。

以上研究对于本书理解金融发展这一制度因素对企业债务融资的作用具有重要意义，但是这些研究在单方面地强调银行竞争提升了银行债务治理效力的同时，却忽略了银行竞争环境不但决定了银行对交易伙伴的可选择性及对欺骗行为惩罚的可能性，也决定了企业对风险的偏好水平，以及由此引致的代理成本高低(Keeley，1990)。譬如，在信贷市场上，如果只有一家银行，没有其他竞争者对手，那么银行对债务企业实施惩罚的可能性就非常大，银行信贷对债务企业内部人风险偏好的约束效力和治理效应接近无限大；相反，如果只有一家企业，而银行之间又是完全竞争情形，那么银行无疑才是这场博弈中的“弱势群

体”，即便外部履约机制再完善，银行对企业违约实施惩罚的可能性接近无限小，单个银行的债务治理也因此失效。因此，要更好地理解企业债务融资期限结构的配置，还必须从银行竞争体系和实体经济两个方面入手(张成思和刘贯春，2016)。

一方面，银行作为营利性的经营主体，主要通过以下两方面创造价值：一是提供金融产品和服务，收取相应的服务费用；二是充当金融中介，经营风险并获取风险收益。假定资本成本相同的情况下，银行提供的产品/服务质量越好、风险控制水平越高，则经营绩效越高。虽然加入 WTO 使得我国银行业市场化经营的竞争态势加剧，但改革开放以来很长一段时间内，银行信贷资金价格是受到政府严格管制的，债务融资成本呈现相对刚性①，无法灵活运用价格杠杆的商业银行在当下宏观管理体制下，信贷资本投放压力增加，面临着阶段性流动性过剩问题。此时，相对风险控制而言，银行竞争为银行经营所带来的放贷压力的影响可能更为明显，程建伟(2007)的研究就曾指出，在商业化改革逐步加强之后，风险防范的现实需求使得国内银行采取了融资歧视政策，对长期贷款的审查相对严格，对短期贷款却仍较为宽松。也就是说，银行业间的竞争加剧非但不会提升其短期债务治理效力，相反，会因为争夺优质客户资源而造成短期债务效力的实际下降(Cordella and Yeyati，1998；戴璐和汤谷良，2007)，尤其是面对上市公司这种“优质客户”时，单个银行债务尤其是短期债务的治理效力必将受到更大程度的影响(刘星等，2015)。

另一方面，我国转型经济中的市场环境与发达市场条件相比尚存在很多特殊性，例如，政府特别是地方政府对经济活动和资源配置的行政干预仍广泛存在(巴曙松等，2005)。银行对政府保护的预期，制约了信贷供给效率的提升，其中一个常见的现象就是地方政府通过干预银行的信贷决策，为辖区内的重点支柱型企业提供优惠(王秀丽等，2014)。这种政府干预活动的最主要问题就在于，地方政府的介入破坏了银行与企业之间基于各自经济效率最大化基础上的自由信贷契约，政府基于晋升博弈的政治目标导向(周黎安，2007)，推动重点支柱型企业不断地进行新增产能投资，甚至产生长期的重复建设问题。此时，在银行竞争的加剧并没有形成银行业完全竞争市场的情况下，银行在追求规模扩张的过程中，往往忽略了内部治理问题，内部管理较为混乱，风险控制意识较为薄弱，甚至可能因为行业竞争加剧而为争夺和留住客户，产生信贷“胁从效应”，主动放松对债务企业的资格审查或减少契约中的限制性条款(Shi et al.，2001；Hoffman，2006)。在这种情况下，不健全的竞争加剧，导致银行可能为获取地方政府的支持资源、巩固在行业竞争中的地位而“沦为”政府“买单工具”，以满足政府在大量传统行业、国有企业和地方政府融资平台等方面的融资需求。2014 年，“中诚信信托事件”背后所折射出来的就是这类型事件②的典型思路：山西振富能源公司作为当地的影响力较大的重点企业，因为得到山西省政府支持，大张旗鼓地进行了一轮又一轮的产能扩张，最终因为无法应对快速变化的市场环境，“尾大不掉”导致破产；而中国工商银行山西分行作为振富能源公司的最终担保人，不得不为此“埋单”，损失惨重。事实上，振富能源公司在真正陷入经营困境之前，已经暴露

① 2013 年，在推行近二十年的利率市场化进程后，银行业改革终于迎来了发展史上的“里程碑”，中国人民银行正式宣布自 7 月 20 日起全面放开金融机构贷款利率管制，包括取消贷款利率 7 折下限等。

② 类似的案例还有很多，十分具有代表性的还有曾经风光无限的无锡尚德太阳能电力有限公司和江西赛维太阳能高科技有限公司，在当地政府的鼓励和担保支持下，进行了大量的新增产能投资，并最终资不抵债。

出很长一段时间的财务危机了，但政府干预和“隐性担保”的融资环境导致银行债务无法发挥其真正的治理效力。

综上可知，信贷制度环境的上述特征对上市公司终极控制人的债务期限融资偏好将产生深远影响：刚性监管下发展不健全的银行业竞争，制约了短期债务强势治理效力的发挥，降低了上市公司实际负担的财务困境成本的同时，也“刺激了”终极控制人为牟取控制权私利将取得的银行短期信贷持续用于低效益或利益侵占的决策动机。这表现为上市公司短期债务融资需求弹性被放大，特别是终极控制下两权分离度高的上市公司，将借助短期贷款滚动融资需求，既达到“短贷长借”控制融资成本、规避融资约束的目的，又便于通过资金占用的方式获得控制权私有收益。

基于以上分析，本书认为在金融市场发展不健全的情形下，银行竞争的加剧反倒弱化了短期债务强势治理效应的发挥，弱化了终极控制人对银行短期债务的规避效应。由此，提出研究假设 6.2。

假设 6.2：银行竞争加剧弱化了银行短期债务治理效力，终极控制人规避动机减弱并导致银行短期债务占比的上升。

6.2　经验研究方法与研究设计

6.2.1　模型设定与变量定义

类似于 5.3.1 节，本节在考察 2007 年《物权法》颁布实施对终极控制下上市公司债务期限结构的影响时，考虑到《物权法》实施所带来的短期银行债务治理效力和求偿能力的提升，在很大程度上是外生的。因此，研究设计上仍将采用 DID 模型(Vig，2013；肖浩和孔爱国，2014)，同时控制时间效应(《物权法》实施前、后)和分组效应(终极控制人是否两权分离)后，建立模型(6.1)，用以检验研究假设 6.1a 和假设 6.1b：

$$Y_{ijt}=\delta\times D_t+\theta\times G_i+\mu\times D_t\times G_i+\alpha_t+\beta_j+\gamma_i+\omega\times X_{ijt}+\sigma\times Z_t+\varepsilon_{ijt} \tag{6.1}$$

其中，被解释变量 Y_{ijt} 代表公司层面的银行债务期限结构，主要采用资产负债表法(肖作平，2011)，分别以短期借款比重(SHORTTERM)和长期借款比重(LONGTERM)来衡量。交互项 $D_t\times G_i$ 的系数 μ 作为真正的 DID 估计量，扣除了其他事件的综合影响后(系数 δ)，度量了《物权法》实施带来的求偿保护对两权分离下终极控制人债务期限调整决策的“净影响”，也是研究的主要关注对象。D_t 是法制改革前、后两期的虚拟变量；《物权法》实施前年度(2004～2007 年)，D_t 取 0；实施后年度(2009～2012 年)，D_t 取 1；其系数 δ 是控制组公司层面债务期限均值的差分，通常被当作一个“反事实”的估计量(简泽等，2014)；G_i 为实验组虚拟变量，此处以终极控制人两权分离度高低为划分依据，两权分离度＞0，则公司 i 属于实验组，G_i 取 1，两权分离度=0，则 i 属于控制组，G_i 取 0。

此外，为考察银行业竞争对银行短期债务治理效力是否存在显著的弱化效应，继续建立如下模型(6.2)对假设 6.2 进行检验：

$$\begin{aligned}\text{SHORTTERM} = {} & \phi_1 \times \text{DIVER\_DUM} + \phi_2 \times \text{DIVER\_DUM} \times \text{COMP\_DUM} + \phi_3 \times \text{COMP\_DUM} \\ & + \phi_4 \text{SIZE} + \phi_5 \text{IDN\_LOAN} + \phi_6 \text{FATA} + \phi_7 \text{GROWTH} + \phi_8 \text{SHRCR} + \phi_9 \text{SINDEX} \\ & + \phi_9 \text{ROA} + \phi_9 \text{RISK} + \phi_{10} \text{TOBINQ} + \phi_{11} \text{LOANQUO} + \phi_{12} \text{STOCKM} + \phi_{13} \text{IND} \\ & + \phi_{14} \text{YEAR} + \varepsilon_{ijt}\end{aligned} \tag{6.2}$$

由于各大跨省经营的全国性银行的分支机构被禁止跨地区经营，上市公司通常从其所在省市的银行获得贷款，所以信贷市场得以形成分省竞争的格局。余明桂和潘红波(2008)对上市公司抽样调查也发现，绝大多数公司的银行贷款是来自其所在地的国有商业银行。据此，解释变量银行竞争(COMP)将采用赫芬达尔指数 HHI 的倒数来表示。赫芬达尔指数 HHI 一般用来计算行业集中程度，计算公式 $\text{HHI}_j=\sum\left(\frac{\text{LOAN}_{i,j}}{\text{LOAN}_j}\right)^2$，其中，$\text{LOAN}_{i,j}$ 表示 j 地区 i 银行的贷款数量，LOAN_j 表示 j 地区的贷款总量，这里银行竞争表示为各地区四大国有银行贷款占当地贷款总量百分比的平方和。HHI 取值范围为 0～1，该值越大，表示当地银行业集中程度越高。为方便结果观测，将 HHI 取倒数之后，生成本书银行竞争度量指标 COMP。

此外，考虑到样本的分布特征，进一步地进行了主要度量指标的如下处理：首先，将终极控制人两权分离度 DIVER 按是否大于 0 生成虚拟变量 DIVER_DUM，即 DIVER＞0，DIVER_DUM 取 1，否则取 0；其次，将 COMP 按年度中位数高低，生成虚拟变量 COMP_DUM，即 COMP 大于当年银行竞争度的中位数，则 COMP_DUM 取 1，否则取 0；最后，生成交互项 DIVER_DUM×COMP_DUM。

最后，模型(6.1)和模型(6.2)中所引入的一系列控制变量与第 5 章研究设计部分类似，包括：①年度固定效应 α_t 和行业固定效应 β_j；②公司自身固定效应 γ_i 以及其他可能导致遗漏变量误差的公司层面控制变量 X_{ijt}，如公司规模(SIZE)、年度行业中位数(IND_LOAN)、固定资产比率(FATA)、盈利能力(ROA)、成长机会(GROWTH)、第一大股东持股(SHRCR)、股权制衡(SINDEX)、经营风险(RISK)、市场价值(TOBINQ)；③宏观层面会对企业债务融资产生影响的其他变量 Z_t，包括信贷总量(LOANQUO)、区域经济(LNGDP)及股市表现(STOCKM)。本章所涉及变量的选取和定义方法，在表 6.1 中进行了详细说明与报告。

表 6.1　变量定义及度量方法

变量名称	变量标识	变量度量
		债务期限结构
短期借款比重	SHORTERM	期末短期借款/(流动负债+长期负债)
长期借款比重	LONGTERM	期末长期借款/(流动负债+长期负债)
银行竞争	COMP	取前述计算所得地区银行业集中度赫芬达尔指数 HHI 的倒数
银行竞争高低指数	COMP_DUM	虚拟变量，若 COMP 大于年度中位数，则取值为 1，否则取 0
		分组变量
是否两权分离	G_i	虚拟变量，若 DIVER>0，其值取 1，否则取 0

续表

变量名称	变量标识	变量度量
		分段变量
法制改革	D_t	《物权法》实施后年度取 1(2009～2012 年)，实施之前取 0(2004～2007 年)
		其他变量
两权分离度	DIVER	终极控制人控制权与其现金流权之差
公司规模	SIZE	期末总资产的自然对数
年度-行业水平	IND_LOAN	行业 LOAN 的年度均值
成长机会	GROWTH	(期末总资产-期初总资产)/期初总资产
固定资产比率	FATA	期末固定资产净额/期末总资产
盈利能力	ROA	期末营业利润/期末总资产
第一大股东持股	SHRCR	直接控股股东持股比例
股权制衡	SINDEX	第二大股东至第十大股东持股比例之和
市场价值	TOBINQ	期末市场价值/期末资产账面价值
经营风险	RISK	第 $(t-2)$ 年到第 t 年的 ROA 标准差
所在省份	PRO	除台湾地区、香港、澳门外的中国 31 个省(自治区、直辖市)
信贷总量	LOANQUO	期末金融机构人民币贷款总额的自然对数
区域经济	LNGDP	各地区 $(GDP_t-GDP_{t-1})/GDP_{t-1}$
股市表现	STOCKM	如果公司在上海证券交易所上市交易，STOCKM 取上证综合指数(SHINDEX)的年收益率；如果在深圳证券交易所上市交易，则 STOCKM 取深证成分指数(SZINDEX)的年收益率
行业	IND	虚拟变量，按 2001 年《证监会行业代码与分类》，共分为 21 个行业

6.2.2　样本选择与描述性统计

《物权法》的颁布与实施是对资本市场内的全部微观主体产生影响，因此本章同样选取沪、深两市所有 A 股上市公司为原始样本，之后剔除了金融保险类、ST(PT)和数据缺失公司样本。数据处理过程中，为剔除异常值影响，对主要变量包括控制变量均在(1%，99%)水平上进行了 Winsorize 处理。数据来源包括 CSMAR 数据库、Wind 数据库。统计软件采用 Excel 2016 和 Stata 13.0。

首先，为检验模型(6.1)而进行样本 I 的选择。法制改革前 2004～2007 四年样本期、法制改革后 2009～2012 四年样本期。之所以选取 2004 年为起点，除了与第 5 章当中类似的关于终极控制人数据获取考虑，还因为 2004 年，中国人民银行首度开始实践“贷款利率管下限、存款利率管上限”的管理政策，贷款取消封顶，下浮为基准利率的 0.9 倍，存款利率下不设限，而在 2003 年之前银行定价权浮动范围只限 30%以内。据此，本书仍将样本区间的起点设置在 2004 年。同样，考虑到金融危机影响，2008 年国内开始采取大幅度的财政刺激政策和宽松的信贷政策，这些非常时期的政策会严重地干扰银行的信贷决策，进而影响银行竞争与上市公司借款期限结构间的关系，为此，参照已有研究的做法，删除 2008 年样本。此外，对 2012 年截止样本期的选取，同样是出于考虑对 DID 前、后时间段上的严格匹配和行业分类上的有效对应。最终样本 I 获得了 13477 个有效观测值。其中，实验组 6071 个，控制组 7406 个，观测值比例约为 1∶1.22。

其次，为检验模型(6.2)而进行样本 II 的选取。首先将起点定为《物权法》实施之后，外部履约机制普遍提升的情形下，同样考虑到金融危机影响，2008 年国内开始采取大幅度的财政刺激政策和宽松的信贷政策，这些非常时期的政策会严重地干扰银行的信贷决策，进而影响银行竞争与上市公司借款期限结构间的关系，为此删除 2008 年样本；此外，中国人民银行正式宣布，自 2013 年 7 月 20 日全面放开国内金融机构贷款利率管制(包括取消贷款利率 7 折下限等)。这一利率市场化中"里程碑"式意义规定的出台，意味着我国银行信贷成本"刚性"限制取消的同时，也势必会对银行竞争格局产生冲击性的影响。据此，将样本 II 截至 2012 年。综上，样本 II 区间为 2009～2012 年，最终获得了 8200 个有效观测值。

表 6.2 报告了样本 I 及其控制组和实验组的测试变量的描述性统计结果[①]。可以看到，样本 I 中短期债务占比 SHORTTERM 均值 0.2631(中位数 0.2378)远大于长期债务占比 LONGTERM 均值 0.0934(中位数 0.0049)。从样本 I 实验组和控制组的分组统计结果来看，短期债务占比 SHORTTERM 在终极控制人不存在两权分离控制组(G=0)中均值为 0.2559(中位数 0.2310)，小于终极控制人存在两权分离实验组(G=1)的均值 0.02719(中位数 0.2492)；而从长期债务占比 LONGTERM 来看，情况则正好相反，控制组均值 0.0997(中位数 0.0060)高于实验组均值 0.0858(中位数 0.0035)。以上结果说明，上市公司银行债务存在明显的短期化倾向，且存在控制权与现金流权分离的终极控制人表现出更加明显短期债务偏好倾向。

表 6.2 样本 I 及其分组的测试变量描述性统计

			样本 I			
变量	样本量	均值	中位数	标准差	最小值	最大值
SHORTTERM	13477	0.2631	0.2378	0.2237	0.0000	0.8126
LONGTERM	13477	0.0934	0.0049	0.1499	0.0000	0.6575
			控制组(G=0)			
SHORTTERM	7406	0.2559	0.2310	0.2217	0.0000	0.8126
LONGTERM	7406	0.0997	0.0060	0.1578	0.0000	0.6575
			实验组(G=1)			
SHORTTERM	6071	0.2719	0.2492	0.2260	0.0000	0.8126
LONGTERM	6071	0.0858	0.0035	0.1393	0.0000	0.6575

注：为剔除异常值影响，本书针对公司层面的连续性变量进行了(1%，99%)水平的 Winsorize 处理。

表 6.3 报告了样本 II 中各变量的描述性统计结果。可以看到，在物权法颁布实施后的 2009～2012 年间，上市公司债务结构中的银行短期债务占比 SHORTTERM 均值为 0.2239(中位数 0.1746)，相比样本 I 中均值 0.2631(中位数 0.2378)，短期债务占比均值下

① 需要说明的是，由于样本 I 与第 5 章中样本整体大致相同，故此处略去了对控制变量的重复报告。

降了将近0.04(中位数下降了近0.06)，某种程度上意味着《物权法》颁布实施对银行短期债务治理效应提升的影响作用。

此外，从银行竞争指标COMP均值5.0886(中位数4.8711)以及COMP_DUM均值0.4741(中位数为0.0000)的情况，也可以看出，整体上而言，我国银行业竞争存在集中度过高、竞争性不足的特点，且对比COMP最大值11.3840和最小值1.0703之间巨大的差异，进一步说明了我国银行业竞争存在严重的区域性差异，甚至有的地区仍近乎处于完全垄断竞争状态。

表6.3　样本II中各变量的描述性统计

变量	样本量	均值	中位数	标准差	最小值	最大值
SHORTTERM	8200	0.2239	0.1746	0.2202	0.0000	0.8126
COMP	8200	5.0886	4.8711	1.3514	1.0703	11.3840
COMP_DUM	8200	0.4741	0.0000	0.4994	0.0000	1.0000
DIVER	8200	0.0531	0.0000	0.0790	0.0000	0.5342
SIZE	8200	21.5904	21.4372	1.2576	18.7595	25.2189
INDL_LOAN	8200	0.2094	0.1865	0.4643	0.0247	14.7643
GROWTH	8200	0.1402	0.0563	0.4528	−0.6037	2.7740
FATA	8200	0.2003	0.1549	0.1716	0.0002	0.7513
ROA	8200	0.0434	0.0418	0.0646	−0.3298	0.2249
RISK	8200	0.0373	0.0157	0.0827	0.0000	0.6897
TOBINQ	8200	2.1101	1.6266	1.7269	0.2141	9.5237
LOANQUO	8200	13.1582	13.2139	0.1636	12.8984	13.3533
LNGDP	8200	9.9295	9.9125	0.7618	6.0899	10.9520
STOCKM	8200	1.5279	1.5630	0.8017	0.4692	2.9370

6.3　实证结果与分析

6.3.1　求偿保护、终极控制与债务期限结构

表6.4报告了样本I以SHORTTERM和LONGTERM为主要测试变量时，对模型(6.1)这一简单DID模型的初步差分结果。可以看到，Panel I中以短期债务占比SHORTTERM为测试变量时，实验组均值在法制改革前、后的差值为11.36%，而控制组差值则为8.85%，二者的差值间存在2.51%的差异(1%显著性水平)，即相比受债权人求偿保护冲击较小的控制组而言，受债权人求偿保护冲击较大的实验组的短期债务占比下降程度更大。Panel II中以长期债务占比LONGTERM为测试变量时，实验组的平均长期借款水平基本未发生改变(差值为−0.0019)，而控制组下降程度达到2.57%，实验组与控制组的二重差分为2.38%，且在1%水平上显著为正。以上结果表明，法制改革后，上市公司债务期限内在结构变化，突出地表现为两权分离下的终极控制人更大程度上弱化了其银行短期债务融资偏好，同时，实现了银行长期债务占比的“变相”上调。

表 6.4　主要测试变量初步差分结果

	法制改革前	法制改革后	Diff	观测值
Panel Ⅰ：SHORTTERM				
控制组	0.3101^{***} (0.0039)	0.2216^{***} (0.0033)	-0.0885^{***} (0.0051)	7406
实验组	0.3404^{***} (0.0045)	0.2268^{***} (0.0029)	-0.1136^{***} (0.0057)	6071
Diff			-0.0251^{***} (0.0080)	
Panel Ⅱ：LONGTERM				
控制组	0.1154^{***} (0.0030)	0.0897^{***} (0.0023)	-0.0257^{***} (0.0038)	7406
实验组	0.0870^{***} (0.0028)	0.0851^{***} (0.0023)	−0.0019 (0.0036)	6071
Diff			0.0238^{***} (0.0050)	

注：Diff=mean(法制改革后)−mean(法制改革前)。括号内数字为标准误，***、**和*表示在 1%、5%和 10%水平上统计显著。

进一步地，表 6.5 报告了样本 I 以模型(6.1)为基础的，逐步、全面的 DID 回归结果，考察了法制改革对两权分离下终极控制人银行债务期限选择的影响。

首先，可以看到，以短期债务 SHORTTERM 为测试变量时，在 B1 仅控制年度和行业固定效应、B2 在 B1 基础上控制了公司自身固定效应并引入一系列公司层面控制变量以及 B3 在 B2 基础上进一步控制了区域固定效应并引入宏观层面控制变量后，交互项 $D_t \times G_i$ 的回归系数为均在 1%水平上显著为负，回归系数分别为−0.0281、−0.0294 和−0.0302，由此，假设 6.1a 得证，即法制改革极大地提升了银行短期债务治理效应，相比未发生两权分离的终极控制人而言，两权分离下的终极控制人的规避动机更明显，更大程度地缩减其银行短期债务比例。

其次，可以看到，以长期债务 LONGTERM 为测试变量的回归结果，B1 中未引入其他控制变量时，交互项 $D_t \times G_i$ 回归系数分别为 0.0161(1%水平上显著)，但是当 B2、B3 中分别引入一系列公司层面和宏观层面控制变量后，交互项 $D_t \times G_i$ 系数虽仍为正(0.0104，0.0114)，但回归显著性“消失”，假设 6.1b 未得证。对于这样的结果，本书认为，债权人求偿保护也刺激了银行向上市公司提供长期债务的事前意愿，终极控制人对长期债务的偏好由此得以满足，但根据前文 4.4.2 节均衡结果分析可知，法制改革后，短期债务强势治理效力的发挥会促使终极控制人极大地缩减对短期债务的融入，转而融入长期债务，但伴随着债务融入总量的降低，这种偏好调整只表现为一种“部分替代”而非“全部满足”。此外，正如提出假设 6.1a 之前的制度分析所言，我国上市公司终极控制代理下的银行债务短期化倾向更多的是因为存在终极控制人对短期债务资金占用而形成的“恶意消费”，而非真正的融资需求，因为长期无法向终极控制人提供同样的侵占便利，因此，法制改革后，终极控制人银行债务融资行为更多地表现为融资约束下的实际需求，所以且相比不存在两权分离的终极控制人而言，两权分离下的终极控制人也并没有表现出更大程度上扩张对长期债务的融入。

表 6.5　求偿保护、终极控制与债务期限结构

变量	SHORTTERM			LONGTERM		
	B1	B2	B3	B1	B2	B3
常数项	0.3465*** (0.0109)	0.8891*** (0.0714)	2.2544** (0.3540)	0.1196*** (0.0070)	−0.4738*** (0.0507)	0.0348 (0.2419)
D_t	−0.1241*** (0.0081)	−0.0806*** (0.0089)	0.0318 (0.0368)	−0.0453*** (0.0052)	−0.0228*** (0.0056)	0.0439* (0.0249)
$D_t \times G_i$	−0.0281*** (0.0075)	−0.0294*** (0.0095)	−0.0302*** (0.0095)	0.0161*** (0.0048)	0.0104 (0.0060)	0.0114 (0.0059)
G_i	0.0291*** (0.0059)	0.0279*** (0.0081)	0.0281*** (0.0088)	−0.0132*** (0.0038)	−0.0057 (0.0054)	−0.0055 (0.0054)
SIZE		−0.0222*** (0.0032)	−0.0226*** (0.0033)		0.0270*** (0.0023)	0.0278*** (0.0023)
IND_LOAN		−0.0056 (0.0059)	−0.0041 (0.0067)		−0.0005 (0.0035)	−0.0026 (0.0021)
FATA		0.1256*** (0.0215)	0.1263*** (0.0214)		0.1634*** (0.0167)	0.1625*** (0.0166)
GROWTH		0.0002 (0.0045)	0.0010 (0.0045)		0.0246*** (0.0035)	0.0237*** (0.0035)
SHRCR		−0.1077*** (0.0223)	−0.1125*** (0.0224)		−0.0254* (0.0151)	−0.0192 (0.0153)
SINDEX		−0.1159*** (0.0251)	−0.1239*** (0.0256)		0.0040 (0.0159)	0.0147 (0.0167)
ROA		−0.4865*** (0.0402)	−0.4955*** (0.0402)		−0.0334 (0.0230)	−0.0220 (0.0230)
RISK		−0.2057*** (0.0350)	−0.1995*** (0.0350)		−0.0005 (0.0187)	−0.0075 (0.0187)
TOBINQ		−0.0233*** (0.0023)	−0.0232*** (0.0023)		−0.0071*** (0.0012)	−0.0071*** (0.0013)
LOANQUO			−0.1226*** (0.0285)			−0.0301 (0.0194)
LNGDP			0.0144*** (0.0047)			−0.0175*** (0.0031)
STOCKM			−0.0011 (0.0055)			0.0002 (0.0037)
Firm Fixed Effect	NO	YES	YES	NO	YES	YES
Industry Fixed Effect	YES	YES	YES	YES	YES	YES
Year Fixed Effect	YES	YES	YES	YES	YES	YES
Province Fixed Effect	NO	NO	YES	NO	NO	YES
样本数	13477	13477	13477	13477	13477	13477
拟合优度 R^2	0.1046	0.1861	0.2039	0.1778	0.2774	0.3020

注：表中括号内的数字为标准误，***、**和*分别表示在 1%、5%和 10%显著性水平上统计显著。

6.3.2　银行竞争、终极控制与债务期限结构

为了验证前述假设 6.2，本节除了采用样本Ⅱ对模型(6.2)进行实证检验，还采用了进一步剔除终极控制人不存在两权分离观测值(DIVER＝0)的方法，以终极控制人存在两权分离的观测值(DIVER＞0)建立分样本，进一步地采用 DIVER、COMP 及其交互项 DIVER×COMP 的数据原值的，取代原模型(6.2)中的 DIVER_DUM、COMP_DUM 及 DIVER_DUM×COMP_DUM 进行回归。以上回归结果均在表 6.6 做了报告。

可以看到，在以短期债务 SHORTTERM 为测试变量的回归结果中，样本Ⅱ中交互项 DIVER_DUM×COMP_DUM 的回归系数均在 10%水平上显著为正，分别为 0.0103、0.0124 和 0.0126；分样本(DIVER＞0)中交互项 DIVER×COMP 的回归系数则更为敏感，分别为 0.0451(10%水平上显著)、0.0475(5%水平上显著)和 0.0479(5%水平上显著)。此时，终极控制人两权分离指标 DIVER_DUM 和 DIVER 分别与 SHORTTERM 在 10%和 5%水平上负相关，系数分别为-0.0032 和-0.0332；银行竞争程度指标 COMP_DUM 和 COMP 则分别与 SHORTTERM 在 1%和 5%水平上正相关，系数分别为 0.0194 和 0.0085。综合以上结果可知，在外部法制相对健全时期，两权分离的终极控制人存在短期债务规避效应，两权分离度越大，上市公司银行信贷中的短期债务融入越少；进一步地，地区间银行竞争的存在降低了银行短期债务的治理效应，缓解了两权分离下终极控制人对短期信贷的规避效应。由此，假设 6.2 得证。

表 6.6　银行竞争、终极控制与银行债务短期化

变量	样本Ⅱ			分样本(DIVER＞0)		
	C1	C2	C3	C1	C2	C3
常数项	0.2425*** (0.0173)	0.9124*** (0.0561)	1.7465*** (0.3139)	0.2595*** (0.0309)	0.8874*** (0.0905)	1.5556*** (0.3872)
DIVER_DUM	−0.0321 (0.1168)	−0.0033* (0.0063)	−0.0032* (0.0063)			
DIVER_DUM×COMP_DUM	0.0103* (0.0225)	0.0124* (0.0091)	0.0126* (0.0090)			
COMP_DUM	0.0022 (0.0023)	0.0141** (0.0061)	0.0194*** (0.0062)			
DIVER				−0.3317* (0.1731)	−0.3301** (0.1655)	−0.3321** (0.1651)
DIVER×COMP				0.0451* (0.0333)	0.0475** (0.0032)	0.0479** (0.0031)
COMP				0.0048 (0.0040)	0.0100** (0.0047)	0.0085** (0.0048)
SIZE		−0.0319*** (0.0025)	−0.0305*** (0.0045)		−0.0284*** (0.0039)	−0.0277*** (0.0040)
LEVERAGE		0.1914*** (0.0119)	0.1954*** (0.0119)		0.1579*** (0.0165)	0.1601*** (0.0166)
FATA		0.1279*** (0.0157)	0.1237*** (0.0157)		0.2031*** (0.0232)	0.2059*** (0.0234)

续表

变量	样本Ⅱ			分样本(DIVER>0)		
	C1	C2	C3	C1	C2	C3
GROWTH		0.0052 (0.0053)	0.0059 (0.0053)		0.0123 (0.0078)	0.0137* (0.0078)
SHRCR		−0.0660*** (0.0161)	−0.0734*** (0.0163)		−0.0660* (0.0254)	−0.0806*** (0.0257)
SINDEX		−0.0464** (0.0185)	−0.0651*** (0.0190)		−0.0200 (0.0292)	−0.0402 (0.0299)
ROA		−0.2087*** (0.0437)	−0.2238*** (0.0437)		−0.1176* (0.0607)	−0.1216** (0.0607)
RISK		−0.4146*** (0.0349)	−0.4085*** (0.0349)		−0.3531*** (0.0459)	−0.3518*** (0.0459)
TOBINQ		−0.0219*** (0.0019)	−0.0214*** (0.0019)		−0.0269*** (0.0037)	−0.0264*** (0.0027)
LOANQUO			−0.0580*** (0.0180)			−0.0667** (0.0285)
LNGDP			0.0151*** (0.0032)			0.0180*** (0.0045)
STOCKM			0.0073** (0.0036)			0.0036 (0.0053)
Firm Fixed Effect	NO	YES	YES	NO	YES	YES
Industry Fixed Effect	YES	YES	YES	YES	YES	YES
Year Fixed Effect	YES	YES	YES	YES	YES	YES
样本数	8200	8200	8200	3539	3539	3539
拟合优度 R^2	0.0997	0.1812	0.1996	0.0896	0.1862	0.1902

注：表中括号内的数字为标准误，***、**和*分别表示在 1%、5%和 10%显著性水平上统计显著。

6.4　进一步检验：求偿保护、终极控制与银行信贷规模

从前文 4.4 节的均衡博弈分析可知，2007 年《物权法》颁布实施所带来的权利人本位保护倾向改变和事后求偿保护，完善了我国信贷市场的外部履约机制，有利于原本强势的短期债务治理效力的发挥。此时，债务融资方式选择中的“边际效用=边际成本”的初始均衡条件被“打破”，终极控制人将重新调整其债务期限，通过降低短期债务融入、提高长期债务融入和降低银行债务总量的方式，达到新的“边际效用=边际成本”的决策均衡点。表 6.5 已经给出了短期债务占比降低、长期债务部分替代效应下的实证检验结果，故本节追加实证检验，进一步地对该均衡决策的银行债务总量是否也发生下降的理论推导进行验证：设定银行债务总量的度量指标 BANKLOAN=期末(短期借款+一年内到期的非流动负债+长期借款)/期末总资产，与前文一样，采用样本Ⅱ对简单 DID 模型和加入一系列控制变量后的 DID 模型(6.1)进行回归，结果分别在表 6.7 和表 6.8 中做了报告。

表 6.7 报告了以 BANKLOAN 为银行债务总体规模的初步差分统计结果，可以看到，相比不存在两权分离的终极控制人而言，两权分离下的终极控制人选择了更为“积极”“主动”地缩减了银行债务融资规模(DID 值为−0.0129，5%水平上显著)。

表 6.7　初步差分结果

	法制改革前	法制改革后	Diff(DID 值)	观测值
控制组	0.2427*** (0.0031)	0.1662*** (0.0025)	−0.0765*** (0.0040)	7406
实验组	0.2593*** (0.0036)	0.1699*** (0.0027)	−0.0894*** (0.0045)	6071
Diff(DID 值)			−0.0129** (0.0060)	

注：Diff=mean(法制改革后)−mean(法制改革前)。表中括号内的数字为标准误，***、**和*分别表示在 1%、5%和 10%水平上统计显著。

表 6.8 报告了以银行债务总体规模 BANKLOAN 为测试变量 DID 回归结果，可以看到，在逐步、全面的回归过程中，主要观察对象交互项 $D_t \times G_i$ 的回归系数分别为−0.0194、−0.0188 和−0.0187，且均保持了 1%水平上的显著性。该结果表明，2007 年《物权法》实施后，与不存在两权分离的终极控制人相比，两权分离下的终极控制人受法制改革的冲击更大：为规避债权人保护提升所带来的银行债权人强势监管和求偿威胁，两权分离下存在控制权私利动机的终极控制人将更大幅度地缩减了银行债务融资的总体规模。

由此，结合表 6.5 和表 6.8 的实证结果，本书第 4 章所提出的债务融资均衡模型得以验证，即在两种债务之间存在替代关系的情况下，其中一种债务治理效应的上升会导致这种债务本身融资规模的下降和另一种债务融资规模的上升，并导致债务融资总量的下降，直到形成新环境下的“边际成本=边际效益”的决策均衡。

表 6.8　求偿保护、终极控制与银行债务总量变化

变量	BANKLOAN		
	D1	D2	D3
常数项	0.2750*** (0.0083)	−0.1598*** (0.0573)	1.8845*** (0.2230)
D_t	−0.1067*** (0.0081)	−0.0635*** (0.0061)	0.1571*** (0.0210)
$D_t \times G_i$	−0.0194*** (0.0057)	−0.0188*** (0.0065)	−0.0187*** (0.0064)
G_i	0.0245***	0.0217***	0.0219***
	(0.0045)	(0.0063)	(0.0063)
Micro Variables Controlled	NO	YES	YES
Macro Variables Controlled	NO	NO	YES
Firm Fixed Effect	NO	YES	YES
Industry Fixed Effect	YES	YES	YES
Year Fixed Effect	YES	YES	YES
Province Fixed Effect	NO	No	YES
样本数	13477	13477	13477
拟合优度 R^2	0.1506	0.3852	0.3864

注：表中括号内的数字为标准误，***、**和*分别表示在 1%、5%和 10%显著性水平上统计显著。

6.5　稳健性检验

为保证研究结论的可靠性，本节还进行了如下的一系列稳健性测试，具体包括：

首先，在样本选择上：①与 5.5 节类似，为控制 2008 年金融危机之后，我国政府为拉动内需所出台的一系列经济刺激政策对具有产业针对性和导向性的企业的影响。这类所属行业特征决定了其债务期限结构可能会受到较大程度的政府扶持和补贴，并因此对银行债务的期限结构产生影响。基于以上考虑，进一步地去掉样本 I 和样本 II 中的基建行业，重复主体实验过程，回归结果稳健。②为保证 DID 研究方法的完整性，将 2008 年数据重新纳入样本，作为法制改革后数据的起始年份，重新设置样本期 2008～2011 年。重复模型(6.2)的 DID 实验。从主要关注对象——交互项 $D_t \times G_i$ 的相关回归结果来看，以短期债务比重 SHORTTERM 为测试变量时，系数分别是−0.0194(1%水平上显著)、−0.0257(5%水平上显著)和−0.0202(5%水平上显著)；以长期债务比重 LONGTERM 为测试变量时，系数分别为 0.0133(1%水平上显著)、0.0092(10%水平上显著)和 0.0097(10%水平上显著)。虽然相比主体部分系数绝对值有所下降，但结果依然显著，通过稳健性检验，说明确实是 2007 年《物权法》的颁布实施对两权分离下终极控制人的债务期限结构决策产生了冲击性的影响。③鉴于公司上市当年的资产负债结构可能存在的异常情况，以主体样本为基础，删除了当年 IPO 的公司后，重复实证过程，虽然有的研究变量系数回归的显著性有所减弱，但整体回归结果比较稳健。④为保证终极控制人拥有对上市公司债务融资决策的绝对控制权[①]，去掉了样本中终极控制人控制权不足 10%的公司样本，并以余下样本设置实验组，重复主体部分回归后发现，主要研究变量回归结果稳健。

其次，在内生性问题的处理上：对模型(6.2)中所有解释变量采用滞后一期的处理方式，重复 6.4.2 节的主体检验之后，发现主要测试变量，包括 DIVER 和 COMP 及交互项 DIVER×COMP 的显著性不变或出现不同程度的上升，研究结果稳健。

最后，在度量指标的选取上：①采用“各省四大非国有金融机构吸收存款占当地全部金融机构吸收存款的比例”来反映当地金融业的市场竞争水平，该数值越大，表示当地银行业竞争程度越高。对此，马君潞等(2013)还使用 2004～2007 年金融统计年鉴数据对该指标的计算结果表明，平均而言，银行吸收存款所占金融机构吸收存款的比例高达 96%，因此将该指标视为衡量各地银行金融机构竞争程度的指标是合理的。②采用长期债务比重 LONGTERM 作为模型(6.2)的测试变量时，不论是样本 II 还是分样本(DIVER＞0)的回归结果均不显著，这也与 6.2.2 节的制度分析相符合，银行竞争的加剧更有可能通过弱化短期债务的治理效应的方式表现在上市公司的债务期限结构中，对长期债务的影响则不显著。③对文中涉及的主要测试变量变换其他度量方法进行稳健性测试。以上，重复主体实验过程后，研究结果稳健。

---

① 有效控制的标准目前尚无定论，但学术界一般采用 10%或 20%作为临界控制标准。La Porta 等(1999)及 Du 和 Dai(2005)等认为存在终极控股股东的控制权比例应在 10%及其以上，国内学者王鹏和周黎安(2006)、沈艺峰等(2005)也认为 10%是有效的控制标准，故此处稳健性检验采用以 10%作为控制权标准。

6.6 本章小结

本章首先在《物权法》颁布实施这一自然实验框架下，以“短期债务相较长期债务更具治理效力”和“两权分离下终极控制人对强势治理效力债务的规避效应”为逻辑起点，采用 DID 方法检验了法制改革所带来外部履约机制完善对强势债务(短期债务)治理效力发挥的影响，以及由此带来的终极控制人规避动机下的上市公司债务期限结构的调整决策。研究发现，法制改革提升了短期债务的清算效应和求偿威胁，从而激发了终极控制人对短期债务的规避动机，相比不存在两权分离的终极控制人而言，两权分离下终极控制人受法制改革的影响更大，表现为《物权法》实施后，外部履约机制的提升将促使终极控制人两权分离度高的上市公司更大程度地缩减短期债务融入，并降低了银行债务的总体融资规模。需要说明的是，从长期债务回归结果来看，法制改革后，相比不存在两权分离的终极控制人，两权分离下的终极控制人并没有表现出更大程度上的长期债务扩张倾向，这一结果意味着法制改革之前，上市公司银行债务“短贷长借”现象的确是终极控制代理下对银行信贷资本的“恶意消费”，而非真正的融资需求，而长期债务因为无法向终极控制人提供同样的侵占便利。因此，即便法制改革提升了银行向公司提供长期债务的意愿，两权分离下的终极控制人也不会表现出过多“融资热情”，而是回归融资约束下的实际债务需求，相比不存在两权分离的终极控制人而言，终极控制代理下的上市公司并没有更大程度地扩张长期债务；此外，结合不同地区金融市场环境，探讨银行业竞争市场对银行债务外部履约机制进一步的影响，结果发现银行业竞争加剧削弱了短期债务强势治理效力的发挥，弱化了两权分离下终极控制人对短期债务的规避动机，上市公司债务期限结构中的短期债务占比由此上升。

第 7 章　银行竞争、终极控制与债务融资渠道

7.1　理论分析与研究假设

7.1.1　终极控制与债务融资渠道选择

现代公司治理结构下，现金流权与控制权分离所形成的超额控制权使终极控制人成为实际掌握公司财务决策权的主体（王化成等，2007），在我国公开债务相比银行借贷并不具备成本优势的情况下，两种融资方式所代表的监管效力强弱就成为“隧道行为”主体——终极控制人进行债务融资渠道选择时的直接动因。

从我国银行信贷和公开债券的现实情况来看：①事前、事中风险控制上的比较。银行能够更为有效地收集“标准化”的企业内部信息、审核项目风险、评估抵押物价值，而企业也无须支付诸如财务报表审计、信息公开等固定成本，银行融资在减少市场摩擦、降低交易成本等方面具有优势；贷款合同所形成的债权债务关系使银行更有动机对企业融资项目的风险进行事前评估和事中监督；信贷契约合同所具有的强制执行力便于银行对企业施加压力以督促贷款偿还，从而规避在外部制度不完善的金融市场中，债务公司内部人对外部人的利益侵害问题。银行贷款合约设计也有别于公开债券合约。一般而言，银行债务契约条款更为严格，也能够更有效地限制债务契约发生后的事后道德风险问题。债务公司一旦发生“技术违约”，银行债权人就有权介入公司的管理，从而对公司行为产生影响，而债权人因为享受了更好的保护，也降低了对预期回报的要求，债务人融资成本由此降低。相比而言，我国现行《公司债券发行与交易管理办法》及《公司法》等仅就公开债券发行主体的信用评级、财务审计、法律认证、信息披露等方面进行了“门槛”要求，却并未就公开债权人利益保护的实现做出具体规定。对此，陈超和李镕伊（2014）认为，对公开债权人的利益保护主要应体现在债券合约的设计上，而我国公司债契约设计中却并没有与红利支付、债券再融资以及投资生产等相关的违约条款，且由于发债公司掌握了制定偿付期限与方式的单方面“主动权”，所以只需要通过定期财报披露或事项公告，即可完成对公开债券持有人应尽的“述职”义务，可以避免被迫接受银行在放贷时严格的资格审查和苛刻的限制条款，从而取得经营活动、日常决策的充分自主权。相对于银行独担大额贷款而言，这种融资安排能更为巧妙地为上市公司控制人的道德风险问题提供“掩体”。②事后求偿保护和实现效力上的比较。从我国银行业发展与借款企业财务状况和治理状况之间的关系可以发现，在我国大多数公司资金来源依赖于银行的情况下，银行贷款利率无论长期还是短期，都已经与借款企业当前财务状况和公司治理状况产生了一定的合理相关关系，说明我国银行对借款人经营活动已具有一定的监督作用（胡奕明和谢诗蕾，2005）。尤其是如前文第 6 章所证，《物权法》颁布实施之后，债权人求偿保护水平的提高提升了银行

债务的求偿威胁和治理效力，尤其是事后司法程序的简化和浮动抵押担保制度，很大程度上保证了银行求偿权利的可实现性。相反，对于公开债券而言，其担保方式大多属于关联方担保或企业互保的负面担保方式[①]，其目的在于发债申请能够顺利通过监管部门的审核，从而有利于销售债券，而并非出于真正降低风险的目的，虽然在“形式上合乎债券发行规定，但实质上并非具有相同的担保效应”（巴曙松等，2005）。换言之，互保的结果实际上使得发行人在增加显性债务的同时，还增加了隐性债务，企业的违约风险反而可能更高。以“11 超日债”为例，2012 年“11 超日债”初始发行本是无担保的信用债，直至 2013 年 1 月在中信建投的要求下，才追加了担保并采取相应担保措施，但这些抵押物因为抵押权滞后于银行信贷，因而能否真正兑现，其实有着极大的不确定性。围绕“11 超日债”违约所暴露出来的问题，正是长期以来，公开债券市场刚性兑付预期使投资者将收益率置于首位，而人为地忽视债券本身及其背后公司的经营风险。这种信用风险的绑架扭曲了市场参与者的心态，大大弱化了市场信用风险定价能力。现阶段我国债权人保护机制尚不完善，大幅放宽债券市场的发行主体范围和准入条件，只会使公开债权人监管效力变得更为薄弱。

银行和债券市场属于不同的制度安排，只有当期制度特性与经济的发展阶段相适应时，才能最大化地实现金融服务与实体经济之间需求的适应性。债券市场的有效运转需要外部完善的法制环境，才能有效实现金融体系的基本功能、提升金融市场效率，而在我国资本市场外部环境尚未完善的现阶段，在克服外部制度环境的不完善上，银行则更具效率（林毅夫等，2009；龚强等，2014）。因此，对于规模足够大、可以发行债券的公司来说，公开债务融资实际上意味着“控制权的最小损失”，只有当公司不能履行债券偿还义务时，它才会面临控制权上的巨大损失，但在此之前，公开债务并不能发挥有效的外部治理效力。也许正是由于这一原因，当上市公司可以跨过债券发行的“资质门槛”时，终极控制人便会将债务融资渠道从银行信贷转向公开市场发行债券。也就是说，公开债务市场对发债主体的监管不足及对债权人保护缺失的情形下，终极控制人在规避强势银行债务监管的动机驱使下，会主动减少银行借贷，转而增加公开债务，且两权分离度越大，公开债务融资渠道的偏好倾向越明显。

基于以上分析，提出并列假设 7.1a 和假设 7.1b：

假设 7.1a：终极控制人两权分离度越大，规避强势银行债权人监管的动机越强烈，上市公司债务融资中的银行债务比例越低；

假设 7.1b：终极控制人两权分离度越大，规避强势银行债权人监管的动机越强烈，上市公司债务融资中的公开债务比例越高。

7.1.2 银行竞争、终极控制与债务融资渠道

当银行以债权人身份供给信贷资金时，企业以债务人身份进行债务期限决策时，外部

---

① 银监会于 2007 年 10 月 12 日颁布了《中国银监会关于有效防范企业债担保风险的意见》（以下简称《意见》），要求银行一律停止对企业债的担保。《意见》下发后，银行退出了债券担保市场，抵（质）押担保和第三方担保成为银行间债券市场的主要担保方式。

契约的履约环境会对二者信贷契约的签订与执行产生深刻影响(Porta et al.，1997；苏冬蔚和曾海舰，2009；肖作平和廖理，2007；赵晶和郭海，2014；刘星和李宁，2016)。这当中还存在一个决策的内生性问题，那就是内部控制人并不会选择一个有损于自身利益的债务期限结构，当内部人有权做出财务决策的控制权时，本身就形成了一种代理问题(Demsetz，1983)。因此，须从银行竞争体系和实体经济两个方面入手去理解上市公司债务融资渠道偏好。

贷款成本降低、渠道增多和流程简化被西方主流文献认为是银行竞争性市场结构的主要优势。然而正如 6.2.2 节所言，因为竞争环境定了交易伙伴的可选择性，并由此决定了企业对风险的偏好水平以及引致的代理成本高低。如果银行具有较强的垄断地位，则拥有相对客户而言较强的“议价能力”(bargaining power)，就越有能力压低存款利率、同时抬高贷款利率，通过扩大存贷款利差的方式获取更多的利润(Guzman，2000)；相反，银行竞争加剧还可能使银行在追求规模扩张的过程中，忽略了内部治理问题，资信管理体系混乱的同时，向债务人提供信贷资本的风险控制意识也较为薄弱，甚至可能因为行业竞争加剧而为争夺和留住客户，主动放松对债务企业的资格审查或减少契约中的限制性条款(Shi et al.，2001；Hoffman，2006)，从而产生信贷“胁从效应”。此外，我国在金融市场开放前的很长一段历史时期，信贷资金价格受到政府管制，债务融资成本呈现相对刚性，无法灵活运用价格杠杆的商业银行在宏观管理体制下却面临着阶段性的流动性过剩问题，增加了信贷投放压力(戴璐和汤谷良，2007)。在放贷压力、信贷资金成本刚性等因素影响下，银行竞争尤其会造成单个银行为争夺上市公司这种“优质客户资源”而造成银行债权治理水平的实际下降(Cordella and Yeyati，1998；戴璐和汤谷良，2007；戴璐，2008；林志帆和龙晓旋，2015)。此外，处于垄断性地位的国有银行对政府保护的预期制约了信贷供给效率的提升，加大了国内银行在与企业的贷款订约中出现逆向选择的概率，而信贷订约后法律保护不足导致银行监督乏力，进一步降低了企业出现财务危机的代价，这样的融资环境令风险越高、效益越差的公司债务融资成本越低，并在外部监管滞后的交互影响下刺激了企业实际控制人将低效益状况下取得的债务资金继续低效益的使用(戴璐和汤谷良，2007)，甚至会出现“即使公司当年盈利也未必会向银行支付贷款的本息，因为贷款企业首先要满足大股东的资金需求”的情况(孙亮和柳建华，2011)。

综上，我国刚性监管竞争压力下的地区银行业竞争，使得银行债务原本通过规范契约减少市场摩擦所具有的比较优势被制约，降低了银行债务的治理效力的同时，也“刺激了”终极控制人为控制权私利而继续取得银行信贷的决策动机。

基于此，提出检验银行竞争影响终极控制人债务融资渠道偏好的研究假设 7.2：

假设 7.2：银行竞争加剧使银行债权人监管趋向弱势，终极控制人规避动机减弱导致债务配置渠道中银行借贷比例的提升。

7.2　研究方法与设计

7.2.1　模型设定与变量定义

研究首先设计了模型(7.1)用于检验并行假设 7.1a 和假设 7.1b：

$$\begin{aligned}\text{PLACEMENT} = {} & \kappa_1\text{DIVER} + \kappa_2\text{SIZE} + \kappa_3\text{LEVERAGE} + \kappa_4\text{FATA} + \kappa_5\text{GROWTH} + \kappa_6\text{SHRCR} \\ & + \kappa_7\text{SINDEX} + \kappa_8\text{ROA} + \kappa_9\text{RISK} + \kappa_{10}\text{TOBINQ} + \kappa_{11}\text{LOANQUO} + \kappa_{12}\text{STOCKM} \\ & + \kappa_{13}\text{IND} + \kappa_{14}\text{YEAR} + \kappa_{15}\text{PRO} + \varepsilon_{ijt}\end{aligned} \tag{7.1}$$

模型(7.1)中，被解释变量债务融资渠道 PLACEMENT 用以下方式来度量：银行借贷比例(BDR)=期末(短期借款+长期借款)/(流动负债+长期负债)；公开债务比例(PDR)=期末(应付债券+应付票据)/(流动负债+长期负债)。

$$\begin{aligned}\text{PLACEMENT} = {} & \kappa_1\text{DIVER} + \kappa_2\text{DIVER} \times \text{COMP} + \kappa_3\text{COMP} + \kappa_4\text{SIZE} + \kappa_5\text{LEVERAGE} \\ & + \kappa_6\text{FATA} + \kappa_7\text{GROWTH} + \kappa_8\text{SHRCR} + \kappa_9\text{SINDEX} + \kappa_9\text{ROA} + \kappa_9\text{RISK} \\ & + \kappa_{10}\text{CASH} + \kappa_{11}\text{TOBINQ} + \kappa_{12}\text{LOANQUO} + \kappa_{13}\text{LNGDP} + \kappa_{14}\text{STOCKM} \\ & + \kappa_{15}\text{IND} + \kappa_{16}\text{YEAR} + \kappa_{17}\text{PRO}\varepsilon_{ijt}\end{aligned} \tag{7.2}$$

为检验研究假设 7.2，在模型(7.1)的基础上，加入银行竞争度量指标，与前文模型(6.2)的处理方式不同，此处解释变量银行竞争(COMP)采用将采用赫芬达尔指数 HHI 的倒数来表示，其值越大，银行竞争程度越高；此处被解释变量债务配置结构 PLACEMENT 主要以银行借贷 BDR 来度量，交互项 DIVER×COMP 的回归系数即是模型(7.2)的重点观察对象。

此外，为了保证结果稳健，考虑到样本的分布特征，进一步地进行了主要度量指标的如下处理：首先，将终极控制人两权分离度 DIVER 按是否大于 0 生成虚拟变量 DIVER_DUM，即 DIVER＞0，DIVER_DUM 取 1，否则取 0；其次，将 COMP 按年度中位数高低，生成虚拟变量 COMP_DUM，即 COMP 大于当年银行竞争度的中位数，则 COMP_DUM 取 1，否则取 0；最后，生成交互项 DIVER_DUM×COMP_DUM。将生成的 DIVER_DUM、COMP_DUM 及 DIVER_DUM×COMP_DUM 代入模型(7.2)中取代原值另行回归。

模型(7.1)和模型(7.2)中所引入的一系列控制变量与之前的研究设计类似，控制了包括年度/行业固定效应、公司自身固定效应 γ_i 以及其他可能导致遗漏变量误差的公司层面控制变量 X_{ijt}，如公司规模(SIZE)、盈利能力(ROA)、固定资产比率(FATA)、杠杆比率(LEVERAGE)、成长机会(GROWTH)、股权制衡(SINDEX)、直接控股股东持股比例(SHRCR)、经营风险(RISK)、市场价值(TOBINQ)。最好还加入了一系列宏观层面会对企业债务融资产生影响的变量 Z_t，包括信贷总量(LOANQUO)、区域经济发展(LNGDP)及股市表现(STOCKM)。

本章所涉及变量的选取和定义方法，在表 7.1 中进行了详细说明与报告：

表 7.1　变量定义及度量方法

变量名称	变量标识	变量度量
		债务融资渠道
银行借贷比例	BDR	期末(短期借款+长期借款)/(流动负债+长期负债)
公开债务比例	PDR	期末(应付债券+应付票据[①])/(流动负债+长期负债)
银行竞争	COMP	取公式计算所得地区银行业集中度赫芬达尔指数 HHI 的倒数
银行竞争高低指数	COMP_DUM	虚拟变量，若 COMP 大于年度中位数，则取值为 1，否则取 0
两权分离度	DIVER	终极控制人控制权与其现金流权之差
		控制变量
公司规模	SIZE	期末总资产的自然对数
杠杆比率	LEVERAGE	期末自负债/期末总资产
固定资产比率	FATA	期末固定资产净额/期末总资产
成长机会	GROWTH	(期末总资产-期初总资产)/期初总资产
现金持有	CASH	期末现金及现金等价物/总资产
大股东持股	SHRCR	直接控股股东持股比例
股权制衡	SINDEX	第二大股东至第十大股东持股比例之和
盈利能力	ROA	期末营业利润/期末总资产
经营风险	RISK	第(t-2)年到第 t 年的 ROA 标准差
市场价值	TOBINQ	期末市场价值/期末资产账面价值
信贷总量	LOANQUO	期末金融机构人民币贷款总额的自然对数
区域经济	LNGDP	各地区年末 GDP 总量的自然对数
股市表现	STOCKM	如果公司在上海证券交易所上市交易，STOCKM 取上证综合指数(SHINDEX)的年收益率；如果在深圳证券交易所上市交易，则 STOCKM 取深证成分指数(SZINDEX)的年收益率
行业	IND	虚拟变量，按 2001 年《证监会行业代码与分类》划分

7.2.2　样本选择与描述性统计

本书以 2007～2014 年间的沪、深两市所有 A 股上市公司为原始样本，样本期的选取是基于 2007 年《公司债券发行试点办法》的公布实施为初始基准，向后递延选取观察期。具体样本筛选过程如下：①剔除金融、保险类公司。②根据观察期间内国家产业调控政策对发债主体的限定，剔除房地产类公司。③根据观察期间内《证券法》《公司法》对发债主体财务条件的“最近三年平均可分配利润足以支付债券一年的利息”规定，剔除 2013 年和 2014 年新上市的公司。④为排除发债主体在申报、审批等过程当中所遭遇的不透明因素影响，剔除未发行公开债务的公司数据。⑤剔除数据缺失和控制链条缺失公司。最终

① 公开债务的定义是高级债券、次级债券和票据及商业票据的总和(Lin et al.，2013)。

得到 8975 个样本观测值。需要说明的是，根据研究目的，本书还以 DIVER 为分组依据，将 DIVER＞0 的公司样本作为新的分样本(终极控制人存在两权分离)。此外，本书还对涉及的连续型变量进行了(1%、99%)水平的 Winsorize 处理。数据来源包括 CSMAR 数据库、Wind 数据库。统计软件采用 Excel 2016 和 Stata 13.0。

表 7.2 报告了主要变量的全样本描述性统计结果。从债务融资渠道选择的两个主要测试变量 BDR 和 PDR 的统计结果来看，BDR 均值为 0.3575(中位数 0.3644)远高于 PDR 均值 0.1545(中位数 0.1081)，该对比结果意味着，银行借贷仍是我国上市公司依赖性的债务渠道，公开债券市场在规模上与之相去甚远；PDR 最小值 0.0001 与最大值 0.6406 之间的巨大差异以及以 PDR 行业年度中位数为阈值的 PUBLIC_DUM 中位数为 0 的情况，则进一步说明上市公司对于公开债务融资这一渠道的依赖性，存在着公司个体间的巨大差异。主要解释变量 DIVER 均值 0.0567(中位数 0.0000)，从样本结构上来看，半数以上上市公司的终极控制人不存在终极控制人两权分离的情况，但 DIVER 最大值 0.5342 也意味着通过复杂产权结构所形成的两权分离下的终极控制人，以较小的现金流权即可获得上市公司的实际控制权和财务决策权。另一个主要解释变量 COMP 均值 5.4045，不但最小值(1.0703)与最大值(14.9961)之间差异明显，且标准差为 1.6151，意味着我国各地区银行业竞争的水平差异明显，有的地区仍处在四大国有银行的绝对垄断之下。

表 7.2　全样本变量描述统计

变量	样本量	平均值	中位数	标准差	最小值	最大值
BDR	8975	0.3575	0.3644	0.2441	0.0000	0.8925
PDR	8975	0.1545	0.1081	0.1503	0.0001	0.6406
DIVER	8975	0.0567	0.0000	0.0827	0.0000	0.5342
COMP	8975	5.4045	5.1233	1.6151	1.0703	14.9961
COMP_DUM	8975	5.4045	5.1233	1.6151	1.0703	14.9961
SIZE	8975	21.9351	21.7449	1.2119	18.9495	25.4041
LEVERAGE	8975	0.4688	0.4719	0.2007	0.0165	1.0670
FATA	8975	0.2110	0.1738	0.1647	0.0000	0.7207
GROWTH	8975	0.1815	0.0936	0.4377	−0.6155	3.2955
CASH	8975	0.1747	0.1344	0.1360	0.0106	0.6496
SHRCR	8975	0.3798	0.3721	0.1555	0.0000	0.8642
SINDEX	8975	0.2105	0.1936	0.1360	0.0039	0.6561
ROA	8975	0.0372	0.0350	0.0511	−0.2157	0.2116
RISK	8975	0.0360	0.0320	0.0524	−0.2297	0.2284
TOBINQ	8975	1.7177	1.3599	1.3819	0.2107	10.7558
LNGDP	8975	9.9921	10.0091	0.7659	5.8331	11.1245
LOANQUO	8975	13.5787	13.6549	0.3571	12.9078	14.0212
STOCKM	8975	0.2649	0.1378	0.6745	−0.6969	1.8123

注：为剔除异常值影响，本书针对公司层面的连续性变量进行了(1%、99%)水平的 Winsorize 处理。

为进一步了解市场化经济发展过程中上市公司债务融资配置构成的内在变动情况，在表 7.3 中报告了 BDR 和 PDR 的分年度描述性统计结果，可以看到：BDR 逐年下降，且从 2008 年均值 0.4309 到 2009 年均值 0.3979，一年内下降了近 0.04；与此同时，PDR 整体上则呈现稳步攀升的态势，从 2007 年均值 0.1015 到 2014 年均值 0.2083，实现了翻了一番的扩张。BDR 与 PDR 所呈现出的“一下、一上”的变化态势，很大程度上说明了我国推进债券市场改革举措的有效性，积极放宽上市公司公开债务融资的准入门槛、行政审核简化以及产品创新速度加快等，都极大地推动了上市公司对公开债务融资渠道的使用与依赖。

表 7.3 银行借贷比例、公开债务比例的分年度描述性统计

年度	样本量	BDR			PDR		
		均值	中位数	标准差	均值	中位数	标准差
2007 年	431	0.4348	0.4374	0.2198	0.1015	0.0611	0.1037
2008 年	493	0.4309	0.4219	0.2270	0.1163	0.0810	0.1125
2009 年	905	0.3979	0.3931	0.2324	0.1228	0.0759	0.1220
2010 年	962	0.3578	0.3776	0.2356	0.1293	0.0919	0.1314
2011 年	1311	0.3624	0.3734	0.2324	0.1331	0.0948	0.1353
2012 年	1268	0.3395	0.3303	0.2437	0.1948	0.1392	0.1713
2013 年	1303	0.3201	0.3137	0.2431	0.1900	0.1391	0.1708
2014 年	1264	0.3045	0.2910	0.2346	0.2083	0.1631	0.1757

7.3 实证结果与分析

7.3.1 终极控制与债务融资渠道选择

表 7.4 报告了全样本和分样本(DIVER＞0)以 BDR 和 PDR 为测试变量时，对模型(7.1)的回归结果。可以看到，终极控制人两权分离度 DIVER 在与银行借贷比例 BDR 的回归结果均在 5%水平上显著为负，系数分别为-0.0607 和-0.0787。由此，假设 7.1a 得证，即两权分离下的上市公司终极控制人对强势银行债权人监管存在规避动机，两权分离度越大，银行借贷比例 BDR 越低。同时，DIVER 与公开债务比例 PDR 的回归结果则显示，二者在全样本回归和分样本回归时，分别在 10%和 5%水平上显著为正，系数分别为 0.0028 和 0.0047。由此，假设 7.1b 得证，即在债务渠道选择时两权分离下的终极控制人具有弱势债务融资偏好，两权分离度越大，债务配置渠道中的公开债务比例越高。综合以上结果来看，两权分离下终极控制人具有对强势债务的规避动机，因而会选择在样本期间放弃一部分具有强势治理效力和求偿威胁的银行渠道的债务融入，转而通过公开市场债券发行渠道来获取较为治理效力较弱的公开债务，即终极控制人私利动机的存在使其很有可能通过债务融资渠道上的“偷梁换柱”来公开债务“恶意”发行意图。

表 7.4　两权分离对银行借贷比例、公开债务比例的回归结果

变量	BDR		PDR	
	全样本	分样本(DIVER>0)	全样本	分样本(DIVER>0)
常数项	2.1951** (0.6310)	2.0223** (0.9345)	−0.1920 (0.4458)	−0.1392 (0.6654)
DIVER	−0.0607** (0.0351)	−0.0787** (0.0413)	0.0028* (0.0063)	0.0047** (0.0094)
SIZE	−0.0122*** (0.0025)	−0.0103*** (0.0039)	0.0109*** (0.0018)	0.0090*** (0.0028)
LEVERAGE	0.3662*** (0.0147)	0.3263*** (0.0220)	−0.0924*** (0.0104)	−0.0823*** (0.0157)
FATA	0.2906*** (0.0157)	0.3221*** (0.0240)	−0.1778*** (0.0111)	−0.1846*** (0.0171)
GROWTH	0.0130* (0.0051)	0.0089 (0.0074)	−0.0172*** (0.0036)	−0.0190*** (0.0053)
SHRCR	−0.0566*** (0.0153)	−0.0376 (0.0244)	0.0039 (0.0108)	0.0082 (0.0174)
SINDEX	−0.0034 (0.0178)	−0.0140 (0.0286)	−0.0052 (0.0126)	−0.0190 (0.0204)
ROA	−0.2832*** (0.0514)	−0.1995*** (0.0734)	−0.0683 (0.0471)	−0.0700 (0.0523)
RISK	0.0067* (0.0148)	−0.0117 (0.0647)	−0.0065 (0.0361)	−0.0040 (0.0461)
CASH	−0.0027*** (0.0002)	−0.0029*** (0.0003)	−0.0002 (0.0001)	−0.0001 (0.0002)
TOBINQ	−0.0138*** (0.0022)	−0.0176*** (0.0034)	−0.0070*** (0.0015)	−0.0100*** (0.0024)
LOANQUO	−0.1343** (0.0566)	−0.1208 (0.0834)	0.0051 (0.0040)	0.0213 (0.0594)
LNGDP	0.0153 (0.0454)	0.0092 (0.0672)	−0.0202 (0.0320)	−0.0041 (0.0478)
STOCKM	−0.0525* (0.0324)	−0.0386 (0.0480)	−0.0460** (0.0229)	−0.0275 (0.0342)
Industry Fixed Effect	Controlled	Controlled	Controlled	Controlled
Year Fixed Effect	Controlled	Controlled	Controlled	Controlled
Province Fixed Effect	Controlled	Controlled	Controlled	Controlled
样本数	8975	4143	8975	4143
拟合优度 R^2	0.3037	0.3503	0.1382	0.1712

注：表中括号内的数字为标准误，***、**和*分别表示在 1%、5%和 10%显著性水平上统计显著。

7.3.2　银行竞争、终极控制与债务渠道选择

表 7.5 报告了引入外部银行竞争因素 COMP 后，模型(7.2)分别在全样本和 DIVER>0 分样本(终极控制人存在两权分离的情况)下，以 BDR 为测试变量的回归结果①。可以看到，

① 需要说明的是，鉴于银行竞争影响上市公司公开债务的作用机制和实现途径不同于银行借贷，因此，并未在模型(2)中展开对债务配置结构另一度量指标——公开债务比例(PDR)的讨论。

表 7.5　银行竞争影响终极控制人与银行借贷比例关系的回归结果

变量	BDR		BDR
	全样本	分样本(DIVER>0)	全样本
常数项	1.9828*** (0.6331)	1.7038* (0.9426)	−0.1152** (0.0489)
DIVER	−0.0119*** (0.0036)	−0.0166** (0.0067)	
DIVER×COMP	0.0088** (0.0060)	0.0274** (0.0137)	
COMP	0.0166 (0.0929)	0.0248* (0.0359)	
DIVER_DUM			−0.0102*** (0.0035)
DIVER_DUM×COMP_DUM			0.0107** (0.0051)
COMP_DUM			0.0044 (0.0047)
SIZE	−0.0120*** (0.0025)	−0.0102* (0.0039)	−0.0063*** (0.0012)
LEVERAGE	0.3656*** (0.0144)	0.3259*** (0.0218)	0.4865*** (0.0071)
FATA	0.2915*** (0.0157)	0.3242*** (0.0240)	0.1572*** (0.0076)
GROWTH	0.0131** (0.0050)	0.0083 (0.0074)	0.0049** (0.0024)
SHRCR	−0.0280 (0.0026)	−0.0302 (0.0328)	−0.0165* (0.0074)
SINDEX	−0.0337 (0.0263)	−0.0036 (0.0322)	0.0102 (0.0087)
ROA	−0.2852*** (0.0514)	−0.2051* (0.0733)	−0.1863*** (0.0251)
RISK	0.0044 (0.0447)	−0.0120 (0.0647)	−0.0415* (0.0218)
CASH	−0.0027*** (0.0002)	−0.0029*** (0.0003)	−0.0007*** (0.0001)
TOBINQ	−0.0136*** (0.0022)	−0.0176*** (0.0034)	−0.0041*** (0.0106)
LOANQUO	−0.1540*** (0.0569)	−0.1252* (0.0836)	−0.0695*** (0.0264)
LNGDP	0.0787 (0.0489)	0.0638 (0.0718)	0.0067 (0.0224)
STOCKM	−0.0534* (0.0323)	−0.0341 (0.0480)	−0.0254 (0.0157)
Industry Fixed Effect	YES	YES	YES
Year Fixed Effect	YES	YES	YES
Province Fixed Effect	YES	YES	YES
样本数	8975	4143	8975
拟合优度 R^2	0.3372	0.3538	0.2090

注：括号内为标准误；***、**和*分别表示在 1%、5%和 10%水平统计显著。

DIVER 与 BDR 的回归系数均显著负相关，而主要观察对象交互项 DIVER×COMP 与 BDR 回归系数分别在 5%水平上显著为正(系数分别为 0.0088 和 0.0274)，对立假设中的假设 7.2b 得证，即业内竞争的加剧会弱化银行作为可选择债务配置渠道下的强势债权人监管效力，两权分离下的终极控制人规避动机减弱的同时，债务配置结构中的银行借贷比例也由此提升；此外，COMP 与 BDR 的回归系数虽然为正，但统计上的显著性不强(全样本中不显著，DIVER＞0 分样本中 10%水平上显著)，对此，可能存在的解释是：2013 年之前，我国银行业的信贷管制仍较为严格所致，银行业竞争对降低信贷资金成本的作用有限，对上市公司银行借贷比例的总体影响也就不明显。此外，考虑到样本的分布特征，进一步地进行了主要度量指标的如下处理：首先，将终极控制人两权分离度 DIVER 按是否大于 0 生成虚拟变量 DIVER_DUM，即 DIVER＞0，DIVER_DUM 取 1，否则取 0；其次，将 COMP 按年度中位数高低，生成虚拟变量 COMP_DUM，即 COMP 大于当年银行竞争度的中位数，则 COMP_DUM 取 1，否则取 0；最后，生成交互项 DIVER_DUM×COMP_DUM。

7.4　稳健性检验

为保证研究结论的可靠性，本节进行了如下稳健性测试，具体包括：

首先，在样本选择上：①针对 2008 年金融危机的影响，分别采取剔除 2008 年数据、剔除 2008 年之后受产业刺激政策影响较为严重的基建行业的做法，重复主体实验过程，回归结果稳健。②鉴于公司上市当年资产负债结构可能存在的异常情况，以主体样本为基础，删除了当年 IPO 的公司后，重复检验，结果稳健。③参照前文提到的“2013 年全面放开国内金融机构贷款利率管制(包括取消贷款利率 7 折下限)”等规定对银行竞争格局产生的冲击性影响。将样本截至 2012 年。重复主体部分回归后发现，主要研究变量的回归结果稳健性增强，意味着银行竞争中信贷成本存在过度刚性管制时，很大程度上影响了银行债权治理效应的发挥，尤其是对上市公司而言，“客户争夺效应”更为明显。④为保证终极控制人拥有对上市公司债务融资决策的绝对控制权，去掉了样本中终极控制人控制权不足 20%的公司样本，并以余下样本设置实验组，重复主体部分回归后发现，主要研究变量的回归显著性增强，结果稳健。

其次，在度量指标的选取上：①按照终极控制人两权分离度 DIVER 是否大于 0，生成虚拟变量 DIVER_DUM，即 DIVER＞0，DIVER_DUM 取 1，否则取 0。将 DIVER_DUM、之前按 COMP 年度中位数高低生成的虚拟变量 COMP_DUM 以及二者的交互项 DIVER_DUM×COMP_DUM，代入模型(7.2)，重复回归过程。主要观察对象交互项系数仍在 5%水平显著为正(全样本)，结果稳健。②主体部分呈现了基于固定效应模型的回归结果，其本质上是一种 OLS 估计，描述的是自变量对于因变量的条件期望，即是一种“平均而言”的情形，而当希望对某一变量分布在不同未知的是数据点进行研究时，分位数回归(quantile regression)便是一种很好的选择(Koenker and Bassett，1978；林志帆和龙晓旋，2015)。例如，为探知两权分离在银行竞争水平上对上市公司债务配置结构的影响，只能通过在模型中引入交互项的方式来实现。这种做法得到的仍是一种线性拟合，可能与实际情况不尽相同。对此，对 BDR 采用分位数回归方法：将 BDR 最低 1/4 分组和最高 1/4 分组的方式分别进行回归，其原因在于：对已有银行借贷水平较高的公司而言，已承受较大强度的银行监管，新增银行贷款监管效力边际递减，此时，终极控制人的规避动机也相应减弱，导致两权分离度与银行借贷之间负相关关系的减弱。回归结果显示，DIVER 对 BDR 的影响在最低 1/4 分组存在 5%水平的显著负相关(系数-0.0437，标准误 0.0087)，而在最高 1/4 分组中，回归结果不显著(系数 0.0297，标准误 0.0360)。该结果仍支持了“终极控制人规避银行债权人强势监管”的立论。③类似 6.6 节的稳健性做法，采用“各省四大非国有金融机构吸收存款占当地全部金融机构吸收存款的比例”来反映当地金融业的市场竞争水平(马君潞等，2013)，重复主体过程，结果稳健。 此外，考虑到终极控制人对债务渠道选择的调整有可能不是即期实现的，因此分别对主要解释变量(DIVER、COMP 和 DIVER×COMP)采用滞后一期的处理方式后，重新进行了回归检验，结果发现主要研究结论仍成立。

7.5 本 章 小 结

公开债券市场改革在拓宽公司债务融资渠道的同时，如果不能实现监管完善的发展目标，那么就相当于为终极控制人“隧道行为”提供了新的规避管道。本章以终极控制人对强势债权人的规避动机为视角，通过分析上市公司债务融资渠道中公开债务与非公开债务在监督约束治理属性上的强弱差异，结合我国推进债券市场建设和深化银行业改革所引发的公司外部履约环境变化，研究了影响上市公司终极控制人进行债务配置渠道选择的内外动因。研究发现，两权分离所引发的超额控制权在导致终极控制人“隧道行为”的同时，也使其产生了对强势银行债权人监管的规避动机，转而选择治理效力较为弱势的债务融资渠道；研究结果还进一步证实银行竞争加剧会造成银行客户争夺的“胁从效应”，严重弱化了银行债务的治理效力，终极控制人规避动机减弱，并由此带来债务融资渠道选择中银行借贷比例的提升。

第 8 章　结论与展望

8.1　主要研究结论

对我国“新兴+转轨”背景下成长起来的上市公司而言，社会主义市场经济的建设过程中所推行的一系列法制改革举措和金融深化措施，其主旨均在于完善信用履约机制、规范市场运行秩序以保障经济主体利益，但就其实施效果而言，以上体制深化因素究竟通过何种机制发生相互作用，实际效果如何以及是否真正提升了信贷资源配置效率，则有待进一步检验。基于此，本书以国内外相关经典理论为基础，通过理论模型构建与实证检验相结合的方法，探究了我国上市公司终极控制代理下债务融资行为的决策动因以及外部制度力量变迁对其产生影响的作用机理与实现效果。主要研究结论如下：

第一，本书第 4 章从产权控制路径顶端的终极控制人现金流权与控制权分离的控制权配置角度，通过数理模型论证了两权分离下终极控制人私利动机的存在以及外部制度环境对控制权私利动机治理效应的存在；通过理论推导不同债务治理效力下的公司内部人清算收益模型，提出其在履约机制缺失/完善不同条件下的债务融资占有策略；构建同时存在“外部履约环境”“控制人私利动因”和“债务治理效力”三方博弈的理论模型，推导出了终极控制代理下的债务融资博弈均衡，即随着外部履约环境的完善，强势监管效力的债务治理作用得以发挥，终极控制人在外部履约机制缺失时的融资均衡选择被打破，进而通过降低强势债务融资、提高弱势债务融资以及降低融资总量的行为方式，达到新的决策均衡。

第二，好的市场经济一定需要健全的法制作为支撑，法制建设的健全不仅会明显改变微观经济主体的预期，还会因此涉及其他参与交易主体的利益。在 2007 年，以产权保护为主旨的《物权法》颁布实施，它所带来权利人本位保护倾向的根本转变和外部履约机制的完善，有助于债务强势治理效力的发挥，极大地影响了信贷关系中债务方的交易预期，并反映到了债务融资需求的规模效应上。本书第 5 章在法制改革的自然实验框架下，以上市公司终极控制人是否存在两权分离划分实验组和控制组，采用 DID 方法，实证检验了法制改革所带来的债权人保护冲击对上市公司终极控制下的债务融资规模和过度负债水平的影响。研究发现，相比受法制改革冲击较小(不存在两权分离)的终极控制人而言，受法制改革冲击较大(两权分离下)的终极控制人更大幅度地缩减了上公司的债务融资规模和过度负债水平。

第三，在我国社会主义市场经济的建设过程中，法制不健全和金融发展不足导致很长一段时间内的银行事后求偿风险过高，虽然长期债务还可以通过定期还本付息压力和资本投向约束对债务企业形成一定程度上的监督和治理作用，但理论上具有更为强势治理效力的短期债务却基本“失效”，其中一个重要特征就是银行债务期限的短期化倾向。本书第

6 章首先在《物权法》颁布实施的自然实验框架下，以“短期债务相较长期债务更具治理效力”和“两权分离下终极控制人对强势治理效力债务的规避效应”为逻辑起点，采用 DID 方法，实证检验了法制改革后终极控制下上市公司的银行债务期限调整决策。研究发现，法制改革提升了短期债务的清算效应和求偿威胁，激发了终极控制人的短期债务规避动机，且相比不存在两权分离的终极控制人而言，两权分离下终极控制人受法制改革的影响更大，表现为更大程度地缩减了短期债务、扩张了长期债务并降低了整体银行债务融资规模；此外，结合我国各地区金融发展差异下的银行竞争环境，探讨银行业竞争对银行债务外部履约机制的影响效果，研究后发现，银行业竞争加剧削弱了短期债务强势治理效力的发挥，弱化了两权分离下终极控制人对短期债务的规避动机，上市公司债务期限结构中的短期债务占比由此上升。

第四，在我国能够进行公开债券发行的上市公司基本都具有银行贷款资格，对上市公司债务融资渠道选择而言，公开债务与银行借贷之间存在着一定的竞争性和替代性。现阶段，公开债券市场的发展与扩容也为终极控制代理下的上市公司进行债务融资渠道的选择和管理提供了某种可能。本书第 7 章以终极控制人对强势债权人的规避动机为视角，通过分析上市公司债务融资渠道中公开债务与非公开债务在监督约束治理属性上的强弱差异，结合我国推进债券市场建设和深化银行业改革所引发的公司外部履约环境变化，研究了影响上市公司终极控制人进行债务配置渠道选择的内外动因。研究发现，两权分离所引发的超额控制权在导致终极控制人“隧道行为”的同时，也使其产生了对强势银行债权人监管的规避动机，转而选择治理效力较为弱势的债务融资渠道；进一步的研究结果表明，地区间的银行竞争加剧会造成银行客户争夺的“胁从效应”，严重弱化了银行债务的治理效力，终极控制人规避动机减弱，并由此带来债务融资渠道选择中银行借贷比例的提升。

8.2　研究启示与政策建议

根据以上所述主要研究结论，本书从以下几个方面总结了研究启示：

第一，本书研究是以产权控制路径顶端的终极控制人现金流权与控制权分离所形成的控制权私利为逻辑起点，经过理论分析和实证检验，结论证明了终极控制下的代理问题是影响我国上市公司债务融资过程中过度负债、短贷长借、恶意发债等行为异象的直接动因。因此，要实现信贷资本配置效率的优化，必须从我国现阶段上市公司内部的代理问题出发，改变公司治理结构当中股权集中或一股独大的所有权结构，大力推进混合所有制改革，发挥股权制衡和债权人治理的积极作用。

第二，为了优化公司债务配置结构，提高信贷配置效率，不仅要考虑公司内部代理问题，还要关注发挥债务治理效力所需的外部履约保证机制。从本书的实证检验结果看，从《物权法》在立法上明确权利人本位保护的法律责任，是为规范信用秩序建立法制保障创造了前提。法制改革所带来的外部履约机制提升，一方面大大刺激了信贷供给方事前提供信贷资本的意愿，另一方面债权人事后求偿保护的实现也有助于债权人监督约束治理效力的发挥，终极控制人私利动机受到制约，并促使其更好地从持续经营和风险预防角度决策债务融资行为。因此，在深入推进我国法治经济建设中的法律法规修订完善时，必须首先树立立法思想上的债权人利益保护原则(如在所有涉及债权人利益的债务重组中，坚持债权人主导原则)；其次，在立法条件不成熟时，相关部门应结合实际制订一些过渡性的法规条例，以弥补法律规定中的一些真空，包括可考虑更多地发挥判例在审判中的作用，以补充制订法律方面的暂时不完善、不完备。此外，我国的法律体系是在社会主义市场经济建立过程中逐步修订完善的，一些法律的诞生在当时是一大进步，但也不可避免地留有发展进程的印记，今天已经需要及时完善，以对信用秩序起到有力的保障作用。在“资本逐利”的市场经济中，法制改革的实施效果并非“一夕之功”抑或可以“一蹴而就”，只有在保证法制建设目的不动摇，尽可能地保证在各方市场、各个渠道共同持续、深入地推进法治建设，才能实现真正意义上的资源配置优化。

第三，由于历史的、体制的原因，目前我国银行业的资产和信贷业务仍主要集中在四大国有商业银行。虽然加入 WTO 使得我国银行业市场化经营的竞争态势加剧，但改革开放以来很长一段时间内，银行信贷资金价格是受到政府严格管制的，债务融资成本呈现相对刚性，无法灵活运用价格杠杆的商业银行在当下宏观管理体制下，信贷资本投放压力增加，面临着阶段性流动性过剩问题。此外，银行竞争加剧还可能造成政府干预银行信贷决策的影响力，制约了银行信贷供给效率的提升。在这样的制度背景下，我国银行竞争的加剧并没有形成市场经济下的完全竞争态势，相反，在行业竞争加剧的过程中，银行往往忽略了内部治理问题，管理较为混乱，风险控制意识薄弱，甚至会因为争夺和留住客户，产生信贷“胁从效应”，无法发挥银行债务真正的治理效力。因此，我国银行体制改革目标，如果盲从西方发达国家市场经济体制下发展起来的、行业集中度视角下的银行竞争理论，就很容易推导出错误的政策指向。实际上，中国银行业改革需要的是通过行业准入制度的改革、引入更多具备多元化产权结构的竞争主体，破除政府隐性担保下的上市公司“优质客户”光环，形成适应中国经济发展需要的、层次丰富齐全的大中小银行结构行业体系。

第四，从我国证券市场成立多年来，出现了大量严重亏损甚至资不抵债的上市公司，但却几乎没有进入破产清算程序的，尤其是 2007 年公开债券市场重启后，在债券信用评级与信息披露机制尚未完善等债权人保护机制缺失的情况下，上市公司债券却有着零违约的“硬通货”特质。与此同时，上市公司终极控制人代理下的私利动机明显，道德风险较高，由于终极控制人会调整实际的债务配置结构以适应监管约束，所以在推进我国资本市场改革、拓宽公司债务融资渠道的同时，还必须清醒地意识到这当中在投资者保护机制设计和实现力度上的不足，否则债券市场很有可能成为终极控制人用以规避强势债权人监管的又一个“避风港”。建立透明、有效的债券资本市场，从上市公司自身治理结构的完善来说，必须优化股权结构，将终极控制人自身利益与其攫取成本紧密联系起来，以约束终极控制人的私利动机；从市场投资者自我保护来说，应该大力加强对发债公司与所发债券信用质量、信息披露与违约风险的关注，树立债券投资风险意识；从政府部门监管来说，则需要加强债券发行企业信用体系建设和法律执行效率，破除债券违约时隐性担保下的“刚性兑付”惯例，按照市场基础环境所需要的标准和要求，通过完善法律、法规以健全公开债券市场保护与惩处机制。

8.3　研究局限与未来展望

由于篇幅、时间以及作者研究水平所限，仍有很多相关问题没有展开充分的论证，并且本书在实证方法和研究深度上等还存在一定的缺陷，主要表现为：

第一，在相应债务融资行为的度量方法上，本书实证设计上根据以往文献所用指标，大多采用资产负债表中负债、有息债务、银行债务等存量数据，存在受其他遗漏变量影响而波动的可能性，无法精准地反应终极控制人规避动因及规避程度。因此，在未来研究中，考虑进一步采用相应指标增加值或现金流量表中的与当年负债现金流入相关的科目作为测试变量。

第二，可能有其他事件也会导致上市公司债务融资规模的变动，例如，股权分置改革、新会计准则实施等，很大程度上是会对上市公司债务融资行为产生影响的外生事件。因此，即使 DID 方法的使用降低了实证研究设计中的内生性问题，但按照终极控制人是否存在两权分离的分组依据，能否很好地排除其他事件影响，除了后续进一步深化、补充《物权法》实施后的具体实例、数据进行论证外，可能还需要针对其他事件冲击作用于上市公司债务融资决策的不同机理进行对比性的分析与说明。

第三，本书对法治金融下影响债务治理效力发挥的制度力量的考量与刻画还不够深入、全面。例如，在法治水平上，本书只考察了《物权法》的颁布实施所带来的权利人本位保护的立法理念转变，所带来的影响与冲击，但实际上，对于一个地区经济主体的发展而言，制度的执行机制也起着关键性作用。毫无疑问，司法执行的公正、有效，是任何法治国家的必然要求，也是衡量一个国家是否真正实行法治的标尺。当代中国在从传统社会向市场化、法制化的现代社会转型过程中，已在立法方面已经取得了令人瞩目的成就，但与此同时，法律制定与法律实施的反差却日益强烈，立法与司法执行的矛盾愈来愈突出。我国中小投资者保护法律的行政执法主要有中国证监会实施，而司法权力的具体行使则归于各级中级人民法院管辖。依据“原告就被告”的原则，中小投资者遭遇内部人侵权的案件一般有上市公司所在中级人民法院管辖。根据宪法，地方人民法院和地方人民检察院由同级人民代表大会产生并对其负责，这样一种司法制度的安排更是决定了地方司法系统隶属于地方政府的客观属性(刘作翔，2002)。2002 年，最高人民法院前院长肖扬在中国人民大学“大法官讲坛”做首场演讲时，就曾指出中国现行司法制度存在司法权力地方化、审判活动行政化、法官职业大众化三大问题。特别是其中的司法权力地方化，即人民法院的产生、法官的任免、司法经费等都是在同级政府控制之下，从而导致了司法地方保护主义的滋生。更为关键的是，我国大部分上市公司是由旧的国有企业中剥离出优质资产组建而来，天然地负有为母公司“脱贫解困”乃至“振兴一方”的使命，而这种使命与市场经济中上市公司的独立性是背道而驰的。但财政分税制导致地方政府与当地上市公司之间存在密切的利益关系，衍生出了为“保护辖区内企业以进一步保护税基的动机与激励机制”(潘越等，2015)。因此，在我国各地区落实债权人保护的司法执行效率差异背景下，考察上市公司终极控制人代理下的债务融资行为，也有待于在未来的研究中逐步展开与深入。

参考文献

安灵，刘星，白艺昕，2008. 股权制衡、终极所有权性质与上市企业非效率投资[J]. 管理工程学报，22(2)：122-129.

巴曙松，刘孝红，牛播坤，2005. 转型时期中国金融体系中的地方治理与银行改革的互动研究[J]. 金融研究，(5)：25-37.

白钦先，谭庆华，2006. 论金融功能演进与金融发展[J]. 金融研究，(7)：41-52.

白钦先，王伟，2004. 政策性金融可持续发展必须实现的“六大协调均衡”[J]. 金融研究，(7)：14-22.

蔡竞，董艳，2016. 银行业竞争与企业创新——来自中国工业企业的经验证据[J]. 金融研究，(11)：96-111.

陈超，郭志明，2008. 我国企业债券融资、财务风险和债券评级[J]. 当代财经，(2)：39-48.

陈超，李镕伊，2014. 债券融资成本与债券契约条款设计[J]. 金融研究，(1)：44-57.

陈德球，胡晴，梁媛，2014. 劳动保护、经营弹性与银行借款契约[J]. 财经研究，40(9)：62-72.

陈德球，金雅玲，董志勇，2016. 政策不确定性、政治关联与企业创新效率[J]. 南开管理评论，19(4)：27-35.

陈登彪，2015. 金字塔结构下双层内部资本市场中的利益攫取与财务流动性[D]. 北京：北京交通大学.

陈国进，王磊，2009. 法治、金融发展与经济增长——基于我国省际数据的经验证据[J]. 山西财经大学学报，31(1)：15-20.

陈克兢，2015. 外部治理环境、终极控制人特征对上市公司盈余管理的影响研究[D]. 大连：大连理工大学.

陈文哲，2014. 金融发展指标设计与区域金融发展度量——基于微观企业数据的研究分析[D]. 天津：南开大学.

陈学胜，张建波，董文龙，2012. 资本市场开放降低了企业融资约束吗？——基于中国上市公司的实证研究[J]. 证券市场导报，(11)：32-38.

陈彦斌，陈小亮，陈伟泽，2014. 利率管制与总需求结构失衡[J]. 经济研究，(2)：18-31.

陈雨露，马勇，2008. 社会信用文化、金融体系结构与金融业组织形式[J]. 经济研究，(3)：29-38.

成志策，2015. 政府干预、金字塔股权结构与公司绩效[D]. 南昌：江西财经大学.

程建伟，2007. 经济周期波动对企业债务结构的影响[J]. 改革，(1)：79-84.

程仲鸣，夏新平，余明桂，2008. 政府干预、金字塔结构与地方国有上市公司投资[J]. 管理世界，(9)：37-47.

戴传利，2014. 我国地方政府债务融资监管法律问题研究[D]. 合肥：安徽大学.

戴璐，2008. 股权再融资后的“双高”现象研究：超额短期借款融资的视角[J]. 经济科学，(3)：85-96.

戴璐，汤谷良，2007. 长期“双高”现象之谜：债务融资、制度环境与大股东特征的影响——基于上海科技与东盛科技的案例分析[J]. 管理世界，(8)：129-139.

戴治勇，2008. 执法经济学：一个文献综述[J]. 管理世界，(6)：161-167.

戴治勇，2012. 司法判决一定不利于弱者吗? [J]. 南方经济，(8)：115-122.

戴治勇，2014. 法治、信任与企业激励薪酬设计[J]. 管理世界，(2)：102-110.

戴治勇，高晋康，2015. 金融可得性、融资成本与法律实施[J]. 财经科学，(7)：19-29.

董君楠，2013. 我国不动产抵押物转让规则研究——以《物权法》第 191 条为解释对象[D]. 上海：华东政法大学.

豆中强，2010. 我国上市公司的控制权私利行为及其经济后果研究[D]. 重庆：重庆大学.

窦鹏娟，2016. 新常态下我国公司债券违约问题及其解决的法治逻辑[J]. 法学评论，(2)：143-153.

杜孔，2008. 《物权法》中担保物权对《担保法》的突破[D]. 上海：复旦大学.

樊纲，1999. 论“国家综合负债”——兼论如何处理银行不良资产[J]. 经济研究，(5)：10-17.

樊纲，王小鲁，马光荣，2011. 中国市场化进程对经济增长的贡献[J]. 经济研究，(9)：4-16.

范学俊，2006. 金融体系与经济增长：来自中国的实证检验[J]. 金融研究，(3)：57-66.

方芳，蔡卫星，2016. 银行业竞争与企业成长：来自工业企业的经验证据[J]. 管理世界，(7)：63-75.

方军雄，2007. 所有制、制度环境与信贷资金配置[J]. 经济研究，(12)：82-92.

方军雄，2010. 民营上市公司真的面临银行贷款歧视吗? [J]. 管理世界，(11)：123-131.

方媛，2013. 管理者自利行为与债务融资期限结构研究——基于债权人保护视角[J]. 科学决策，(5)：15-32.

方政，2015. 金字塔结构下的子公司自主性研究[D]. 济南：山东大学.

封铁英，2006. 资本结构选择偏好与企业绩效的关系——基于上市公司“过度负债”与“财务保守”行为的实证分析[J]. 科研管理，27(6)：54-61.

冯果，2009. 权力经济向法治经济的伟大变革——中国经济法制建设三十年回顾与展望[J]. 南都学坛，29(2)：80-85.

冯果，2011. 金融法的“三足定理”及中国金融法制的变革[J]. 法学，(9)：93-101.

冯旭南，2012. 债务融资和掠夺——来自中国家族上市公司的证据[J]. 经济学(季刊)，11(3)：943-968.

付强，2015. 制度环境、终极控制人代理与并购绩效[D]. 重庆：重庆大学.

高友才，刘孟晖，2012. 终极控制人股权特征与公司投融资策略——来自中国制造业上市公司的经验证据[J]. 中国工业经济，(7)：96-108.

高增银，徐旭，2016. 债券违约的法律求解逻辑[J]. 金融市场研究，(8)：71-76.

龚启辉，吴联生，王亚平，2015. 两类盈余管理之间的部分替代[J]. 经济研究，(6)：175-188.

龚强，张一林，林毅夫，2014. 产业结构、风险特性与最优金融结构[J]. 经济研究，(4)：4-16.

辜胜阻，庄芹芹，2016. 资本市场功能视角下的企业创新发展研究[J]. 中国软科学，(11)：4-13.

辜胜阻，庄芹芹，曹誉波，2016. 构建服务实体经济多层次资本市场的路径选择[J]. 管理世界，(4)：1-9.

谷祺，邓德强，路倩，2006. 现金流权与控制权分离下的公司价值——基于我国家族上市公司的实证研究[J]. 会计研究，(4)：30-36.

顾乃康，邓剑兰，陈辉，2015. 控制大股东侵占与企业投融资决策研究[J]. 管理科学，(5)：54-66.

管七海，冯宗宪，2004. 信用违约概率测度研究：文献综述与比较[J]. 世界经济，(11)：40-54.

郭斌，2005. 企业债务融资方式选择理论综述及其启示[J]. 金融研究，(3)：145-157.

郭风云，2008. 制度经济学视角下金融生态法律制度研究[D]. 太原：山西财经大学.

韩亮亮，李凯，2007. 民营上市公司终极股东控制与资本结构决策[J]. 管理科学，(5)：22-30.

韩亮亮，李凯，2008. 控制权、现金流权与资本结构—— 一项基于我国民营上市公司面板数据的实证分析[J]. 会计研究，(3)：66-73.

韩亮亮，李凯，徐业坤，2008. 金字塔结构、融资替代与资本结构——来自中国民营上市公司的经验证据[J]. 南开管理评论，11(6)：74-78.

韩玲慧，2001. 论金融结构的变迁与金融体系效率的提高[J]. 经济科学，23(2)：23-35.

郝蕾，郭曦，2005. 卖方垄断市场中不同担保模式对企业融资的影响——基于信息经济学的模型分析[J]. 经济研究，(9)：58-65.

郝颖，李静明，2011. 我国上市公司资本投向分布与结构效率研究——追溯产权控制路径的实证考察[J]. 经济与管理研究，(8)：73-81.

郝颖，李晓欧，刘星，2012. 终极控制、资本投向与配置绩效[J]. 管理科学学报，15(3)：83-96.

何贤杰，朱红军，陈信元，2008. 政府的多重利益驱动与银行的信贷行为[J]. 金融研究，(6)：1-20.

何瑛，张大伟，2015. 管理者特质、负债融资与企业价值[J]. 会计研究，(8)：65-72.

洪锡熙，沈艺峰，2000. 我国上市公司资本结构影响因素的实证分析[J]. 厦门大学学报：哲学社会科学版，(3)：114-120.

洪修文，2005. 法律制度、金融发展与经济转轨[J]. 求索，(9)：11-14.

洪艳蓉，2015. 公司的信用与评价以公司债券发行限额的存废为例[J]. 中外法学，27(1)：113-129.

侯成群，2008. 论《物权法》对银行信贷业务的影响[D]. 济南：山东大学.

胡吕银，2007. 论物权法的双重结构——兼评《物权法》的立法体例[J]. 法学评论，(6)：20-24.

胡文涛，2002. 逃废金融债务原因分析——以破产制度和银行债权保护为视角[J]. 法学，(7)：61-66.

胡奕明，林文雄，李思琦，等，2008. 大贷款人角色：我国银行具有监督作用吗? [J]. 经济研究，(10)：52-64.

胡奕明，谢诗蕾，2005. 银行监督效应与贷款定价——来自上市公司的一项经验研究[J]. 管理世界，(5)：27-36.

胡援成，刘明艳，2011. 中国上市公司债务期限结构影响因素：面板数据分析[J]. 管理世界，(2)：175-177.

黄国平，刘煜辉，2007. 中国金融生态环境评价体系设计与分析[J]. 系统工程理论与实践，27(6)：7-14.

黄辉，2009. 制度导向、宏观经济环境与企业资本结构调整——基于中国上市公司的经验证据[J]. 管理评论，21(3)：10-18.

黄隽，2007. 银行竞争与银行数量关系研究——基于韩国、中国和中国台湾的数据[J]. 金融研究，(7)：78-93.

黄少安，赵建，2009. 转轨失衡与经济的短期和长期增长：一个寻租模型[J]. 经济研究，(12)：80-92.

黄韬，2015. 央地关系视角下我国地方债务的法治化变革[J]. 法学，(4)：22-35.

季卫东，1993. 法律程序的意义——对中国法制建设的另一种思考[J]. 中国社会科学，(1)：83-103.

简泽，张涛，伏玉林，2014. 进口自由化、竞争与本土企业的全要素生产率——基于中国加入 WTO 的一个自然实验[J]. 经济研究，(8)：120-132.

江春，许立成，2005. 法与金融学的文献综述[J]. 经济学动态，(5)：91-94.

江春，许立成，2007. 金融发展中的制度因素：理论框架与国际经验[J]. 财经科学，(4)：1-7.

江春，许立成，2009. 文化、金融发展与经济增长文献综述[J]. 经济评论，(6)：138-142.

江伟，2011. 金融发展、银行贷款与公司投资[J]. 金融研究，(4)：113-128.

江伟，李斌，2006. 制度环境、国有产权与银行差别贷款[J]. 金融研究，(11)：116-126.

姜付秀，黄继承，2011. 市场化进程与资本结构动态调整[J]. 管理世界，(3)：124-134.

姜付秀，屈耀辉，陆正飞，等，2008. 产品市场竞争与资本结构动态调整[J]. 经济研究，(4)：99-110.

蒋琰，2009. 权益成本、债务成本与公司治理：影响差异性研究[J]. 管理世界，(11)：144-155.

金艳，2016. 上市公司内部治理对诉讼风险的影响研究[D]. 大连：东北财经大学.

康燕娜，2015. 债券与银行贷款两类融资方式对企业投资效率影响的比较研究[D]. 上海：东华大学.

匡海波，李延喜，曹雨，2007. 最佳资本结构、债务期限结构与公司收益的相关性研究[J]. 管理评论，19(12)：55-60.

雷光勇，王文，2014. 政府治理、风险承担与商业银行经营业绩[J]. 金融研究，(1)：110-123.

黎凯，叶建芳，2007. 财政分权下政府干预对债务融资的影响——基于转轨经济制度背景的实证分析[J]. 管理世界，(8)：23-34.

黎来芳，叶宇航，孙健，2013. 市场竞争、负债融资与过度投资[J]. 中国软科学，(11)：91-100.

李广子，刘力，2009. 债务融资成本与民营信贷歧视[J]. 金融研究，(12)：137-150.

李浩，1996. 论法院调解中程序法与实体法约束的双重软化——兼析民事诉讼中偏重调解与严肃执法的矛盾[J]. 法学评论，(4)：11-16.

李宏，2009. 金融结构与经济发展关系研究新进展[J]. 经济学动态，(2)：111-116.

李健，贾玉革，2005. 金融结构的评价标准与分析指标研究[J]. 金融研究，(4)：57-67.

李鎔伊，2013. 中国公司债投资者保护机制研究[D]. 上海：复旦大学.

李维安，钱先航，2010. 终极控制人的两权分离、所有制与经理层治理[J]. 金融研究，(12)：80-98.

李喜梅，2013. 放松管制、银行竞争与区域经济增长[J]. 中国软科学，(9)：187-192.

李延喜，陈克兢，2014. 终极控制人、外部治理环境与盈余管理——基于系统广义矩估计的动态面板数据分析[J]. 管理科学学报，17(9)：56-71.

李扬，2011. 融资规模结构对上市公司绩效影响分析[J]. 管理世界，(4)：175-177.

李扬，2013. 中国经济发展新阶段的金融改革[J]. 经济学动态，(6)：4-14.

李扬，2014. 完善金融的资源配置功能——十八届三中全会中的金融改革议题[J]. 经济研究，(1)：8-11.

李扬，2015. 依法治国与社会主义市场经济建设——学习贯彻中共十八届四中全会精神笔谈[J]. 经济研究，(1)：4.

李义超，2003. 我国上市公司融资结构实证分析[J]. 数量经济技术经济研究，20(6)：147-150.

李增泉，孙铮，王志伟，2004. “掏空”与所有权安排——来自我国上市公司大股东资金占用的经验证据[J]. 会计研究，(12)：3-13.

李湛，2011. 中国企业债务结构和债务工具选择的理论和实证研究[D]. 广州：暨南大学.

李志斌，2013. 市场化进程、实际控制人与内部控制有效性——来自我国上市公司的经验证据[J]. 财经科学，(6)：63-70.

廖冠民，卢闯，陈勇，2006. 股权结构、财务困境成本与困境公司绩效[J]. 南开管理评论，(6)：68-73.

廖冠民，沈红波，2014. 国有企业的政策性负担：动因、后果及治理[J]. 中国工业经济，(6)：96-108.

廖冠民，唐弋宇，吴溪，2010. 经营风险、产权性质、银行竞争与企业债务期限结构：基于流动性风险理论的实证检验[J]. 中国会计与财务研究，12(4)：1-75.

廖理，张学勇，2008. 全流通纠正终极控制者利益取向的有效性——来自中国家族上市公司的证据[J]. 经济研究，(8)：77-89.

林斌，周美华，舒伟，等，2013. 内部控制、公司诉讼和公司价值[J]. 中国会计评论，(4)：431-456.

林乐，谢德仁，陈运森，2013. 实际控制人监督、行业竞争与经理人激励——来自私人控股上市公司的经验证据[J]. 会计研究，(9)：36-43.

林毅夫，孙希芳，2005. 信息、非正规金融与中小企业融资[J]. 经济研究，(7)：35-44.

林毅夫，孙希芳，姜烨，2009. 经济发展中的最优金融结构理论初探[J]. 经济研究，(8)：45-49.

林志帆，龙晓旋，2015. 金融结构与发展中国家的技术进步——基于新结构经济学视角的实证研究[J]. 经济学动态，(12)：57-68.

刘海渤，2004. 民事非讼审判程序初探[J]. 中国法学，(3)：86-92.

刘芍佳，孙霈，刘乃全，2003. 终极产权论、股权结构及公司绩效[J]. 经济研究，(4)：51-62.

刘伟，2015. 市场经济秩序与法律制度和法治精神[J]. 经济研究，(1)：14-16.

刘伟，苏剑，2014. 良性与恶性“通缩”冲击下的中国经济增长和宏观调控——对近期中国经济趋势的考察[J]. 经济学动态，(12)：4-9.

刘小玄，周晓艳，2011. 金融资源与实体经济之间配置关系的检验——兼论经济结构失衡的原因[J]. 金融研究，(2)：57-70.

刘星，付强，郝颖，2015. 终极控制人代理、两权分离模式与控制权私利[J]. 系统工程理论与实践，35(1)：75-85.

刘星，李宁，2016. 求偿保护、终极控制与债务融资决策——基于《物权法》实施的自然实验[J]. 中国会计评论，14(1)：45-62.

刘星，李宁，张超，2015. 银行竞争、终极控制与债务配置结构[J]. 会计研究，(10)：44-50.

刘星，连军，2011. 终极控制、公司治理与地方国有公司过度投资[J]. 科研管理，32(8)：105-112.

刘运国，吴小云，2009. 终极控制人、金字塔控制与控股股东的“掏空”行为研究[J]. 管理学报，6(12)：1661-1669.

刘作翔，2002. 权利冲突的几个理论问题[J]. 中国法学，(2)：56-71.

卢峰，姚洋，2004. 金融压抑下的法治、金融发展和经济增长[J]. 中国社会科学，(1)：42-55.

陆正飞，高强，2003. 中国上市公司融资行为研究——基于问卷调查的分析[J]. 会计研究，(10)：16-24.

陆正飞，何捷，窦欢，2015. 谁更过度负债：国有还是非国有企业? [J]. 经济研究，(12)：54-67.

陆正飞，辛宇，1998. 上市公司资本结构主要影响因素之实证研究[J]. 会计研究，(8)：34-37.
吕长江，肖成民，2008. 法律环境、公司治理与利益侵占——基于中、美股票市场的比较分析[J]. 中国会计评论，6(2)：141-162.
吕怀立，钟宇翔，李婉丽，2016. 发审制度、交易机制与盈余信息的债券定价功能[J]. 管理评论，28(12)：14-29.
罗党论，唐清泉，2005. 大股东利益输送与投资者保护—— 一个分析框架[J]. 管理科学，18(5)：77-81.
罗党论，唐清泉，2007. 政府控制、银企关系与企业担保行为研究——来自中国上市公司的经验证据[J]. 金融研究，(3)：151-161.
罗培新，2009. 美国金融监管的法律与政策困局之反思——兼及对我国金融监管之启示[J]. 中国法学，(3)：91-105.
罗炜，朱春艳，2010. 代理成本与公司自愿性披露[J]. 经济研究，(10)：143-155.
马君潞，郭牧炫，李泽广，2013. 银行竞争、代理成本与借款期限结构——来自中国上市公司的经验证据[J]. 金融研究，(4)：71-84.
马连福，曹春方，2011. 制度环境、地方政府干预、公司治理与 IPO 募集资金投向变更[J]. 管理世界，(5)：127-139.
马文琦，2014. 优序融资理论在公司债券融资上的应用[J]. 时代金融，(11)：274-274.
毛新述，孟杰，2013. 内部控制与诉讼风险[J]. 管理世界，(11)：155-165.
倪铮，张春，2007. 银行监督、企业社会性成本与贷款融资体系[J]. 数量经济技术经济研究，24(11)：66-76.
潘越，潘健平，戴亦一，2015. 公司诉讼风险、司法地方保护主义与企业创新[J]. 经济研究，(3)：131-145.
裴长洪，2015. 法治经济：习近平社会主义市场经济理论新亮点[J]. 经济学动态，(1)：4-12.
裴长洪，2016. “十三五”：迈向更高层次开放型经济[J]. 经济学动态，(1)：4-14.
祁斌，2014. 加快推进多层次资本市场建设化解中小企业发展困局[J]. 清华金融评论，(11)：28-31.
齐艳，2016. 我国公司债券违约及其刚性兑付的经济后果研究[D]. 昆明：云南财经大学.
钱先航，曹廷求，2015. 法律、信用与银行贷款决策——来自山东省的调查证据[J]. 金融研究，(5)：101-116.
钱先航，曹廷求，李维安，2011. 晋升压力、官员任期与城市商业银行的贷款行为[J]. 经济研究，(12)：72-85.
钱颖一，2000. 市场与法治[J]. 经济社会体制比较，(3)：1-11.
秦朵，2000. 过度负债在多大程度上导致了韩国 1997 年的货币危机? [J]. 世界经济，(5)：9-18.
裘翔，2015. 期限错配与商业银行利差[J]. 金融研究，(5)：83-100.
屈耀辉，2006. 中国上市公司资本结构的调整速度及其影响因素——基于不平行面板数据的经验分析[J]. 会计研究，(6)：56-62.
冉昊，2013. 大陆法系与英美法系财产法律实施的系统比较：个人意思与整体关系[J]. 私法，(6)：53-78.
冉昊，2015. 论权利的“相对性”及其在当代中国的应用——来自英美财产法的启示[J]. 环球法律评论，(2)：43-59.
冉茂盛，李文洲，2015. 终极控制人的两权分离、债务融资与资金侵占——基于家族上市公司的样本分析[J]. 管理评论，27(6)：197-208.
沈红波，廖冠民，曹军，2011. 金融发展、产权性质与上市公司担保融资[J]. 中国工业经济，(6)：120-129.
沈艺峰，肖珉，黄娟娟，2005. 中小投资者法律保护与公司权益资本成本[J]. 经济研究，(6)：115-124.
沈艺峰，肖珉，林涛，2009. 投资者保护与上市公司资本结构[J]. 经济研究，(7)：131-142.
沈艺峰，许年行，杨熠，2004. 我国中小投资者法律保护历史实践的实证检验[J]. 经济研究，(9)：90-100.
盛明泉，张敏，马黎珺，等，2012. 国有产权、预算软约束与资本结构动态调整[J]. 管理世界，(3)：151-157.
时晋，曾斌，2013. 市场分立与监管竞争——我国公司债券市场发展的法经济学研究[J]. 制度经济学研究，(1)：61-77.
宋艳伟，2008. 法治水平、地方政府干预行为与金融发展[J]. 上海金融，(7)：25-30.
苏冬蔚，曾海舰，2009. 宏观经济因素与公司资本结构变动[J]. 经济研究，(12)：52-65.
苏坤，2013. 实际控制人与市场化进程对资本结构的影响[J]. 系统工程，(1)：18-28.
苏宁，2005. 借鉴国际经验，加快建立适合中国国情的存款保险制度[J]. 金融研究，(12)：1-5.

孙慧，2016. 股东或实际控制人提供担保的有效性分析[J]. 银行家，(3)：115-116.

孙亮，柳建华，2011. 银行业改革、市场化与信贷资源的配置[J]. 金融研究，(1)：94-109.

孙天琦，张晓东，2009. 美国次贷危机：法律诱因、立法解危及其对我国的启示[J]. 法商研究，(2)：133-142.

孙铮，刘凤委，李增泉，2005. 市场化程度、政府干预与企业债务期限结构——来自我国上市公司的经验证据[J]. 经济研究，(5)：52-63.

谈儒勇，吴兴奎，2005. 我国各地金融发展差异的司法解释[J]. 财贸经济，(12)：14-17.

汤洪波，2006. 现代资本结构理论的发展：从 MM 定理到融资契约理论[J]. 金融研究，(2)：70-77.

唐松，杨勇，孙铮，2009. 金融发展、债务治理与公司价值——来自中国上市公司的经验证据[J]. 财经研究，35(6)：4-16.

唐宗明，蒋位，2002. 中国上市公司大股东侵害度实证分析[J]. 经济研究，(4)：44-50.

童盼，陆正飞，2005. 负债融资对企业投资行为影响研究：述评与展望[J]. 会计研究，(12)：71-76.

涂瑞，2014. 终极所有权结构、制度环境与融资结构动态调整[D]. 成都：西南交通大学.

万良勇，2013. 法治环境与企业投资效率——基于中国上市公司的实证研究[J]. 金融研究，(12)：154-166.

汪波，宋胜洲，2008. 债权人积极作用与被动地位的悖论——论中国破产制度的根本缺陷及其改革[J]. 改革与战略，(7)：29-30，43.

汪翀，2015. 银行业管制体系研究——基于价格竞争的视角[J]. 国际金融研究，(5)：56-66.

汪辉，2003. 上市公司债务融资、公司治理与市场价值[J]. 经济研究，(8)：28-35.

汪利娜，2009. 美国金融危机：成因与思考[J]. 经济学动态，(3)：53-60.

王彬，2016. 经济增长、融资与债务风险[J]. 金融监管研究，(9)：25-42.

王东静，2007. 中国上市公司债务期限结构研究——短期债务主导的成因、后果及优化对策[D]. 上海：上海交通大学.

王芳，2013. 我国债券市场信息披露的现状、问题与对策[J]. 证券市场导报，(2)：66-73.

王芳，周红，2015. 担保方式效应与独立审计需求——基于中国债券市场的研究[J]. 会计研究，(7)：71-78.

王合绪，2001. 过度负债与所有者控制[J]. 经济评论，(1)：27-31.

王化成，蒋艳霞，王珊珊，等，2011. 基于中国背景的内部资本市场研究：理论框架与研究建议[J]. 会计研究，(7)：28-37.

王化成，李春玲，卢闯，2007. 控股股东对上市公司现金股利政策影响的实证研究[J]. 管理世界，(1)：122-136.

王立延，2013. 基于契约控制权的内生企业资本结构决策研究[D]. 上海：东华大学.

王鲁平，林桓，康华，2014. 终极控制人对银行借款期限结构选择的影响[J]. 系统工程，(12)：1-13.

王满四，2003. 负债融资的公司治理效应及其机制研究[D]. 杭州：浙江大学.

王鹏，2008. 投资者保护、代理成本与公司绩效[J]. 经济研究，(2)：68-82.

王鹏，周黎安，2006. 控股股东的控制权、所有权与公司绩效：基于中国上市公司的证据[J]. 金融研究，(2)：88-98.

王雄元，张春强，2013. 声誉机制、信用评级与中期票据融资成本[J]，金融研究，(8)：150-164..

王秀丽，鲍明明，张龙天，2014. 金融发展、信贷行为与信贷效率——基于我国城市商业银行的实证研究[J]. 金融研究，(7)：94-108.

王妍，陈守东，2014. 系统性金融风险研究——基于金融不稳定的视角[J]. 数量经济研究，5(2)：12-21.

王彦超，姜国华，辛清泉，2016. 诉讼风险、法制环境与债务成本[J]. 会计研究，(6)：30-37.

王彦超，林斌，辛清泉，2008. 市场环境、民事诉讼与盈余管理[J]. 中国会计评论，(1)：21-40.

王志强，洪艺珣，2009. 中国上市公司资本结构的长期动态调整[J]. 会计研究，(6)：50-57.

魏锋，刘新文，2013. 我国各地区债权人保护的测度和演变：1995～2009 年[J]. 制度经济学研究，(4)：100-122.

魏锋，沈坤荣，2009. 所有制、债权人保护与企业信用贷款[J]. 金融研究，(9)：26-39.

文碧桃，2009. 物权法对银行抵押权的影响及对策研究[D]. 长沙：湖南大学.

吴辉凡，2008. 竞争与关系型融资研究评述[J]. 经济学动态，(4)：102-106.
吴莲莲，2013. “管理者”自利与企业债务期限结构研究——基于债权人保护的视角分析[D]. 成都：西南财经大学.
吴晓灵，2005. 稳步发展企业债券市场 全面优化金融资产结构[J]. 金融研究，(3)：1-6.
吴晓灵，2008. 中国债券市场的发展与开放[J]. 中国金融，(2)：10-12.
吴晓求，2015. 大国金融中的中国资本市场[J]. 金融论坛，(5)：28-35.
夏立军，方轶强，2005. 政府控制、治理环境与公司价值——来自中国证券市场的经验证据[J]. 经济研究，(5)：40-51.
萧安富，徐彦斐，2005. 金融生态与资金配置效率的一个微观解释：自贡案例研究[J]. 金融研究，(6)：154-163.
肖浩，孔爱国，2014. 融资融券对股价特质性波动的影响机理研究：基于双重差分模型的检验[J]. 管理世界，(8)：30-43.
肖珉，2008. 法的建立、法的实施与权益资本成本[J]. 中国工业经济，(3)：40-48.
肖泽忠，邹宏，2008. 中国上市公司资本结构的影响因素和股权融资偏好[J]. 经济研究，(6)：119-134.
肖作平，2008. 债务期限结构理论研究综述[J]. 证券市场导报，(6)：48-55.
肖作平，2011. 终极控制股东对债务期限结构选择的影响：来自中国上市公司的经验证据[J]. 南开管理评论，14(6)：25-35.
肖作平，廖理，2007. 大股东、债权人保护和公司债务期限结构选择——来自中国上市公司的经验证据[J]. 管理世界，(10)：99-112.
肖作平，吴世农，2002. 我国上市公司资本结构影响因素实证研究[J]. 证券市场导报，(8)：39-44.
谢德仁，陈运森，2009. 金融生态环境、产权性质与负债的治理效应[J]. 经济研究，(5)：118-129.
谢渡扬，2000. 我国信用秩序与法制保障[J]. 管理世界，(1)：131-135.
谢露，王欣，张敏，2016. 区域竞争与商业银行的盈余质量——基于我国商业银行的经验证据[J]. 金融研究，(7)：134-149.
辛清泉，林斌，2006. 债务杠杆与企业投资：双重预算软约束视角[J]. 财经研究，32(7)：73-82.
徐国祥，刘芳，2012. 我国股市相对有效性的测度及其动态演变机制分析——基于经济圈、产业链和实际控制人分类指数的实证研究[J]. 财经研究，38(1)：49-60.
徐海亮，2015. 中国上市公司债券融资对过度投资的影响研究[D]. 济南：山东财经大学.
徐诺金，2005. 论我国的金融生态问题[J]. 金融研究，(2)：35-45.
徐涛，万解秋，2002. 现代企业融资理论的发展轨迹[J]. 经济学动态，(3)：57-60.
徐细雄，刘星，2012. 金融契约、控制权配置与企业过度投资[J]. 管理评论，(6)：20-26.
徐细雄，易娟，2009. 金融契约理论：基于控制权视角的最新研究[J]. 财经科学，(2)：9-17.
徐昕，黄艳好，汪小棠，2016. 中国司法改革年度报告(2015)[J]. 政法论坛，(3)：104-119.
徐信忠，黄张凯，刘寅，等，2006. 大宗股权定价的实证检验[J]. 经济研究，(1)：101-108.
徐忠，2015. 中国债券市场发展中热点问题及其认识[J]. 金融研究，(2)：29-35.
薛飞，2012. 法与金融视角下的债权人保护与金融发展研究[D]. 重庆：重庆大学.
闫屹，2010. 公司债券市场发展的制度因素分析[D]. 保定：河北大学.
杨解君，2007. 物权法不应被笼统地视为私法[J]. 法学，(7)：42-51.
杨解君，2011. 中国行政法治的观念与制度走向——基于物权法实施所作的分析[J]. 行政法学研究，(1)：106-114.
杨淑娥，苏坤，2009. 终极控制、自由现金流约束与公司绩效——基于我国民营上市公司的经验证据[J]. 会计研究，(4)：78-86.
杨兴全，梅波，2008. 公司治理机制对债务期限结构的影响——来自我国上市公司的经验证据[J]. 财贸研究，19(1)：134-140.
杨飏，2009. 论我国物权法对私人财产权的保护实施—从休谟的财产权理论视野出发[D]. 无锡：江南大学.
杨忠君，2011. 巴塞尔协议框架下的中国银行业监管[D]. 成都：西南财经大学.
姚立杰，罗玫，夏冬林，2010. 公司治理与银行借款融资[J]. 会计研究，(8)：55-61.

姚树洁，冯根福，姜春霞，2004. 中国银行业效率的实证分析[J]. 经济研究，(8)：4-15.
姚耀军，董钢锋，2015. 中小企业融资约束缓解：金融发展水平重要抑或金融结构重要？——来自中小企业板上市公司的经验证据[J]. 金融研究，(4)：148-161.
叶建光，2014. 信贷决策与银行绩效的影响因素研究[D]. 广州：暨南大学.
叶康涛，祝继高，2009. 银根紧缩与信贷资源配置[J]. 管理世界，(1)：22-28.
叶勇，胡培，黄登仕，2005. 中国上市公司终极控制权及其与东亚、西欧上市公司的比较分析[J]. 南开管理评论，8(3)：25-31.
易纲，赵先信，2001. 中国的银行竞争：机构扩张、工具创新与产权改革[J]. 经济研究，(8)：25-32.
于良春，鞠源，1999. 垄断与竞争：中国银行业的改革和发展[J]. 经济研究，(8)：48-57.
余超，杨云红，2016. 银行竞争、所有制歧视和企业生产率改善[J]. 经济科学，(2)：81-92.
余明桂，潘红波，2008. 政府干预、法治、金融发展与国有企业银行贷款[J]. 金融研究，(9)：1-22.
俞红海，徐龙炳，2010. 终极控股股东控制权与全流通背景下的大股东减持[J]. 财经研究，36(1)：123-133.
袁淳，荆新，廖冠民，2010. 国有公司的信贷优惠：信贷干预还是隐性担保？——基于信用贷款的实证检验[J]. 会计研究，(8)：49-54.
袁卫秋，2005. 我国上市公司的债务期限结构——基于权衡思想的实证研究[J]. 会计研究，(12)：53-58.
张超，刘星，李宁，2016. 金融危机、财政刺激与上市公司过度投资[J]. 中国会计评论，14(2)：227-248.
张成思，刘贯春，2016. 最优金融结构的存在性、动态特征及经济增长效应[J]. 管理世界，(1)：66-77.
张会丽，陆正飞，2013. 控股水平、负债主体与资本结构适度性[J]. 南开管理评论，16(5)：142-151.
张健华，王鹏，2011. 银行效率及其影响因素研究——基于中、外银行业的跨国比较[J]. 金融研究，(5)：13-28.
张健华，王鹏，2012. 银行风险、贷款规模与法律保护水平[J]. 经济研究，(5)：18-30.
张维迎，2002. 法律制度的信誉基础[J]. 经济研究，(1)：3-13.
张维迎，柯荣住，2002. 诉讼过程中的逆向选择及其解释——以契约纠纷的基层法院判决书为例的经验研究[J]. 中国社会科学，(2)：31-43.
张卫平，2004. 起诉条件与实体判决要件[J]. 法学研究，(6)：58-68.
张学勇，廖理，2010. 股权分置改革、自愿性信息披露与公司治理[J]. 经济研究，(4)：28-39.
张寻远，2013. 中国区域债务融资工具发展研究[D]. 成都：西南财经大学.
张涌，2000. 从代理成本角度看中国国有企业融资结构的确定[J]. 金融研究，(12)：101-109.
张兆国，何威风，周婕，2006. 中国上市公司控股股东私有收益影响因素的实证研究[J]. 中国软科学，(11)：81-87.
张自合，2013. 论担保物权实现的程序[J]. 法学家，(1)：148-158.
张宗益，吴恒宇，吴俊，2012. 商业银行价格竞争与风险行为关系——基于贷款利率市场化的经验研究[J]. 金融研究，(7)：1-3.
赵晶，郭海，2014. 公司实际控制权、社会资本控制链与制度环境[J]. 管理世界，(9)：160-171.
赵淑霞，2007. 论动产抵押制度与传统物权法的冲突及立法选择[D]. 北京：中国政法大学.
赵旭，2002. 从信贷市场结构看金融脆弱性与银行竞争的关系[J]. 经济科学，(3)：14-21.
赵志君，马跃，郭益耀，等，2002. 银行业放松管制的理论分析与宏观效果—兼论中国加入WTO对大陆和香港的影响[J]. 经济研究，(6)：14-22.
郑华，2011. 预算软约束视角下地方政府过度负债偏好的制度成因分析[J]. 财政研究，(1)：48-51.
郑志刚，2007. 金融发展的决定因素—— 一个文献综述[J]. 管理世界，(3)：138-151.
郑志刚，邓贺斐，2010. 法律环境差异和区域金融发展——金融发展决定因素基于我国省级面板数据的考察[J]. 管理世界，(6)：14-27.

中国社会科学院法学研究所物权法研究课题组，1995. 制定中国物权法的基本思路[J]. 法学研究，(3)：3-10.

周珺，2016. 论公司债权人对未履行出资义务股东的直接请求权[J]. 政治与法律，(5)：96-107.

周黎安，2007. 中国地方官员的晋升锦标赛模式研究[J]. 经济研究，(7)：36-50.

周小川，2010. 推进中国债务资本市场持续健康发展[J]. 中国金融，(23)：8-9.

周业安，1999. 金融抑制对中国企业融资能力影响的实证研究[J]. 经济研究，(2)：15-22.

周志忍、徐艳晴，2014. 基于变革管理视角对三十年来机构改革的审视[J]. 中国社会科学，(7)：66-86.

朱红军，何贤杰，陈信元，2006. 金融发展、预算软约束与企业投资[J]. 会计研究，(10)：64-71.

朱虎，2013. 物权法自治性观念的变迁[J]. 法学研究，(1)：141-158.

朱凯，万华林，陈信元，2010. 控股权性质、IPO 与银行信贷资源配置——基于金融发展环境的分析[J]. 金融研究，(5)：179-190.

朱宁，2016. 刚性泡沫：中国经济为何进退两难[M]. 北京：中信出版社.

朱松，2013. 债券市场参与者关注会计信息质量吗[J]. 南开管理评论，16(3)：16-25.

祝继高，2011. 会计稳健性与债权人利益保护——基于银行与上市公司关于贷款的法律诉讼的研究[J]. 会计研究，(5)：50-57.

祝继高，韩非池，陆正飞，2015. 产业政策、银行关联与企业债务融资——基于 A 股上市公司的实证研究[J]. 金融研究，(3)：176-191.

祝继高，饶品贵，鲍明明，2012. 股权结构、信贷行为与银行绩效——基于我国城市商业银行数据的实证研究[J]. 金融研究，(7)：31-47.

Acharya V V，Subramanian K V，2009. Bankruptcy codes and innovation [J]. Review of Financial Studies，22(12)：4949-4988.

Aghion P，Bolton P，1987. Contracts as a barrier to bntry[J]. The American Economic Review，77(3)：388-401.

Aghion P，Bolton P，1992. An incomplete contracts approach to financial contracting[J]. Review of Economic Studies，59(3)：473-494.

Allen F，Chakrabarti R，De S，et al.，2009. The financial system capacities of India and China[J]. Social Science Electronic Publishing，9(1)：15-38.

Allen F，Gale D，2000. Comparing financial systems[M]. Cambridge：MIT Press.

Allen F，Qian J，Qian M J，2005. Law，finance，and economic growth in China[J]. Journal of Financial Economics，77(7)：57-116.

Baker M，Wurgler J，2000. Market timing and capital structure[J]. Journal of Finance，50(1)：1-32.

Beck T，Demirguc-Kunt A，mLevine R，2004. Finance，inequality，and poverty：cross-country evidence[J]. Social Science Electronic Publishing.

Berkman H ，Scartascini C G ，Stein E ，et al.，2009. Political institutions，state capabilities，and public policy：an international dataset[R]. Washington，D. C.：IDB Research Department.

Berkowitz D，Lin C，Ma Y，2015. Do property rights matter? evidence from a property law enactment[J]. Journal of Financial Economics，116(3)：583-593.

Berle A A，Means G C，1933. The modern corporation and private property[M]. London：Macmillan.

Booth L，Aivazian V，Demirguc-Kunt A，et al.，2001. Capital structures in developing countries[J]. Journal of Finance，56(1)：87-130.

Borisova G，Fotak V，Holland K，et al.，2015. Government ownership and the cost of debt：evidence from government investments in publicly traded firms[J]. Journal of Financial Economics，118(1)：168-191.

Borisova G，Megginson W L，2011. Does government ownership affect the cost of debt? evidence from privatization[J]. Review of Financial Studies，24(8)：2693-2737.

Byoun S, Xu Z, 2014. Contracts, governance, and country risk in project finance: theory and evidence[J]. Journal of Corporate Finance, 26: 124-144.

Cai E A, 1999. Modelling and forecasting[J]. International Journal for Parasitology, 29(1): 93-94.

Caskey J, John H, Liu J, 2012. Leverage, excess leverage, and future returns[J]. Review of Accounting Studies, 17(2): 443-471.

Cenni S, Monferrà S, Salotti V, et al., 2015. Credit rationing and relationship lending: does firm size matter? [J]. Journal of Banking and Finance, 53: 249-265.

Chang C, Chen X, Liao G, 2014. What are the reliably important determinants of capital structure in China? [J]. Pacific-Basin Finance Journal, 30: 87-113.

Cho S S , Ghoul S E, Guedhami O, et al., 2014. Creditor rights and capital structure: evidence from international data[J]. Journal of Corporate Finance, 25: 40-60.

Chong B U , Hwang I D, Kim Y S, 2015. Credit ratings and short-term debt financing: an empirical analysis of listed firms in Korea[J]. Asia-Pacific Journal of Financial Studies, 44(1): 88-128.

Claessens S, Fan J P H, Lang L H P, 2002. The benefits and costs of group affiliation: evidence from East Asia[J]. Emerging Markets Review, 7(1): 1-26.

Claessens S, Laeven L, 2004. What drives bank competition? some international evidence[J]. Journal of Money Credit and Banking, 36(3): 563-583.

Coase R H. 1974. The choice of the institutional framework: a comment[J]. Journal of Law and Economics, 17(2): 493-496.

Cordella T, Yeyati E L. 1988. Financial opening, deposit insurance, and risk in a model of banking competition[J]. European Economic Review, 46(3): 471-485.

Davydenko S A, Franks J R, 2008. Do bankruptcy codes matter a study of defaults in France, Germany, and the U. K. [J]. Journal of Finance, (2): 565-608.

DeAngelo H, DeAngelo L, Whited T M, 2011. Capital structure dynamics and transitory debt[J]. Journal of Financial Economics, 99(2): 235-261.

DeAngelo H, Roll R, 2015. How stable are corporate capital structures? [J]. Journal of Finance, 70(1): 373-418.

Demsetz H, 1983. The structure of ownership and the theory of the firm[J]. The Journal of Law and Economics, 26(2): 375-390.

Demsetz H, Lehn K, 1985. The structure of corporate ownership: causes and consequences[J]. Journal of Political Economy, 93(6): 1155-1177.

Denis D J, Mckeon S B, 2012. Debt financing and financial flexibility evidence from proactive leverage increases[J]. Review of Financial Studies, 25(6): 1897-1929.

Denis D J, Mihov V T, 2003. The choice among bank debt, non-bank private debt, and public debt: evidence from new corporate borrowings [J]. Journal of Financial Economics, 70(1): 3-28.

Diamond D W, 1991. Debt maturity structure and liquidity risk[J]. Quarterly Journal of Economics, 106(3): 709-737.

Diamond D W, Rajan R G, 2001. Banks and liquidity[J]. American Economic Review, 91(2): 422-425.

Djankov S, Qian Y, Roland G, et al., 2006. Entrepreneurship in China and Russia compared[J]. Journal of the European Economic Association, 4(2-3): 352-365.

Drobetz W, Pensa P, Wanzenried G, 2007. Firm characteristics, economic conditions and capital structure adjustments[R]. Basel: Center of Business and Economics, University of Basel.

Du J L, Dai Y, 2005. Ultimate corporate ownership structures and capital structures: evidence from East Asian economies[J].

Corporate Governance An International Review，13(1)：60-71.

Easterbrook F H，1984. Two agency-cost explanations of dividends[J]. American Economic Review，74(4)：650-659.

Faccio M，2006. Politically connected firms[J]. The American Economic Review，96(1)：369-386.

Faccio M，Lang L H P，2004. The ultimate ownership of western european corporations[J]. Journal of Financial Economics，65(3)：365-395.

Fama E F，1985. What' s different about banks? [J]. Journal of Monetary Economics，15(1)：29-39.

Fama E F，Jensen M C，1983. Seperation of ownership and control[J]. Journal of Law and Economics，26(2)：301-325.

Faulkender M，Petersen M A，2006. Does the source of capital affect capital structure? [J]. Review of Financial Studies，19(1)：45-79.

Frank M Z，Goyal V K，2003. Testing the pecking order theory of capital structure[J]. Journal of Financial Economics，67(2)：217-248.

Frank M Z，Goyal V K，2009. Capital structure decisions：which factors are reliably important[J]. Financial Management，38(10)：1-37.

Frank M Z，Shen T，2016. Investment and the weighted average cost of capital[J]. Journal of Financial Economics，119(2)：300-315.

Friedman E，Johnson S，Mitton T，2003. Propping and tunneling[J]. Journal of Comparative Economics，31(4)：732-750.

Frye T，Shleifer A，1997. The invisible hand and the grabbing hand[J]. American Economic Review，87(2)：354-358.

González V M，2015. The financial crisis and corporate debt maturity：the role of banking structure[J]. Journal of Corporate Finance，35：310-328.

Graham J R，Harvey C R，2002. How do cfos make capital budgeting and capital structure decisions?[J]. Journal of Applied Corporate Finance，15(1)：8-23.

Graham J R，Harvey C R，2009. The theory and practice of corporate finance：evidence from the field[J]. Nankai Business Review，60(2-3)：187-243.

Grossman G M，Helpman E，1994a. Protection for sale[J]. American Economic Review，84(4)：833-850.

Grossman G M，Helpman E，1994b. Endogenous innovation in the theory of growth[J]. Journal of Economic Perspectives，8：23-44.

Grossman S J，Hart O D，1988. The costs and benefits of ownership—a theory of vertical and lateral integration[J]. Journal of Political Economy，94：691-719.

Gugler K，Ivanova N，Zechner J，2014. Ownership and control in central and eastern europe[J]. Journal of Corporate Finance，26：145-163.

Guzman M G，2000. Bank structure，capital accumulation and growth：a simple macroeconomic model[J]. Economic Theory，16(2)：421-455.

Hadlock C J，James C M，2002. Do banks provide financial slack? [J]. Journal of Finance，57(3)：1383-1419.

Hainz C，Kleimeier S，2012. Political risk，project finance，and the participation of development banks in syndicated lending[J]. Journal of Financial Intermediation，21(2)：287-314.

Harris M，Raviv A，1990. Capital structure and the informational role of debt[J]. Journal of finance，45(2)：321-349.

Harris M，Raviv A，1991. The theory of capital structure[J]. Journal of Finance，46(1)：297-355.

Hart O，Moore J，1990. Property-rights and the nature of the firm[J]. Journal of Finance，98(6)：1119-1158.

Hart O，Moore J，1999. Foundations of icomplete contracts[J]. Review of Economic Studies，66(1)：115-138.

Hart S L，1995. A natural-resource-based view of the firm[J]. Academy of Management Review，20(4)：986-1014.

Harvey C R，Lins K V，Roper A H，2004. The effect of capital structure when expected agency costs are extreme[J]. Journal of Financial Economics，74(1)：3-30.

Haselmann R，Pistor K，Vig V，2010. How law affects lending[J]. Review of Financial Studies，23(2)：549-580.

Hoffman D A，2006. The "duty" to be A rational shareholder[J]. Minnesota Law Review，90(3)：537-611.

Hovakimian A，Hovakimian G，Tehranian H，2004. Determinants of target capital structure：the case of dual debt and equity issues[J]. Journal of Financial Economics，71(3)：517-540.

Huang K，Petkevich A，2016. Corporate bond pricing and ownership heterogeneity[J]. Journal of Corporate Finance，36：54-74.

Jackson J E，Thomas A R，1995. Bank structure and new business creation lessons from an earlier time[J]. Regional Science and Urban Economics，25(3)：323-353.

Jappelli T，Pagano M，Bianco M，2005. Courts and banks：effects of judicial enforcement on credit markets[J]. Journal of Money Credit and Banking，37(2)：223-244.

Jayaratne J，Strahan P E，1996. The finance-growth nexus：evidence from bank branch deregulation[J]. Quarterly Journal of Economics，111(3)：639-670.

Jensen M C，Meckling W H，1976. Theory of the firm：managerial behavior，agency costs，and ownership structure[J]. Journal of Financial Economics，(3)：305-360.

Jensen M C，Murphy K J，1990. Performance pay and top-management incentives[J]. Journal of Finance，98(2)：225-264.

Jensen M C，Ruback R S，1983. The market for corporate control：the scientific evidence[J]. Journal of Financial Economics，11(1-4)：5-50.

Jensen M，1986. Agency costs of free cash flow，corporate finance，and takeovers[J]. American Economic Review，76(2)：323-329.

Johnson S，La Porta R，Lopez-De-Silanes F，et al.，2000. Tunneling[J]. American Economic Review，90(2)：22-27.

Kahl M，Shivdasani A，Wang Y，2015. Short-term debt as bridge financing：evidence from the commercial paper market[J]. Journal of Finance，70(1)：211-255.

Keeley M C，1990. Deposit insurance，risk，and market power in banking[J]. American Economic Review，80(5)：1183-1200.

Kerr W R，Nanda R，2008. Democratizing entry：banking deregulations，financing constraints，and entrepreneurship[J]. Journal of Financial Economics，94(1)：124-149.

Khang K，King T H D，Nguyen H，2016. What determines outstanding corporate debt mix? evidence from fractional multinomial logit estimation[J]. Applied Economics，48(4)：276–291.

Khurana I K，Wang C，2015. Debt maturity structure and accounting conservatism[J]. Journal of Business Finance and Accounting，42(1-2)：167-203.

Khwaja A I，Mian A，2005. Do lenders favor politically connected firms? Rent provision in an emerging financial market[J]. Quarterly Journal of Economics，120(4)：1371-1411.

Kim J B，Judy T，2010. The voluntary adoption of international accounting standards and loan contracting around the world[J]. Review of Accounting Studies，16(4)：779-811.

Koenker R，Bassett G，1978. Regression quantiles[J]. Econometrica，46(1)：33-50.

La Porta R，Lopez-De-Silanes F，Shleifer A，1999. Corporate ownership around the world[J]. The Journal of Finance，54(2)：471-517.

La Porta R，Lopez-De-Silanes F，Shleifer A，2006. What works in securities laws? [J]. The Journal of Finance，61(1)：1-32.

La Porta R，Lopez-De-Silanes F，Shleifer A，2013. Law and finance after a decade of research [M]//Constantinides G M，Harris M，Stulz R. Handbook of the economics of finance. Amsterdam：Elsevier.

La Porta R，Lopez-De-Silanes F，Shleifer A，et al.，1997. Legal determinants of external finance[J]. The Journal of Finance，52(3)：1131-1150.

La Porta R，Lopez-De-Silanes F，Shleifer A，et al.，1998. Law and finance[J]. Journal of Political Finance，106(6)：1113-1155.

La Porta R，Lopez-De-Silanes F，Shleifer A，et al.，2000a. Investor protection and corporate governance[J]. Journal of financial Economics，58(1-2)：3-27.

La Porta R，Lopez-De-Silanes F，Shleifer A，et al.，2000b. Agency problems and dividend policies around the world[J]. The Journal of Finance，55(1)：1-33.

La Porta R，Lopez-De-Silanes F，Shleifer A，et al.，2002. Investor protection and corporate valuation[J]. The Journal of Finance，57(3)：1147-1170.

Laeven L，Levine R，2008. Complex ownership structures and corporate valuations[J]. Review of Financial Studies，21(2)：579-604.

Laeven L，Majnoni G，2005. Does judicial efficiency lower the cost of credit? [J]. Journal of Banking and Finance，29(7)：1791-1812.

Lemmon M L，Roberts M R，Zender J F，2008. Back to the beginning：persistence and the cross-section of corporate capital structure[J]. Journal of Finance，63(4)：1575-1608.

Leuz C，2003. Foreign listing and accounting—Opportunities and problems of empirical accounting research[J]. BFuP-Betriebswirtschaftliche Forschung und Praxis，55(6)：623-636.

Lilienfeld-Toal U V，Mookherjee D，Visaria S，2010. The distributive impact of reforms in credit enforcement：evidence from indian debt recovery tribunals[J]. Econometrica，80(2)：497-558.

Lin C，Ma Y，Malatesta P，2012. Corporate ownership structure and bank loan syndicate structure[J]. Journal of Financial Economics，104(1)：1-22.

Lin C，Ma Y，Malatesta P，et al.，2011. Ownership structure and the cost of corporate borrowing[J]. Journal of Financial Economics，100(1)：1-23.

Lin C，Ma Y，Malatesta P，et al.，2013. Corporate ownership structure and the choice between bank debt and public debt[J]. Journal of Financial Economics，109(2)：517-534.

Matemilola B T，Ahmad R，2015. Debt financing and importance of fixed assets and goodwill assets as collateral：dynamic panel evidence[J]. Journal of Business Economics and Management，16(2)：407-421.

Mcconnell J J，Servaes H，Lins K V，1995. Changes in insider ownership and changes in the market value of the firm[J]. Journal of Corporate Finance，14(2)：92-106.

Megginson W L，2003. Creditor rights，enforcement，and debt ownership structure：evidence from the global syndicated loan market[J]. Journal of Financial and Quantitative Analysis，38(1)：37-59.

Minhat M，Dzolkarnaini N，2016. Is executive compensation a substitute governance mechanism to debt financing and leasing[J]. Applied Economics，48(14)：1293-1302.

Mitton T，2008. Why have debt ratios increased for firms in emerging markets? [J]. European Financial Management，14(1)：127-151.

Modigliani Franco，Miller M H，1958. The cost of capital，corporation finance and the theory of investment[J]. American Economic Review，48(3)：261-297.

Morck R K，Yeung B，Yu W，1999. The information content of stock markets：why do emerging markets have synchronous stock price movements? Journal of Financial Economics，58(1-2)：215-260.

Morck R，Shleifer A，Vishny R W，1989. Alternative mechanisms for corporate control[J]. American Economic Review，79(4)：842-852.

Morellecy E，Valtaz P，Zhdanov A，2013. Financing investment：the choice between bonds and bank loans[J]. Manage Science，61(11)：2580-2602.

Myers S C，1984. The capital structure puzzle[J]. Journal of Finance，39(3)：575-592.

Myers S C，Majluf N S，1984. Corporate financing and investment decisions when firms have information that Investors do not have[J]. Journal of Financial Economics，13(2)：187-221.

Nikolaev V V，2015. Outside blockholders' monitoring of management and debt financing：an alternative perspective[J]. Contemporary Accounting Research，32(4)：1405-1412.

North D C，1987. Institutions，transaction costs and economic growth[J]. Economic Inquiry，25(3)：419-428.

North D C，1991. Institutions[J]. Journal of Economic Perspectives，5(1)：97-112.

Ovtchinnikov A V，2010. Capital structure decisions：evidence from deregulated industries[J]. Journal of Financial Economics，95(2)：249-274.

Ozkan A，Ozkan N，2004. Corporate cash holdings：an empirical investigation of UK companies[J]. Journal of Banking and Finance，28(9)：2103-2134.

Pan L H，Lin C T，Lee S C，et al.，2015. Information ratings and capital structure[J]. Journal of Corporate Finance，31：17-32.

Parrino R，Weisbach M S，1999. Measuring investment distortions arising from stockholder-bondholder conflicts[J]. Journal of Financial Economics，53(1)：3-42.

Petacchi R，2015. Information asymmetry and capital structure：evidence from regulation FD[J]. Journal of Accounting and Economics，59(2-3)：143-162.

Petersen M A，Rajan R G，1994. The benefits of lending relationships：evidence from small business data[J]. Journal of Finance，49(1)：3-37.

Petersen M A，Rajan R G，1995. The effect of credit market competition on lending relationships[J]. Quarterly Journal of Economics，110(2)：407-443.

Pistor K，Xu C G，2005. Governing emerging stock markets：legal vs administrative governance[J]. Corporate Governance：An International Review，13(1)：5-10.

Qian J，Strahan P E，2007. How laws and institutions shape financial contracts：the case of bank loans[J]. Journal of Finance，62(6)：2803-2834.

Rajan R G，Zingales L，1995. What do we know about capital structure? some evidence from international data[J]. Journal of Finance，50(5)：1421-1460.

Rajan R G，Zingales L，2003. The great reversals：the politics of financial development in the twentieth century[J]. Journal of Financial Economics，69(1)：5-50.

Rice T，Strahan P E，2010. Does credit competition affect small-firm finance? [J]. Journal of Finance，65(3)：861-889.

Shailer G，Wang K，2015. Government ownership and the cost of debt for chinese listed corporations[J]. Emerging Markets Review，22：1-17.

Shi R，Cai Y C，Hong X L，et al. ，2001. The selection and creation of the rules in rules-based optical proximity correction[C]. 2001 4th International Conference on ASIC Proceedings，Shanghai，China，50-53.

Shleifer A，Vishny R W，2012. A survey of corporate governance[J]. The Journal of Finance，52(2)：737-783.

Stigler G J，Friedland C，1983. The literature of economics：the case of berle and means[J]. Journal of Law and Economics，26(2)：237-268.

Stiglitz J，1974. Growth with exhaustible natural resources：efficient and optimal growth paths[J]. Review of Economic Studies，41(5)：123-137.

Subramanian K V，Tung F，2016. Law and project finance[J]. Journal of Financial Intermediation，25：154-177.

Thakor A V，Wilson P F，1995. Capital requirements，loan renegotiation and the borrower' s choice of financing source[J]. Journal of Banking and Finance，19(3-4)：693-711.

Titman S，Tsyplakov S，2008. Originator performance，CMBS structures and yield spreads of commercial mortgages[J]. Social Science Electronic Publishing，23(9)：3558-3594.

Tsuruta D，2015. Leverage and firm performance of small businesses：evidence from japan[J]. Small Business Economics，44(2)：385-410.

Tu N，Nguyen H G，Yin X，2015. Corporate governance and corporate financing and investment during the 2007-2008 financial crisis[J]. Financial Management，44(1)：115-146.

Uysal V B，2011. Deviation from the target capital structure and acquisition choices[J]. Journal of Financial Economics，102(3)：602-620.

Vig V，2013. Access to collateral and corporate debt structure：evidence from a natural experiment[J]. Journal of Finance，68(3)：881-928.

Visaria S，2009. Legal reform and loan repayment：the microeconomic impact of debt recovery tribunals in India[J]. American Economic Journal Applied Economics，1(3)：59-81.

Waisman M，Ye P，Zhu Y，2015. The effect of political uncertainty on the cost of corporate debt[J]. Journal of Financial Stability，16：106-117.

Williamson O E，1985. The economic institutions of capitalism[M]. New York：Free Press.

Wurgler J，2011. Financial markets and the allocation of capital[J]. Journal of Financial Economics，58(1)：187-214.

Xu C G，2011. The fundamental institutions of China' s reforms and development[J]. Journal of Economic Literature，49(4)：1076-1151.

Zhang H，Gao S，Fei Y，2016. Impact of split share structure reform on capital structures：empirical evidence from China' s listed companies[J]. Applied Economics，48(13)：1172-1181.

Zhang R，Zhang X，2016. Capital structure premium in multinational SOEs：evidence from China[J]. Review of Development Economics，20(1)：283-293.